C. Iulius Caesar
De bello Gallico

Textauswahl
mit Wort- und Sacherläuterungen
Arbeitskommentar mit Zweittexten

von Hans-Joachim Glücklich

Text mit Wort- und Sacherläuterungen

 Ernst Klett Stuttgart

Caesar: De bello Gallico
von Hans-Joachim Glücklich

unter Mitarbeit und Leitung der Verlagsredaktion Alte Sprachen
Redaktionsleiter: Gerhard Grüder
Mitarbeit an diesem Buch: Eva Dorothea Boder, Verlagsredakteurin

Diese Ausgabe liegt in zwei Fassungen vor:
1. Text mit Wort- und Sacherläuterungen sowie   Klettbuch 6302
    Arbeitskommentar mit Zweittexten
2. a) Text mit Wort- und Sacherläuterungen   Klettbuch 63021
   b) Arbeitskommentar mit Zweittexten   Klettbuch 63022

1. Auflage $1^{5 \ 4 \ 3 \ 2 \ 1}$ | 1981 80 79 78 77

Alle Drucke dieser Auflage können im Unterricht nebeneinander verwendet werden.
Die letzte Zahl bezeichnet das Jahr dieses Druckes.
© Ernst Klett Verlag, Stuttgart 1977. Nach dem Urheberrechtsgesetz vom 9. Sept. 1965
i. d. F. vom 10. Nov. 1972 ist die Vervielfältigung oder Übertragung urheberrechtlich
geschützter Werke, also auch der Texte, Illustrationen und Graphiken dieses Buches,
nicht gestattet. Dieses Verbot erstreckt sich auch auf die Vervielfältigung für Zwecke
der Unterrichtsgestaltung – mit Ausnahme der in den §§ 53, 54 URG ausdrücklich genannten Sonderfälle –, wenn nicht die Einwilligung des Verlages vorher eingeholt wurde. Im Einzelfall muß über die Zahlung einer Gebühr für die Nutzung fremden geistigen Eigentums entschieden werden. Als Vervielfältigung gelten alle Verfahren einschließlich der Fotokopie, der Übertragung auf Matrizen, der Speicherung auf Bändern, Platten, Transparenten oder anderen Medien.
Umschlag: Kurt Weidemann, Stuttgart
Druck: Kösel, Kempten
ISBN 3-12-630200-9 (mit Arbeitskommentar)
ISBN 3-12-630210-6 (ohne Arbeitskommentar)

Inhalt

Einleitung		5
Buch I	Der Helvetierkrieg (1–30)	12
	Der Krieg gegen Ariovist (30–54)	38
Buch II–III (Referat)		62
Buch IV (Auswahl)	Bau einer Brücke über den Rhein	63
	Caesars Expedition nach Britannien	67
Buch V (Referat)		71
Buch VI (Auswahl)	Exkurs über die Gallier und Germanen	71
Buch VII (Auswahl)	Der Krieg gegen Vercingetorix	82

(Über die nicht im Text vorgelegten Kapitel informieren Zwischentexte.)

Bildverzeichnis	110
Verzeichnis sprachlicher und stilistischer Begriffe	111
Abkürzungen und Hinweise	112
Namenverzeichnis	113
Karte Galliens	

Arbeitskommentar und Zweittexte:
Beiheft, Klettbuch 63022

In den Worterklärungen sind diejenigen Wörter als bekannt vorausgesetzt, die sowohl im ‚Lernvokabular zu Caesars Bellum Gallicum' (Klettbuch 6296) als auch im Grundwortschatz einschließlich Aufbauwortschatz Nr. 6, 8, 9, 57 und 58 (Klettbuch 6042) enthalten sind. Alle anderen Wörter sind angegeben.

Die Textgestaltung folgt im wesentlichen der Ausgabe von O. Seel (C. Iulii Caesaris Commentarii rerum gestarum edidit Otto Seel. Vol. I Bellum Gallicum), Leipzig (B. G. Teubner) 1968. Änderungen sind vor allem in der Zeichensetzung sowie I 41,1 (innata statt iniecta) und VII 14, 5 (ab hostibus statt † a Boia †) erfolgt.

Einleitung

A „Schlagzeilen im Rom der Jahre 60–50 v. Chr."

(60 v. Chr.)

C. Julius Caesar zum Konsul gewählt
Der andere Konsul ist M. Calpurnius Bibulus

Die Volksversammlung hat heute C. Julius Caesar und M. Calpurnius Bibulus zu den Konsuln des kommenden Jahres gewählt. Der Amtsantritt wird wie üblich am 1. Januar erfolgen. Damit ist ein langes Tauziehen um die Konsulatswahl beendet. Insbesondere für Julius ist die Wahl ein Triumph. Mit 41 Jahren wird er das höchste Staatsamt bekleiden, das in der Regel frühestens 43jährigen offensteht.

Caesar hatte seine Wahl bestens vorbereitet. Er ist gerade in letzter Zeit durch eine Reihe glänzender Taten hervorgetreten, insbesondere durch die Zivilisierung der Räuberstämme in unserem spanischen Provinzgebiet Lusitanien. Beim Volk hat er sich durch seine Großzügigkeit, mit der er in früheren Ämtern Roms Stadtbild und die Lebensqualität der einfachen Bürger verbessert hat, höchst beliebt machen können. Einen entscheidenden politischen Erfolg hat er erst kürzlich verbuchen können: Es gelang ihm, Pompeius und Crassus miteinander zu versöhnen und diese beiden einflußreichen Politiker für ein Dreierkartell zu gewinnen unter der Formel, „in der Politik nichts zu unternehmen, was einer der drei mißbilligt".

Der caesarfeindlichen Senatsmehrheit ist es infolgedessen trotz aller Anstrengungen nicht gelungen, seine Wahl zu verhindern. Der Senat hatte auch beschlossen, den neuen Konsul nach Ablauf ihrer Amtszeit als prokonsularische Aufgabe die „Abgrenzung der staatlichen Weiden und Triften" zuzuweisen. Dieses Amt kann — anders als die übliche Aufgabe der Prokonsuln, die Verwaltung bedeutender römischer Provinzen, — weder Ehre noch Profit bringen, und die Maßnahme zielte zweifellos darauf ab, das Konsulat für diesmal unattraktiv zu machen. Julius ließ sich auch dadurch nicht abschrecken. Immerhin steht mit M. Calpurnius Bibulus ein entschiedener Vertreter der auf ihre Privilegien bedachten Senatsmehrheit in ebenso führender Position. Man kennt ihn längst als erbitterten Gegner Caesars. Es bleibt abzuwarten, ob diese Machtkonstellation dem Staat dienliche Ergebnisse bringen oder aber zu einer gegenseitigen Blockade führen wird.

(59 v. Chr.)

Senator Cato auf Caesars Befehl verhaftet
Schwerer Zwischenfall bei der Behandlung des neuen Agrargesetzes

Zu einem schweren Zwischenfall kam es heute im Senat bei der Behandlung des von Konsul Caesar vorgelegten neuen Agrargesetzes. Caesar unterbrach eine lange Rede des Senators Cato und ließ ihn ins Gefängnis abführen. Darauf ist die Mehrheit des Senats Cato gefolgt. Inzwischen hat Caesar die Gefangennahme rückgängig gemacht, offensichtlich um eine populäre Heroisierung Catos zu verhindern.

Cato hatte mit seiner Dauerrede bis zum Sonnenuntergang eine Abstimmung über das Agrargesetz verhindern wollen. Der Auszug der Senatoren nach Caesars Einschreiten führte dann zum Abbruch der Sitzung.

Wenn auch Caesars Maßnahme ein Gewaltakt ist, so ist doch die Absicht seines Agrargesetzes von Sorge um die soziale Not in Rom getragen und die ablehnende Haltung der Senatsmehrheit unverständlich und nur aus ihrer caesarfeindlichen Haltung erklärbar. Der Gesetzesvorschlag sieht vor, brachliegendes Staats- und Privatland in Italien an besitzlose Römer zu verpachten und die Privatbesitzer nach dem günstigen Schätzpreis des

Vorjahres zu entschädigen. Hierfür hat Pompeius die auf seinen Feldzügen erbeuteten Gelder zur Verfügung gestellt. Das Agrargesetz ist somit geeignet, dem sozialen Notstand in Rom abzuhelfen, ohne bei den Besitzern der brachliegenden Ländereien Mißstimmung zu schaffen. Umso mehr stößt die ablehnende Haltung des Senats im Volk auf Unwillen.

Agrargesetz von der Volksversammlung gebilligt.
Bibulus tätlich angegriffen

Die Volksversammlung hat dem Agrargesetz zugestimmt. Der von der Senatsmehrheit beauftragte Konsul Bibulus wurde an einer Erwiderung auf Caesars Rede gehindert. Die Menge bewarf ihn mit Mist, und bereitstehende Bewaffnete fielen über ihn her. Bibulus und ebenso Cato wurden verletzt und mußten fliehen.

Agrargesetz in Kraft

Der Senat hat einen Tag nach der Billigung des Agrargesetzes in der Volksversammlung keine Einwände gegen eine Inkraftsetzung erhoben.

Schon wieder ein Agrargesetz

Der Konsul Caesar hat erneut, von Pompeius unterstützt, ein Agrargesetz vorgeschlagen. Jetzt soll auch das Staatsland in Campanien südlich von Rom verteilt werden. Empfänger sollen 20 000 römische Bürger sein, die drei und mehr Kinder haben. Unter ihnen befinden sich viele Kriegsveranen. In der Volksversammlung widersprach der Gesetzesvorlage nur Cato, der fast wieder — wie schon vor wenigen Monaten — ins Gefängnis abgeführt worden wäre. Gutunterichtete Kreise des Senats vermuten, daß Caesar die Verkaufsverhandlungen nach dem ersten Agrargesetz dieses Jahres zu lange dauern. Sie fürchten einen immensen Machtzuwachs Caesars, da ihm die neuen Kolonisten zu politischer Gefolgschaft verpflichtet sind. Der ehemalige Konsul Cicero äußerte: „Niemals wären Pompeius und Caesar so weit gegangen, wenn sie sich nicht ein Sprungbrett zu anderen unheilvollen Unternehmungen schaffen wollten."

Caesar erhält Gallia Cisalpina und Illyricum als prokonsularische Provinzen

Der Volkstribun Vatinius hat in der Volksversammlung ein Gesetz eingebracht, nach dem Caesar als Prokonsul Gallia cisalpina und Illyricum als Provinzen erhalten soll. Der Antrag wurde angenommen. Der von vornherein nicht eingeschaltete Senat hat keine rechtliche Möglichkeit, das Gesetz zu verhindern.
Somit ist die früher beschlossene Aufgabe, die diesjährigen Konsuln sollten nach ihrem Amtsjahr „Weiden und Triften abgrenzen", hinfällig.

Caesar erhält auch Gallia Ulterior als prokonsularische Provinz

Auf Antrag des Pompeius hat der Senat Caesar nunmehr auch die andere gallische Provinz — nördlich der Alpen — zur prokonsularischen Verwaltung übertragen. Zwar widersprach Cato in der Sitzung dem Antrag. (Er kritisierte dabei auch die politisch motivierte Verheiratung von Caesars Tochter mit Pompeius.) Aber der Senat stimmte zu. Offensichtlich will er eine weitere Schwächung seiner Stellung durch einen erneuten nicht zustimmungsbedürftigen Beschluß der Volksversammlung vermeiden. Der Senat hat sich jedoch eine jährliche Neuentscheidung über die Fortdauer der Verwaltung von Gallia ulterior vorbehalten.

Neues Gesetz zur Provinzialverwaltung angenommen

Der Senat — übrigens einschließlich Catos — und die Volksversammlung haben ein Gesetz angenommen, das der Konsul Caesar eingebracht hat. Es regelt die Provinzverwaltung neu und soll vielen eingerissenen Mißständen ein Ende setzen, die dem römischen Namen keine Ehre machten. Vor allem soll jede Art Bestechung der Verwaltung geahndet werden. Weiter steht unter Strafe: ungenehmigtes Überschreiten der Provinzgrenzen mit einem Heer, eigenmächtige Kriegsführung. Auch die Höhe der Steuern, die einer Provinz abverlangt werden, wird begrenzt.
Damit hat Caesar seiner bisher schon beachtlichen gesetzgeberischen Aktivität einen weiteren Markstein hinzugefügt. Es wird allgemein hervorgehoben, daß Caesar das Konsulamt durch seine Initiative wieder mit großem Spielraum ausgestattet und gegenüber dem Senat und den Volkstribunen wieder aufgewertet hat.
Die Gegnerschaft des Senats gegen Caesar bleibt ungeachtet der heutigen Zustimmung bestehen. Caesars Aktivität im Konsulat hat das Mißtrauen gegenüber seinem Machtanspruch weiter genährt. Viele zumindest formale Verstöße in seiner Amtsführung bieten Anlaß, Caesar Prozeßverfahren anzuhängen. Es bleibt abzuwarten, wie sich die Gegnerschaft des Senats während Caesars Tätigkeit in Gallien auswirken wird.

(51 v. Chr.)

Politik mit anderen Mitteln.
Caesar veröffentlicht seinen „Gallischen Krieg"

Der Prokonsul C. Julius Caesar hat zum bevorstehenden Ende seiner Tätigkeit seinen Commentarius rerum gestarum (De bello Gallico) in Rom erscheinen lassen. In sieben Büchern gibt er eine Darstellung von Ereignissen und eigenen Leistungen während seiner prokonsularischen Tätigkeit in den beiden Gallischen Provinzen. Der Titel Commentarius („noch nicht kunstvoll ausgearbeitete Aufzeichnungen") läßt einen schmucklosen Bericht erwarten, jedoch lobt die Kritik die Verbindung von Kraft und Eleganz im Stil, die geistvolle Kürze der Darstellung.
Mit der Veröffentlichung des Werks ist es Caesar gelungen, in Rom präsent zu sein und allen, die ein selbstverständliches Interesse an Caesars Sicht der Dinge haben, seine Leistungen vor Augen zu führen. Caesar hat damit die schwierige Situation, in der er sich zur Zeit befindet, geschickt wenigstens zum Teil behoben. Kann er doch nicht selbst in Rom sein, weil er dann zuerst den Oberbefehl niederlegen und sein Heer entlassen müßte. In der Hauptstadt wartet aber Cato nur darauf, ihm, sowie er Privatmann ist, den Prozeß zu machen. Caesar selbst strebt einen erneuten Gewinn der Konsulatswahl in zwei Jahren an, will also zum frühestmöglichen Zeitpunkt wieder die führende Position in Rom einnehmen. Auch er muß natürlich die gesetzliche Frist von 10 Jahren einhalten, die zwischen die wiederholte Vergabe des Konsulats an ein und denselben Mann gelegt ist. Caesar versucht zwar, durch Mittelsmänner Gesetze durchzubringen, die ihm das Prokonsulat verlängern, so daß ein eventuelles zweites Konsulat nahtlos an seine gallische Tätigkeit anschlösse. Aber ob diese Gesetze durchkommen, ist noch unsicher. Dies muß Caesar umso mehr stören, als Pompeius die Verlängerung seines eigenen Prokonsulats in den beiden spanischen Provinzen widerstandslos genehmigt bekam. Man darf vermuten, daß Caesar mit seinem „bellum Gallicum" auch den Vergleich mit Pompeius und dessen Leistungen herausfordern und seinen eigenen Anspruch auf das Konsulat begründen will. Seine Beziehungen zu Pompeius sind ja in letzter Zeit — nicht nur, nachdem mit dem Tod Julias, der Gattin des Pompeius, das verwandtschaftliche Band gerissen ist — merklich gespannter geworden.

B Genug der erfundenen Schlagzeilen. Es gab im antiken Rom keine Tageszeitungen wie bei uns, wohl aber veranlaßte gerade Caesar während seines Konsulats 59, daß die Verhandlungen im Senat protokolliert und veröffentlicht wurden. Er ermöglichte damit eine Kontrolle und war sich wohl des Wertes einer solchen Öffentlichkeitsarbeit bewußt. Denn unter den Lesern dieser *acta senatūs* konnte er wohl auf mehr Zustimmung für seine Unternehmungen rechnen als im Senat selbst. Außerdem gab es noch eine Art Journal, das allein oder in Verbindung mit Senatsprotokollen Berichte über Tagesneuigkeiten brachte (*acta diurna* oder *acta urbis*). Diese Nachrichtenquelle war insbesondere für Politiker wichtig, die längere Zeit von Rom abwesend waren.

In der Hauptstadt Rom selbst spielte natürlich die unmittelbare Anwesenheit bei Versammlungen und Verhandlungen eine Rolle, vor allem die Reden im Senat, in der Volksversammlung und vor Gericht. Viele Politiker gaben ihre wichtigsten Reden, oft in nochmals überarbeiteter Form, schriftlich heraus. Auch mit anderen Veröffentlichungen traten Politiker als Autoren hervor. – So dient Caesars Bericht über den Gallischen Krieg der Selbstdarstellung und Werbung. Er appelliert an Senat und Volk, seine Leistungen im rechten Licht zu sehen, um seinen Anspruch auf das Konsulat des Jahres 48 zu untermauern.

C Um die Eigenart der Gestaltung, die Absichten und Wirkungsmechanismen in Caesars Commentarius zu beobachten, sollte man einige Grundbedingungen der Kommunikation durch S p r a c h e kennen. Bei jeder mündlichen oder schriftlichen Kommunikation sind vier Faktoren beteiligt: 1. der Sprecher / Schreiber; 2. der Hörer / Leser; 3. der in Frage stehende Gegenstand; 4. die Sprache, durch die die anderen Faktoren zueinander in Beziehung gesetzt werden. Sprache kann zunächst ganz schlicht einen Gegenstand oder Sachverhalt darstellen: dann hat sie Darstellungsfunktion und ist Symbol (Zeichen) für die Sache selbst. Öfter aber ist sie von den Absichten des Sprechers beeinflußt und gefärbt; sie dient dann vor allem dazu, auf den Hörer ganz bestimmte Meinungen zu übertragen und ihn zu einer Haltung oder Aktion zu motivieren, die der Sprecher wünscht: hier hat Sprache Appellfunktion und ist Signal. Der Sprecher will aber auch sich selbst in ein bestimmtes Licht setzen, oder er verrät einem kritischen Leser (Hörer) unbewußt – z. B. durch die Häufigkeit bestimmter Aussagen und sprachlicher Mittel – seine Haltung: dann hat Sprache Ausdrucksfunktion und ist Symptom.

Komplizierter wird das Kräftefeld der Kommunikation natürlich, wenn „Sprecher" und „Hörer" verschiedene Sprachen sprechen, noch komplizierter, wenn sie (als Autor und Leser) ganz verschiedenen geschichtlichen Epochen angehören. Das ist aber die Situation, in der wir heute Caesars Commentarius lesen. Es ist klar, daß das nicht ohne besonders sorgfältige Beobachtung von Einzelheiten und geduldiges Hinhören auf Zusammenhänge möglich ist. Darin liegt aber auch eine große Chance, die Darstellung nicht bloß auf ihre Tagesaktualität hin und nicht von unmittelbaren eigenen Interessen verstellt aufzunehmen, sondern sowohl tiefer als auch kritischer in sie einzudringen – „dem Autor auf die Schliche zu kommen". – Als eine Hilfestellung hierzu gibt es in dieser Ausgabe ein großes Angebot von „Arbeitsfragen" zum Text (im Arbeitskommentar).

D Um bei seinen (eigentlichen) Adressaten Glaubwürdigkeit und Überzeugungskraft zu haben, mußte sich Caesar als Autor auf ihren Erfahrungshorizont, ihre Stimmung und ihre Werturteile einstellen (vgl. auch im A.-Kommentar I 40 Z 4). Die römische Familie war strikt auf die väterliche Gewalt ausgerichtet, die allumfassend, aber an Prinzipien der Verantwortlichkeit, Gerechtigkeit und Billigkeit gebunden war. Ähnlich war die römische Gesellschaft auf ein Verhältnis von Mächtigen und Reichen zu Armen gegründet, das als „K l i e n t e l w e s e n" bekannt ist. Ärmere Bürger aus der untersten Schicht, der *plebs,* und Freigelassene (ehemalige Sklaven) erhielten von einem reichen *patronus* (Schutzherrn) als *clientes* (Schutzbefohlene) Leistungen *(beneficia),* z. B. finanzielle Unterstützung. Das verpflichtete sie zu Gegenleistungen *(officia),* z. B. zu Hilfe im Haushalt und zur Stimmabgabe für den Patron, wenn dieser sich irgendeiner Wahl stellte. Das dadurch begründete Wechselverhältnis sollte von *fides* und *gratia* geprägt sein. (Wir geben *fides* mit „Glaubwürdigkeit" und *gratia* mit „Gunst, Ansehen" wieder, wenn wir die Wirkung des *patronus* auf den *cliens* bezeichnen wollen; wir geben *fides* mit „Treue, Zuverlässigkeit", *gratia* mit „Dank" wieder, wenn wir das Verhalten des Klienten gegenüber dem Patron bezeichnen wollen.) Selbst in der Haltung zu den Göttern konnten solche Vorstellungen Fuß fassen, indem sich die Römer als Klienten der Götter ansahen, die sie durch ihr Wohlverhalten und ihre Leistungen zum Schutze Roms verpflichteten.
Das Klientelverhältnis haben die Römer auch auf die Außenpolitik übertragen. Hier konnte der gesamte römische Staat bzw. das römische Volk als *patronus* gegenüber anderen Völkern erscheinen, die für römische Hilfe und römischen Schutz zu Wohlverhalten und Gegenleistungen verpflichtet waren. Störungen dieses vertraglich fixierten Verhältnisses durch den Vertragspartner oder andere Völker wurden entsprechend als regelrechtes kriminelles Vergehen angesehen. Nach festgesetzten juristischen Verfahren und religiösen Zeremonien wurde der Störer zur Ordnung, d. h. zum Verhalten im römischen Sinne, aufgefordert; falls er darauf nicht einging, wurde ihm der Krieg erklärt. Dieser Krieg galt als mit Grund *(causa)* geführter, gerechter Krieg *(bellum iustum).*
Selbstverständlich wurde die Geltung dieser Vorstellungen im Alltag allmählich schwächer, aber offiziell wurden sie noch lange hochgehalten, und die Berufung auf sie konnte den Eindruck eines guten Bürgers und tüchtigen Staatsmannes unterstreichen.

E In seinem Commentarius schildert Caesar seine Politik und Kriegsführung in Gallien. Mit den K e l t e n oder (wie die Römer sagten) G a l l i e r n waren die Römer zuerst im 4. vorchristlichen Jahrhundert in Berührung gekommen. Damals wanderten unter dem Druck germanischer Völker starke gallische Stämme aus ihrem Gebiet an der oberen Donau nach Südwesten aus. Seit dieser Zeit gab es in der Poebene und an der adriatischen Küste nördlich von Ancona gallische bzw. gallischstämmige Bevölkerung. Die Gallier rückten 387 gegen Rom und schlugen ein starkes römisches Heer nördlich der Stadt am Bach Allia. Rom war von der Zivilbevölkerung geräumt worden, nur das Kapitol wurde verteidigt. Die Gallier plünderten die Stadt und brannten sie nieder, zogen aber schließlich ab, weil sie in Kämpfe mit den Venetern in Norditalien verwickelt wurden. Danach brauchten die Römer lange Zeit, um ihre Stadt wiederaufzubauen und erneut an politischem und militärischem Ansehen in Italien zu gewinnen.
In den Jahren 125–121 hatten die Römer auf Gebiete jenseits der Alpen übergegriffen, um ihren Handelsstützpunkt Massilia (Marseille) gegen den Zugriff

von Galliern zu schützen. Sie unterwarfen eine Reihe von Völkern (darunter Allobroger und Arverner), und da das eroberte Gebiet reich an Bodenschätzen (u. a. Gold) war, wurden Straßen und Handelsplätze ausgebaut. Narbo (das heutige Narbonne) wurde römische Bürgerkolonie und gab der Gallia ulterior (G. jenseits der Alpen) den Namen Gallia Narbonensis, als sie 118 offizielle römische Provinz wurde.

In der Folgezeit griffen immer häufiger Germanenstämme auf gallische und andere Gebiete römischen Interesses über. Die bedeutendste Rolle spielten dabei die Kimbern. Sie besiegten 113 ein römisches Heer, bewohnten dann eine Zeitlang in friedlichem Nebeneinander mit den Helvetiern das westliche Süddeutschland, zogen aber bald wieder umher und näherten sich schließlich der Gallia Narbonensis, wo sie 109 erneut ein römisches Heer vernichtend schlugen. Noch schlimmer endete 107 eine Schlacht zwischen einem römischen Heer unter dem Konsul L. Cassius Longinus und dem helvetischen Stamm der Tiguriner, der sich damals den Kimbern angeschlossen hatte. Und im Jahre 105 kam es zu einer besonders verlustreichen Schlacht gegen Germanenstämme bei Arausio (Orange). Trotz ihrer vielen Siege drangen aber die Germanen zunächst nicht nach Italien ein, sondern zogen nach Spanien weiter oder plünderten weiterhin Gallien. Aber die Kimbern wurden von den Keltiberern daran gehindert, in Spanien einzudringen, mußten umkehren und verbündeten sich nun erneut mit anderen Völkern, darunter den Teutonen. In zwei getrennten Heerzügen wollten sie nach Italien ziehen, um dort neue Wohnsitze zu finden. Den einen Heereszug konnte der Konsul Marius im Jahr 102 bei Aquae Sextiae (Aix en Provence) entscheidend schlagen, den anderen schlugen ein Jahr später bei Vercellae (zwischen Mailand und Turin) wiederum Marius und sein Amtskollege Q. Lutatius Catulus. Als der große Sieger galt allein Marius, man nannte ihn Retter des Vaterlandes und – nach Romulus und Kamillus, dem Führer der Römer gegen die Gallier 387 – den dritten Gründer Roms.

Marius und die römischen Heere hatten sich auf ein hochentwickeltes Staatswesen stützen können. Natürlich waren die römischen Bürger stolz auf ihren erfolgreichen Staat, und sie sahen die im Lauf der Jahrhunderte eroberten Provinzen und in Abhängigkeit gebrachten Völker als weniger entwickelt und weniger begabt an. Einzig den Griechen wurde die kulturelle Überlegenheit nicht abgesprochen. In Gallien hingegen sah man trotz seiner entwickelten Wirtschaft und Kultur eher ein barbarisches Land. Wir wissen dagegen heute aus den archäologischen Funden, daß die Kelten schon vom 5. Jahrhundert an eine reiche und eigenständige Kultur entwickelt hatten. Dabei hatten sie sich von Griechen (besonders über das 600 gegründete Massilia/Marseille) und Etruskern (in Norditalien) und überhaupt von den hochentwickelten Kulturen des Mittelmeerraumes anregen lassen, bewahrten sich aber stets einen starken Individualismus. Zwar wußte man in Rom die aus den gallischen Provinzen importierten kunsthandwerklichen Erzeugnisse sehr zu schätzen, besonders die meisterlichen Gold- und Eisenschmiedearbeiten. Offenbar aber behielten für die Römer die bösen Erfahrungen aus vielen Kriegen ihre Wirkung (jedenfalls wenn sie daran erinnert wurden).

F So wird verständlich, daß Caesars Übernahme der beiden gallischen Provinzen, insbesondere der jenseits der Alpen gelegenen Provinz, durchaus auch Respekt hervorrufen konnte und daß der einfache Bürger, aber auch mancher Politiker von ihm eine Lösung oder Beruhigung der gallischen Gefahr erwarten mochte, die er insbesondere von den Stämmen jenseits der Provinzgrenzen ausgehen sah. Dem stand freilich das Bedenken gegenüber, Caesar könne in Gallien seine persönliche Macht noch vergrößern.

Als Statthalter in der Provinz hatte Caesar auch die Verpflichtung zu jährlichen Berichten an den Senat. Diese hat er wohl in seinem Commentarius verarbeitet, als er ihn im Jahre 51 in sieben Büchern herausgab. Jedes Buch behandelt die Ereignisse eines Jahres, ein achtes Buch hat später sein Legat und Gefolgsmann Hirtius angefügt, so daß die Entwicklung in Gallien unter Caesar im Zeitraum von 58 bis 51 vollständig erfaßt ist.

Commentariorum de bello Gallico liber primus

1 Gallia est omnis divisa in partes tres, quarum unam incolunt Belgae, aliam Aquitani, tertiam, qui ipsorum lingua Celtae, nostra Galli appellantur. **2** hi omnes lingua, institutis, legibus inter se differunt. Gallos ab Aquitanis **3** Garunna flumen, a Belgis Matrona et Sequana dividit. horum omnium fortissimi sunt Belgae, propterea quod a cultu atque humanitate provinciae longissime absunt minimeque ad eos mercatores saepe commeant atque ea, quae ad effeminandos animos pertinent, important proximique sunt Germanis, qui trans Rhenum incolunt, quibuscum continenter bellum

1 *Caesar will den römischen Lesern, insbesondere den politisch Verantwortlichen, seine Leistungen in Gallien vor Augen führen. Diese Leser kennen Gallien kaum aus eigener Anschauung. Die Senatoren haben allerdings eine Reihe von Vertrauensleuten in Gallien und auch in Caesars Heer, die ihnen berichten. Wie eröffnet nun Caesar seinen eigenen ausführlichen Bericht?*

Abkürzungen und Hinweise: s. S. 112

1 omnis *prädikativ:* als ganzes, in seiner Gesamtheit; *es ist also das Gebiet zwischen Rhein, Atlantik, Pyrenäen und der römischen Provinz Gallia Narbonensis gemeint* • **Belgae, arum** *m.:* sie wohnen nördlich von Marne und Seine. Caesar bezeichnet sie hier als gallischen Stamm, aber in Buch II (4,1) referiert er: ‚die meisten Belger stammten von den Germanen ab, seien vor langer Zeit über den Rhein gekommen, hätten sich dort (linksrheinisch) wegen des fruchtbaren Bodens niedergelassen und die ursprünglich dort ansässigen Gallier vertrieben.' **Aquitāni:** *sie wohnen südlich der Garonne* • **lingua:** 1. Zunge, 2. Sprache • **ipsorum:** *statt* suā, *um den Gegensatz zu* nostrā *zu verdeutlichen* • **Celtae:** *eigtl. Gesamtname aller gallischen Stämme; C. dagegen bezeichnet damit ebenso wie mit* **Galli** *nur die Südgallier, entsprechend mit* Gallia *nur Südgallien (vgl. dagegen o.* Gallia ... omnis*).*
2 īnstitūtum: *allmählich entstandene* Sitte, Brauchtum; *dagegen* **lēx:** *aus akutem Anlaß geschaffenes* Gesetz • **inter sē differre:** sich voneinander unterscheiden • **Garunna:** *die heutige Garonne* • **Mātrona:** *die heutige Marne* • **Sēquana:** *die heutige Seine.*
3 cultus, us (colere): 1. Bebauung *des Bodens,* 2. Pflege *des Körpers,* 3. *allg.: alles, was mit der Befriedigung äußerer Lebensbedürfnisse zu tun hat:* Lebensweise • **hūmānitas** *(vgl.* homo*):* Natur bzw. Verhalten des Menschen, die ihn vom wilden Tier unterscheiden: Bildung, feine Lebensart • **prōvincia:** *d. i. Gallia Narbonensis mit der hochentwickelten Stadt Massilia (Marseille)* • **abesse a:** entfernt sein, lokal bzw. dem Wesen nach: 1. entfernt wohnen von, 2. j-m / e-r Sache abgeneigt sein • **mercātor:** Kaufmann • **commeare:** (hin und her / häufig) reisen • **effēmināre:** j-n einer Frau gleich machen, *das meint:* verweichlichen, feig machen *(vgl.* vir → virtus: Tapferkeit*)* • **pertinēre ad:** sich erstrecken auf, führen zu • **importare:** einführen • **Germāni:** *1. „nach der Auffassung der neuzeitlichen Wissenschaft eine Bevölkerungsgruppe in Mittel- und Nordeuropa, die germanische Sprache oder Dialekte sprach", aber 2. „in den Augen der Römer um und in den drei Jahrhunderten nach der Zeitenwende die Bewohner der Landschaft Germania, die östlich des Rheins lag und im Westen von Gallia, im Osten von Sarmatia begrenzt wurde." (Hachmann, Die Germanen S. 49 f.)* • **continenter** *(Adv.):* zusammenhängend, ununterbrochen • **quibuscum continenter bellum gerunt:** *der Attributsatz gibt nicht nur eine Erläuterung zu einem Nomen*

4 gerunt. qua de causa Helvetii quoque reliquos Gallos virtute praecedunt, quod fere cotidianis proeliis cum Germanis contendunt, cum aut suis finibus eos prohibent aut ipsi in eorum finibus bellum gerunt.

2 Apud Helvetios longe nobilissimus fuit et ditissimus Orgetorix. is M. Messala M. Pisone consulibus regni cupiditate inductus coniurationem nobilitatis fecit et civitati persuasit, ut de finibus suis cum omnibus copiis exirent:
2 perfacile esse, cum virtute omnibus praestarent, totius Galliae imperio
3 potiri. id hoc facilius iis persuasit, quod undique loci natura Helvetii continentur: una ex parte flumine Rheno latissimo atque altissimo, qui agrum Helvetium a Germanis dividit, altera ex parte monte Iura altissimo, qui est inter Sequanos et Helvetios, tertia lacu Lemanno et flumine Rhodano,
4 qui provinciam nostram ab Helvetiis dividit. his rebus fiebat, ut et minus

2 *Erst im Kapitel 7 schildert Caesar seine Abreise aus Rom und damit seine prokonsularische Tätigkeit. Die Kapitel 2–6 berichten Ereignisse in Helvetien und angrenzenden Gebieten, die zwei Jahre davor liegen (61 v. Chr.).*

– *wie der vorausgehende Attributsatz „qui … incolunt" zu „Germanis" –, sondern er macht eine übergeordnete Mitteilung, hier* fortissimi sunt, *besser verständlich („qualifizierender Attributsatz')*.
4 **qua de causa:** 1. weswegen, warum? 2. *als relativischer Anschluß* deswegen • **Helvētii:** *keltische Bewohner der heutigen Schweiz (vgl. das Autokennzeichen* CH = *Confoederatio Helvetica)* • **quoque:** auch • **praecēdere aliquem aliqua re:** j-m in etw. vorangehen, j-n an etw. übertreffen • **cum … prohibent … gerunt** *erläutert die übergeordnete Mitteilung* contendunt *und führt sie fort („Modalsatz')*.

2 nōbilis: aristokratisch *(d. h. Mitglied einer Familie, die führende staatliche Ämter bekleidet oder bekleidet hat)* • **dīves,** *gen.* dīvitis: reich; **ditissimus** = dīvitissimus • **Orgetorīx, īgis:** *Eigenname; die Silbe* -rīx *meint dasselbe wie lat.* rēx; *in den humoristisch erfundenen Namen Asterix, Obelix etc. ist sie frei verwendet als Kennzeichen gallischer Nationalität* • **M. Messālā M. Pisone consulibus** *(Abl. + Präd.: als … Konsuln waren):* im Konsulatsjahr des M. Messala und des M. Piso, d. i. 61 v. Chr. • **indūcere:** veranlassen • **coniūrātio:** Verschwörung • **nōbilitas:** der vornehme Rang; *konkret* die Leute vornehmen Ranges, die Aristokraten • **cīvitas:** *die Gesamtheit der cives, also* Volk, Staat; *oft aber auch konkret gebraucht, d. h. svw.* die (Mit)bürger; *daher folgt hier auch der Plural* exirent *(sog. ‚constructio ad sensum', d. h. nach dem Sinn statt nach der syntaktischen Regel)*.
2 **perfacilis:** sehr leicht (per *verstärkt einen Ausdruck)* • **praestare alicui aliqua re:** j-m in etw. überlegen sein
3 **id persuādēre:** dazu überreden *bzw.* davon überzeugen • **hōc facilius … quod:** um dieses leichter, daß …, d. i. svw.: umso leichter, als … • **undique** eigtl. von allen Seiten; *i. L. fragt man oft „woher", wo man i. D. „wo" fragt:* auf allen Seiten; *entsprechend:* **unā ex parte** • **ager:** 1. Feld, 2. (Staats-)gebiet • **flūmen Rhēnus:** der Rhein; *zum Eigennamen wird i. L. gern die Gattungsbezeichnung hinzugesetzt; ebenso:* **mōns Iūra:** der (Schweizer) Jura • **Sēquani:** *Karte H 3* • **inter Sēquanos et Helvētios:** *wir bevorzugen statt der Volksdie Gebietsangabe:* zwischen den Gebieten der Sequaner und Helvetier; *C. hingegen sieht vor allem, daß der Jura zwei Völker an einer Verbindung hindert* • **lacus,** us: der See; **lacus Lēmannus:** *d. i. der Genfer See* • **Rhodanus:** *d. i. die Rhone* • **prōvincia nostra:** *d. i. Gallia Narbonensis.*

late vagarentur et minus facile finitimis bellum inferre possent; qua ex
5 parte homines bellandi cupidi magno dolore adficiebantur. pro multitudine
autem hominum et pro gloria belli atque fortitudinis angustos se fines
habere arbitrabantur; qui in longitudinem milia passuum CCXL, in latitudinem CLXXX patebant.

3 His rebus adducti et auctoritate Orgetorigis permoti constituerunt ea, quae
ad proficiscendum pertinerent, comparare, iumentorum et carrorum quam
maximum numerum coemere, sementes quam maximas facere, ut in itinere
copia frumenti suppeteret, cum proximis civitatibus pacem et amicitiam
2 confirmare. ad eas res conficiendas biennium sibi satis esse duxerunt, in
tertium annum profectionem lege confirmant. ad eas res conficiendas Orge-
3. 4 torix deligitur. is sibi legationem ad civitates suscepit. in eo itinere persuadet Castico, Catamantaloedis filio, Sequano, cuius pater regnum in
Sequanis multos annos obtinuerat et ab senatu populi Romani amicus
appellatus erat, ut regnum in civitate sua occuparet, quod pater ante habu-
5 erat; itemque Dumnorigi Haeduo, fratri Diviciaci, qui eo tempore principatum in civitate obtinebat ac maxime plebi acceptus erat, ut idem
6 conaretur, persuadet eique filiam suam in matrimonium dat. perfacile factu

---

4 **vagari:** umherstreifen, unstet umherziehen • **quā ex parte:** *eine ungewöhnliche Formulierung, die die Ausdrücke una ex parte und altera ex parte wiederaufnimmt und so viel meint wie* qua de causa • **bellare:** Krieg führen • **māgno dolōre afficere:** mit großem Schmerz erfüllen.
5 **multitūdo** (multus), **fortitūdo** (fortis), **longitūdo** (longus), **lātitūdo** (lātus): *das Suffix (d. h. „Anhängsel") -tūdo macht aus Adjektiven Substantive, die eine Eigenschaft bezeichnen:* Menge, Tapferkeit, Länge, Breite • **qui:** *relativischer Anschluß (auf* fines *bezogen)* • **mīlle** *(Plural* mīlia) **passuum:** 1000 Doppelschritte = 1 römische Meile (= 1,5 km) • **angustus:** eng; **angustos** *steht betont vor* se *(statt vor* fines); *i. D. bietet sich hier ein anderes Mittel an, den Ausdruck hervorzuheben – welches?*
3 **auctōritas:** Ansehen • **iūmentum:** Zugtier • **carrus:** Wagen • **co-emere:** zusammenkaufen • **quam māximus:** möglichst groß • **sēmentis,** is *f.*: die Aussaat • **suppetere:** ausreichend vorhanden sein • **pāx,** pācis *f.*: rechtlich geregelter Vertragszustand, „Frieden" • **amicitia:** Freundschaft(svertrag)
2 **biennium** (*von* annus): ein Zeitraum von zwei Jahren • **profectio:** *Subst. zu* proficisci • **deligere,** lēgi, lēctum: auswählen.

3 **sibi:** *‚dat. commodi'* • **suscipere:** *freiwillig und aus eigenem Antrieb, also nicht auf Bitten oder Wahlen hin* etwas auf sich nehmen, unternehmen.
4 **Casticus; Catamantaloedis:** Eigennamen • **rēgnum:** Königsherrschaft; *die Römer der Republik lehnten jede Alleinherrschaft eines Einzelnen ab, für sie kam das Wort* regnum *auf dasselbe heraus wie* dominatio: *unumschränkte Alleinherrschaft, Gewaltherrschaft* • **amīcus:** *vgl. zu* amicitia, *§ 1.*
5 **Dumnorīx,** rīgis: *einflußreicher Haeduer, der in seinem Volk die Opposition gegen ein Zusammengehen mit den Römern anführte. Die* **Haedui** *waren ein großer keltischer Stamm zwischen Loire und Saône; sie waren offiziell mit den Römern verbündet* • **prīncipātus,** us: erste Stelle, höchster Rang; *im Gegensatz zu* regnum *versteht der Römer zur Zeit Caesars unter* principatus *eine führende Stellung, die j-m freiwillig durch Wahl o. ä. überlassen wird* • **plēbs,** bis *f.*: *die größte und natürlich ärmste soziale Klasse,* das einfache Volk, die Masse (*im Unterschied zu den führenden Schichten*) • **plēbi** (*dat. auctoris*) **acceptus** (*eigtl. von der p. angenommen*): bei der Plebs beliebt • **in mātrimōnium dare:** in die Ehe g.: zur Frau geben.
6 **perfacile factū:** *das „Supinum II" gibt an, in welcher Beziehung ein Adjektiv gilt; es steht*

esse illis probat conata perficere, propterea quod ipse suae civitatis imperium obtenturus esset: non esse dubium, quin totius Galliae plurimum Helvetii possent; se suis copiis suoque exercitu illis regna conciliaturum confirmat. hac oratione adducti inter se fidem et ius iurandum dant et regno occupato per tres potentissimos ac firmissimos populos totius Galliae sese potiri posse sperant.

4 Ea res est Helvetiis per indicium enuntiata. moribus suis Orgetorigem ex vinculis causam dicere coegerunt; damnatum poenam sequi oportebat, ut igni cremaretur. die constituta causae dictionis Orgetorix ad iudicium omnem suam familiam, ad hominum milia decem, undique coegit et omnes clientes obaeratosque suos, quorum magnum numerum habebat, eodem conduxit; per eos, ne causam diceret, se eripuit. cum civitas ob eam rem incitata armis ius suum exsequi conaretur multitudinemque hominum ex agris magistratus cogerent, Orgetorix mortuus est; neque abest suspicio, ut Helvetii arbitrantur, quin ipse sibi mortem consciverit.

---

hier für unser Gefühl übergenau · **suae** *steht betont vor* civitati, *um den Gegensatz zur* civitas *des Dumnorix herauszubringen: normalerweise steht das Possessivpronomen hinter seinem Beziehungswort* · **imperium:** *die höchste Gewalt, Herrschaft (neutraler Ausdruck).*

7 **non est dubium, quīn ... plūrimum possint:** *es steht außer Zweifel, daß sie am mächtigsten sind; mit Umkehrung der syntaktischen Verhältnisse, d. h. mit ‚Gewichtsverschiebung': ohne Zweifel / ganz sicher sind sie am mächtigsten* · **conciliare:** *1. vereinigen, 2. verschaffen.*

8 **fides:** *vgl. S. 9* · **inter se fidem et iūs iūrandum dant:** *‚doppelgliedriger Ausdruck', eine i. L. beliebte Ausdrucksform; i. D. etwa: sie schwören einander unverbrüchliche Treue* · **hac ōrātiōne ... spērant:** *Bei eingebetteten Verbalinformationen (prädikativem Partizip, Abl.+Präd., a.c.i.) gilt: eine Verbalinformation bezieht sich auf die nächstmögliche andere Verbalinformation, d. i. eine V. auf gleicher Satzebene. Hier:* adducti *gibt eine Erläuterung zu* dant; r. occupato *erläutert ...* potiri posse; sese ... posse *ist Objekt zu* sperant. *Mit* et *wird hier also ein neuer Abschnitt eingeleitet!* · **populus** *ist das gesamte Volk im Unterschied zu einzelnen Bevölkerungsgruppen.*

4 **indicium:** *Anzeichen, Anzeige* · **vinculum:** *Band; Plural: Fesseln, Gefängnis;* **ex vinculis:** *svw. als Gefangener; Orgetorix war also in Untersuchungshaft genommen worden, eine Einrichtung, die die Römer bei sich abgeschafft hatten* · **causam dīcere** *(Subst.* **causae dictio**): *eine Streitfrage mit Worten vertreten, d. h.: (sich oder einen anderen) vor Gericht verteidigen.*

2 **damnare:** *verurteilen;* **damnatum** *(sc.* eum): *prädikativ („im Falle einer Verurteilung" o. ä.)* · **cremare:** *verbrennen* · **familia:** *die Gesamtheit der Leibeigenen und sonstigen Bediensteten eines Haushalts (später: alle, die der Befehlsgewalt des Hausherrn – dominus – unterstehen, d. h. auch die Freien, also die Familienmitglieder im heutigen Sinne)* · **ad** *bei Zahlen: 1. bis auf, 2. annähernd, ungefähr* · **cliēns:** *vgl. S. 9* · **obaeratus:** *wer einem Geld – aes, aeris n. – schuldet:* Schuldner · **eōdem:** *ebendorthin* · **eripere:** *herausreißen, entziehen;* **se eripere:** *was zeigt dieser Ausdruck?* · **ne dīceret, se eripuit:** *die Absicht geht der Handlung voraus und steht daher i. L. auch voran.*

3 **exsequi:** *nachgehen, verfolgen* · **iūs suum exsequi:** *sein Recht geltend machen (gemeint ist das Recht der Bürger, einen Bürger an der Alleinherrschaft zu hindern)* · **mori,** morior, mortuus sum: *sterben.*

4 **non abest sūspiciō, quīn ...:** *der Verdacht liegt nicht fern, daß ..., mit ‚Gewichtsverschiebung': sehr wahrscheinlich ...* · **consciscere,** scī(v)i, scītum aliquid: *sich zu etwas entschließen, wählen.*

5 Post eius mortem nihilominus Helvetii id, quod constituerant, facere co-
2 nantur, ut e finibus suis exeant. ubi iam se ad eam rem paratos esse arbitrati
sunt, oppida sua omnia, numero ad duodecim, vicos ad quadringentos,
3 reliqua privata aedificia incendunt, frumentum omne praeter, quod secum
portaturi erant, comburunt, ut domum reditionis spe sublata paratiores ad
omnia pericula subeunda essent; trium mensum molita cibaria sibi quemque
4 domo efferre iubent. persuadent Rauracis et Tulingis et Latobrigis finitimis,
uti eodem usi consilio oppidis suis vicisque exustis una cum iis proficiscan-
tur, Boiosque, qui trans Rhenum incoluerant et in agrum Noricum trans-
ierant Noreiamque oppugnabant, receptos ad se socios sibi adsciscunt.
6 Erant omnino itinera duo, quibus itineribus domo exire possent: unum per
Sequanos, angustum et difficile, inter montem Iuram et flumen Rhodanum,
vix qua singuli carri ducerentur, mons autem altissimus impendebat, ut
2 facile perpauci prohibere possent; alterum per provinciam nostram, multo
facilius atque expeditius, propterea quod inter fines Helvetiorum et Allo-
brogum, qui nuper pacati erant, Rhodanus fluit isque nonnullis locis vado

5 **nihilōminus** *(um nichts weniger):* trotzdem
· **id, quod constituerant** *meint die in 3,1–2
geschilderten Beschlüsse, hier noch einmal zu-
sammengefaßt in* **ut exeant** *(nämlich auszu-
wandern); ut leitet hier die Erläuterung zu
einem vorher genannten Begriff ein: 'ut expli-
cativum'; i. D. kann man knapper formulieren:
„ihren Beschluß auszuwandern".*
2 **vīcus** *(eigtl. Häuserkomplex):* Gehöft, Dorf,
Stadtteil, Gasse *(vgl. „Weich"bild)* · **numero:**
an der Zahl · **quadringenti:** vierhundert.
3 **praeter (id) quod:** *i. L. wie i. D. stehen Attri-
butsätze oft selbständig, ohne ein hinweisen-
des Pronomen im übergeordneten Satz* · **por-
tare:** tragen, bringen · **combūrere,** ussi, ūstum:
völlig verbrennen · **reditio:** *Subst. zu* redīre;
domum reditionis *ist Genitiv-Attribut zu* spe;
*i. D. wird der Inhalt der Hoffnung anders aus-
gedrückt* (H., nach Hause zurückzukehren, H.
auf Heimkehr) · **pericula subīre:** Gefahren
auf sich nehmen · **mēnsis,** is *m.:* Monat ·
molita cibāria *(n. pl.):* Mehl (molere: mahlen,
cibāria: Lebensmittel).
4 **Rauracī:** *kleines keltisches Volk; Karte H 3*
· **Tulingī, Latobrīgī:** *Germanenstämme; Karte
H I 3, I 2* · **ūsī:** von ūti · **ūsī; exūstis:** *der über-
geordneten Verbalinformation* (proficiscantur)
gleichordnen · **Bōī:** *keltischer Stamm, der
ursprünglich in Nordostbayern saß, dann aber
von den Dakern vor allem nach Böhmen (Boi
haemum) verdrängt wurde; ein Teil von ihnen
suchte offensichtlich gerade neue Wohnsitze
in der Steiermark* – **ager Nōricus** – *bei* **Nōrēia**
*(dem heutigen Neumarkt), als das Angebot
der Helvetier eintraf, sich lieber ihrem Zug
anzuschließen, der im Augenblick wahrschein-
lich aussichtsreicher aussah* · **recipere ad se:**
bei sich aufnehmen, d. h. zu Mitgliedern ihres
Volksverbandes machen (vgl. die Aufnah-
me der Tiguriner bei den Kimbern, S. 10)
· **socium sibi adscīscere aliquem:** j-n zu sei-
nem Bundesgenossen machen (adscīscere: auf-
nehmen, gutheißen).

6 **itinera, quibus itineribus:** Wege, auf denen...;
*C. wiederholt gerne Begriffe, auf die es ihm
besonders ankommt* · **possent:** *der Konjunktiv
drückt die Wahlmöglichkeit aus* · **vix quā ...
dūcerentur:** vix *steht betont voran* · **singuli carri:**
Wagen einzeln hintereinander · **mōns impen-
dēbat** *(sc. viam):* ein Berg beherrschte den
Weg (pendēre: hängen) · **perpauci:** *aus* per
+ pauci *(vgl. 2,2 perfacilis).*
2 **Allobrŏges:** *keltischer Stamm, seine Haupt-
stadt war Vienna (heute Vienne), Karte G 4*
· **nūper:** *i. J. 121 waren die Allobroger von
starken römischen Streitkräften unterworfen
und der neuen Provinz Gallia Narbonensis ein-
gegliedert worden. Ein neuer Aufstand wurde 61
niedergeschlagen; er war wahrscheinlich aus-
gebrochen, weil die Allobroger sowohl privat
wie auch als Volksganzes stark verschuldet
waren – in erster Linie durch die Wucher-*

3 transitur. extremum oppidum Allobrogum est proximumque Helvetiorum finibus Genava. ex eo oppido pons ad Helvetios pertinet. Allobrogibus sese vel persuasuros, quod nondum bono animo in populum Romanum viderentur, existimabant vel vi coacturos, ut per suos fines eos ire paterentur.
4 omnibus rebus ad profectionem comparatis diem dicunt, qua die ad ripam Rhodani omnes conveniant. is dies erat a. d. V. Kal. Apr. L. Pisone A. Gabinio consulibus.

7 Caesari cum id nuntiatum esset eos per provinciam nostram iter facere conari, maturat ab urbe proficisci et, quam maximis potest itineribus, in
2 Galliam ulteriorem contendit et ad Genavam pervenit. provinciae toti, quam maximum potest, militum numerum imperat – erat omnino in Gallia
3 ulteriore legio una; pontem, qui erat ad Genavam, iubet rescindi. ubi de eius adventu Helvetii certiores facti sunt, legatos ad eum mittunt nobilissimos civitatis – cuius legationis Nammeius et Verucloetius principem locum obtinebant –, qui dicerent sibi esse in animo sine ullo maleficio iter per provinciam facere, propterea quod aliud iter haberent nullum; rogare, ut
4 eius voluntate id sibi facere liceat. Caesar, quod memoria tenebat L. Cassium consulem occisum exercitumque eius ab Helvetiis pulsum et sub

7 *Die Kapitel 2–6 haben die Lage bei den Helvetiern in folgenden Punkten festgehalten: Verschwörung des Orgetorix; Festhalten der Helvetier am Auswanderungsplan auch nach dem Tod des Orgetorix; die möglichen Marschwege.*
Mit Kapitel 7 setzt jetzt der Bericht über Caesars Maßnahmen ein. Vgl. zur Einführung S. 9–10.

---

zinsen römischer Geschäftsleute; eine deswegen 63 v. Chr. nach Rom geschickte Gesandtschaft hatte wohl nichts erreicht · **pācare:** „befrieden", d. h. in einen Vertragszustand bringen; vgl. 3,1 zu pax.
3 **Genava:** Genf · **pōns pertinet ad:** eine Brücke führt hinüber zu · **profectio:** Subst. zu proficisci.
4 **a. d. V. Kal. Apr. L. Pisōne A. Gabiniō cōnsulibus:** am 5. Tag vor den Kalenden des April im Konsulatsjahr des Lucius Piso und Aulus Gabinius, d. i. am 28. März 58 v. Chr.

7 mātūrare: eilen · **quam māximus:** möglichst groß; **quam māximis potest itineribus:** „in so großen Tagesmärschen wie möglich".
2 **Gallia ulterior:** d. i. die römische Provinz Gallia Narbonensis · **rescindere,** scīdi, scissum: einreißen · **pōns, qui est ad Genavam:** *oft entspricht einem lat. Attributsatz i. D. besser ein adverbiales oder adjektivisches Attribut:* die Brücke bei Genf, die Genfer Brücke; *man spricht hier von Verkürzung oder ‚Reduktion' bei der Übersetzung.*
3 **mittere** *mit doppeltem Akkusativ:* j-n als etw. schicken · **lēgātos, cūius lēgātiōnis:** *svw.* legatos, quorum · **quī dīcerent** *schließt sich an* nobilissimos civitatis *an;* cuius legationis ... obtinebant *ist eine ‚Parenthese' (eingeschobener unabhängiger Satz oder Teilsatz)* · **maleficium:** die böse Tat, das Vergehen.
4 **L(ūcius) Cassius** *war zusammen mit Marius Konsul des Jahres 107 v. Chr.* · **memoriā** *(abl. instr.)* **tenēre:** im Gedächtnis haben, behalten ·

5 iugum missum, concedendum non putabat; neque homines inimico animo data facultate per provinciam itineris faciundi temperaturos ab iniuria et
6 maleficio existimabat. tamen, ut spatium intercedere posset, dum milites, quos imperaverat, convenirent, legatis respondit diem se ad deliberandum sumpturum; si quid vellent, ad Id. Apr. reverterentur.

8 Interea ea legione, quam secum habebat, militibusque, qui ex provincia convenerant, a lacu Lemanno, qui in flumen Rhodanum influit, ad montem Iuram, qui fines Sequanorum ab Helvetiis dividit, milia passuum decem
2 novem murum in altitudinem pedum sedecim fossamque perducit. eo opere perfecto praesidia disponit, castella communit, quo facilius, si se invito
3 transire conarentur, prohibere possit. ubi ea dies, quam constituerat cum legatis, venit et legati ad eum reverterunt, negat se more et exemplo populi Romani posse iter ulli per provinciam dare et, si vim facere conentur, pro-
4 hibiturum ostendit. Helvetii ea spe deiecti navibus iunctis ratibusque compluribus factis alii vadis Rhodani, qua minima altitudo fluminis erat, nonnumquam interdiu, saepius noctu, si perrumpere possent, conati operis munitione et militum concursu et telis repulsi hoc conatu destiterunt.

---

sub iūgum mittere: *iugum ist das Joch, das man den Zugochsen auflegt; übertragen bedeutet es „Sklavenjoch". Zum Zeichen der Versklavung, aber auch bloß als Erniedrigung hatte man bisweilen besiegte Kriegsgegner in gebückter Haltung unter einem „Joch" durchgehen lassen, das aus drei Lanzen (zwei in den Boden gerammten und einer darübergelegten) aufgebaut war. Einem römischen Heer war dies nach der Niederlage gegen die Samniten 321 v. Chr. widerfahren.*
5 **facultas itineris faciundi:** *die Möglichkeit, einen Marsch zu unternehmen (faciundi ist die ältere Form für faciendi)* · **temperare ab aliqua re:** *sich von etw. zurückhalten* · **spatium:** *Zwischenraum, Zeitspanne.*
6 **intercēdere:** *dazwischengehen, hier?* · **quos imperaverat:** *i. D. mit ‚Reduktion' als Attribut wiederzugeben* · **delīberare:** *überlegen, nachdenken.*

8 ea legione ... militibusque: *abl. instr. (Truppen als bloßes Kriegsmittel)* · **lacus:** *See;* **l. Lēmannus:** *d. i. der Genfer See* · **qui in flumen Rhodanum influit:** *Die günstigste Stelle, ans linke Flußufer zu gelangen, war für die Helvetier der Rhonedurchbruch südwestlich von Genf. Dieser Punkt ist also für Caesars Schutzmaßnahmen wichtig, und von hier aus nach Helvetien gewendet betrachtet* C. *die geographische Lage; so ergibt sich die Vorstellung vom Genfer See, „der in die Rhone fließt" (geographisch korrekt wäre: „aus dem die Rhone austritt")* · **mūrus:** C. *hat wohl die Bergabhänge an der Rhone genutzt und nur an einigen gefährdeten Stellen eigene Befestigungen gebaut, die ein davorliegender Graben (fossa) noch zusätzlich unzugänglich machte* · **altitūdo,** *dinis f.: Höhe.*
2 **opus:** *Befestigungswerk* · **disponere:** *verteilen* · **castella commūnire:** *Stützpunkte anlegen und befestigen: Bastionen bauen. Das Objekt ist das Ergebnis der im Verb geschilderten Tätigkeit (sog. ‚effiziertes Objekt')* · **quō** *(meistens mit folgendem Komparativ): svw. ut eō: damit desto.*
3 **ūlli:** *irgendeinem (in verneinten Sätzen)* · **prohibiturum:** *statt se (eos) prohibiturum esse; warum diese Kürze?*
4 *Zur Übersetzung von § 4 vgl. 8 Z 2!*
spē deici: *eigtl. von einer Hoffnung herabgeworfen werden: in einer Hoffnung getäuscht werden* · **quā** *als Einleitung eines Attributsatzes: (dort,) wo* · **interdiū / noctū:** *am Tag / in der Nacht* · **perrumpere:** *(mit Gewalt) durchbrechen (trans. und intrans.)* · **concursus,** *us: Subst. zu concurrere* · **repellere,** *ppuli, pulsum: zurückwerfen* · **cōnātus,** *us: Subst. zu conari* · **desistere,** *destiti aliqua rē: etwas aufgeben.*

9 Relinquebatur una per Sequanos via, qua Sequanis invitis propter angustias
2 ire non poterant. his cum sua sponte persuadere non possent, legatos ad Dumnorigem Haeduum mittunt, ut eo deprecatore a Sequanis impetrarent.
3 Dumnorix gratia et largitione apud Sequanos plurimum poterat et Helvetiis erat amicus, quod ex ea civitate Orgetorigis filiam in matrimonium duxerat, et cupiditate regni adductus novis rebus studebat et quam plurimas civitates
4 suo beneficio habere obstrictas volebat. itaque rem suscipit et a Sequanis impetrat, ut per fines suos Helvetios ire patiantur, obsidesque uti inter sese dent, perficit: Sequani, ne itinere Helvetios prohibeant, Helvetii, ut sine maleficio et iniuria transeant.
10 Caesari nuntiatur Helvetiis esse in animo per agrum Sequanorum et Haeduorum iter in Santonum fines facere, qui non longe a Tolosatium finibus
2 absunt, quae civitas est in provincia. id si fieret, intellegebat magno cum periculo provinciae futurum, ut homines bellicosos, populi Romani inimi-
3 cos, locis patentibus maximeque frumentariis finitimos haberet. ob eas

9 *Caesar hat den Helvetiern den günstigeren Weg durch das Gebiet der Allobroger, römisches Provinzgebiet, durch abschlägige Bescheide und militärische Aktionen genommen. Müssen sie nun umkehren?*
10 *Der Weg durch das Gebiet der Sequaner berührt kein römisches Staats- oder Provinzgebiet. Läßt Caesar die Helvetier nun ziehen, oder hat er weitere Gründe, die Auswanderung zu stoppen?*

---

9 **ūna:** als einziger, nur · **quā...ire:** *i. L. betrachtet man den Weg als Mittel zum Gehen* · **angustiae,** arum: Enge, Engpässe · **Sēquanis invītis propter angustias** (invītus: unwillig): *welchen Bezug haben die beiden Angaben auf das Prädikat* ire non poterant *und welchen untereinander?*
2 **sua sponte** *(Ablativ):* aus eigenem Antrieb, ohne fremde Hilfe · **dēprecātor:** Fürsprecher, Vermittler.
3 **grātia:** vgl. S. 9 · **largītio:** Freigebigkeit (eigennützige) · **Helvētiis erat amīcus:** *vgl. 3,5; die Politik des Orgetorix hat also zum Nutzen der Helvetier gewirkt* · **in mātrimōnium dūcere:** *d. i.* zur Frau nehmen · **novis rēbus studēre:** *„nach neuen staatlichen Verhältnissen streben", d. h. von den jeweils Regierenden her gesehen:* auf einen Umsturz hinarbeiten, eine Revolution planen · **beneficium:** vgl. S. 9 · **obstringere,** strinxi, strictum aliquem: j-n (sich) verpflichten.
4 **impetrat, ut ... patiantur, obsidesque uti ... dent, perficit:** *Die Abfolge in diesem Satzgefüge ist: Hauptsatz – abh. Wunschsatz (ut ..) / abh. Wunschsatz (uti ...) – Hauptsatz.*

Das Kreuz in der schematischen Darstellung gab dieser Abfolge ABba den Namen Kreuzstellung oder (nach dem griechischen Buchstaben X-Chi) ‚Chiasmus'. Die Wirkung dieser Stilfigur spürt man, wenn man laut und gliedernd liest · **obsides:** *Objekt des ut-Satzes, durch die Stellung vor* ut *hervorgehoben; wie erreicht man i. D. eine solche Hervorhebung mündlich, wie schriftlich?* · **Sēquani ... Helvētii:** sc. obsides dant · **maleficium:** Vergehen; **maleficium et iniūria:** vgl. 7,3 und 7,5.

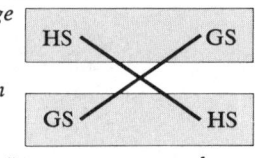

10 **mihi in animo est:** ich habe die Absicht · **Santones,** um: *keltisches Volk, Karte DE 4* · **Tolōsātes,** ium: *die Einwohner von Tolosa (Toulouse), Karte H 2* · **est (in provincia):** es gibt.
2 **id:** *Voranstellung wie 9,4* obsides · **est cum aliqua rē:** es ist mit etw. verbunden · **futūrum:** *häufige Kurzform des Infinitivs Futur zu* esse · **bellicōsus:** kriegerisch *(das Suffix -osus bedeutet „reich an")* · **inimīcus:** *Gegensatz zu* amicus, vgl. zu 3,1 und 3,4 · **patēre:** offenstehen · **loca** *(n. pl.) (Örtlichkeiten):* Gebiet(e), Gegend · **frūmentārius:** getreidereich.

causas ei munitioni, quam fecerat, T. Labienum legatum praefecit; ipse in Italiam magnis itineribus contendit duasque ibi legiones conscribit et tres, quae circum Aquileiam hiemabant, ex hibernis educit et, qua proximum iter in ulteriorem Galliam per Alpes erat, cum his quinque legionibus ire con-
4 tendit. ibi Ceutrones et Graioceli et Caturiges locis superioribus occupatis
5 itinere exercitum prohibere conantur. compluribus his proeliis pulsis ab Ocelo, quod est citerioris provinciae extremum, in fines Vocontiorum ulterioris provinciae die septimo pervenit; inde in Allobrogum fines, ab Allobrogibus in Segusiavos exercitum ducit. hi sunt extra provinciam trans Rhodanum primi.

11 Helvetii iam per angustias et fines Sequanorum suas copias traduxerant
2 et in Haeduorum fines pervenerant eorumque agros populabantur. Haedui, cum se suaque ab iis defendere non possent, legatos ad Caesarem mittunt
3 rogatum auxilium: ita se omni tempore de populo Romano meritos esse, ut paene in conspectu exercitus nostri agri vastari, liberi eorum in servi-
4 tutem abduci, oppida expugnari non debuerint. eodem tempore Ambarri, necessarii et consanguinei Haeduorum, Caesarem certiorem faciunt sese
5 depopulatis agris non facile ab oppidis vim hostium prohibere. item Allobroges, qui trans Rhodanum vicos possessionesque habebant, fuga se ad Caesarem recipiunt et demonstrant sibi praeter agri solum nihil esse

11 *Zwar hatten die Helvetier mit den Sequanern einen Vertrag geschlossen (9,4), aber das sicherte nur ihren Durchzug durch sequanisches Gebiet. Gleich danach kommen Gebiete der Allobroger, Ambarrer und Haeduer. Ein Teil des Allobroger-Gebiets (rechts der Rhone) gehört zum Provinzgebiet (6,2); die Haeduer haben Bündnisse mit den Römern, die Ambarrer sind, wie Caesar sagt, enge Verwandte der Haeduer. Der Marsch der Helvetier trifft hier also schon wieder auf römisches Einflußgebiet.*

3 **lēgātus:** 1. der Gesandte, 2. *der höchstrangige Helfer eines Feldherrn, Generaladjutant,* „Legat", 3. *der höchstrangige Helfer eines Provinzstatthalters,* „Legat" • **T(itus) Labiēnus:** *Name des bedeutendsten Legaten Caesars* • **conscrībere:** *eigtl. in eine Liste einschreiben:* (Soldaten) ausheben • **Aquilēia:** *stark befestigte Stadt in Gallia cisalpina (Norditalien).*
4 **Ceutrōnes, Grāiŏcĕli, Caturiges:** *keltische Alpenvölker an der Grenze zwischen Gallia cisalpina und Gallia ulterior* • **loca superiōra** *(n. pl.):* beherrschende Anhöhen.
5 **his pulsis:** *Abl. + Präd.* • **complūribus proeliis:** *abl. instr. zu* pulsis • **complūribus:** *steht zur Betonung voran* • **Vocontii; Segusiāvi:** *Völker am linken bzw. rechten Rhoneufer.*

11 populari: verwüsten • **cōpiae:** *was meint das Wort hier?* • **tradūxerant – pervēnerant – populabantur:** *Beachten sie die Tempora.*
2 **rogātum:** *„Supinum I'* • **merēri de aliquo:** sich um j-n verdient machen • **vāstare:** verwüsten.
3 **servitus,** tutis *f.:* Sklaverei, Sklavenstand; *es gehörte zur damaligen Kriegsführung, daß Gefangene und Angehörige der Feinde als Sklaven verkauft wurden, vgl. 7,4.*
4 **Ambarri:** *keltisches Volk, Karte G 4/3* • **cōnsanguineus:** blutsverwandt • **depopulari:** völlig verwüsten, plündern. *Das Partizip Perfekt mancher Deponentien wird passivisch gebraucht.*
5 **possessio:** Besitz, Grundstück • **fugā se ad Caesarem recipiunt:** *sie ziehen sich durch Flucht zu C. zurück:* sie suchen bei Caesar Schutz • **solum,** *i. n.:* (nackter) Boden • **nihil reliqui** *(gen. part.)* **est:** es ist nichts übrig.

6 reliqui. quibus rebus adductus Caesar non exspectandum sibi statuit, dum omnibus fortunis sociorum consumptis in Santonos Helvetii pervenirent.
12 Flumen est Arar, quod per fines Haeduorum et Sequanorum in Rhodanum influit, incredibili lenitate ita, ut oculis, in utram partem fluat, iudicari non
2 possit. id Helvetii ratibus ac lintribus iunctis transibant. ubi per exploratores Caesar certior factus est tres iam partes copiarum Helvetios id flumen traduxisse, quartam vero partem citra flumen Ararim reliquam esse, de tertia vigilia cum legionibus tribus e castris profectus ad eam partem per-
3 venit, quae nondum flumen transierat. eos impeditos et inopinantes adgressus magnam partem eorum concidit; reliqui sese fugae mandarunt atque in
4 proximas silvas abdiderunt. is pagus appellabatur Tigurinus; nam omnis
5 civitas Helvetia in quattuor partes vel pagos est divisa. hic pagus unus, cum domo exisset, patrum nostrorum memoria L. Cassium consulem inter-
6 fecerat et eius exercitum sub iugum miserat. ita sive casu sive consilio deorum immortalium, quae pars civitatis Helvetiae insignem calamitatem
7 populo Romano intulerat, ea princeps poenas persolvit. qua in re Caesar non solum publicas, sed etiam privatas iniurias ultus est, quod eius soceri L. Pisonis avum, L. Pisonem legatum, Tigurini eodem proelio quo Cassium interfecerant.

---

6 **exspectandum:** *die unpersönliche -nd-Form mit der vom Zusammenhang nahegelegten Bedeutung „müssen" bzw. „nicht dürfen" steht als Objekt gern ohne esse* · **fortūnae,** arum: Reichtum, Besitz.

12 **Arăr,** is *m.:* der Arar, *die heutige Saône* · **est:** es gibt da (es fließt da) · **incrēdibilis:** unglaublich · **lēnitas:** Langsamkeit · **incrēdibili lēnitate:** *nachgetragene Eigenschaftsangabe (= Attribut) zu Arar („abl. qualitatis")* · **in utram partem fluat:** *Subjekt(satz) zu* iudicari non possit · **linter,** tris *m.:* Kahn, Nachen.

2 **explōrātōres:** Kundschafter, Aufklärungstrupp, *eine meist berittene Spezialtruppe zur Erkundung des Geländes und der Position des Feindes. C. hatte einen ausgezeichnet organisierten Nachrichtendienst, so daß er seine militärischen Entscheidungen im Besitz aller notwendigen Informationen treffen konnte* · **vigilia:** *Die Nacht wurde von Sonnenunter- bis -aufgang in vier Abschnitte zu jeweils etwa drei Stunden eingeteilt (die mit der Wasseruhr gemessen wurden); jeder Abschnitt hatte seinen eigenen Wachtposten.* vigilia *meint also* 1. Wachtposten, 2. die Zeit einer Nachtwache. *Daher:* **de tertia vigilia proficisci:** *aus dem Zeitraum der dritten N. heraus abmarschieren:* noch während der dritten Nachtwache aufbrechen, *d. i. etwa um drei Uhr.*

3 **inopīnans,** *gen.* ntis: nichts vermutend *oder* ahnend *(i. D. freier wiedergeben)* · **concīdere,** cīdi, cīsum: niedermachen · **abdere,** didi, ditum: verbergen; *i. L. mit Zielakkusativ, i. D.: „wo".*

4 **pāgus:** 1. Landesteil, 2. Volksteil *o. ä.* · **Tigurīnus:** tigurinisch.

5 **memoria:** Erinnerung; Zeit (an die man sich erinnert); **memoriā patrum nostrorum:** zur Zeit unserer Väter · **L. Cassium ... mīserat:** *vgl. 7,4.*

6 **quae pars ... intulerat** *wird durch das folgende* ea *wieder aufgenommen;* pars *steht der Klarheit halber gleich nach* quae, *i. D. stellt man anders: „der Teil, der ..."* · **insīgnis,** e: *auffallend in gutem oder schlechtem Sinn, also z. B.:* ausgezeichnet / unerhört · **calamitatem inferre alicui:** j-m eine Niederlage beibringen, j-m einen Verlust zufügen · **poenas (per)solvere,** solvi, solūtum: *eigtl.* Lösegelder zahlen: bestraft werden.

7 **ulcisci,** ultus sum: 1. für j-n *oder* etwas Rache nehmen, 2. sich an j-m rächen · **prīvātae iniūriae; pūblicae iniūriae:** *die Attribute* privatae *und* publicae *entsprechen genitivi obiectivi („an ihm selbst und am römischen Volk begangene Ungerechtigkeiten")* · **L. Pīsō,** Pīsōnis: *Caesar hatte im Jahre 59 Pisos Tochter Calpurnia geheiratet; im Jahre 53 wollte er sich wieder von ihr trennen, weil er die Tochter des Pompeius heiraten wollte, um sich so mit seinem gefährlichen Konkurrenten zu verbünden; da Pompeius ablehnte, behielt er Calpurnia* · **socer,** eri: Schwiegervater · **quō Cassium:** *sc.* interfecerant; *erläutert* eodem.

13 Hoc proelio facto reliquas copias Helvetiorum ut consequi posset, pontem
2 in Arari faciendum curat atque ita exercitum traducit. Helvetii repentino eius adventu commoti, cum id, quod ipsi diebus XX aegerrime confecerant, ut flumen transirent, illum uno die fecisse intellegerent, legatos ad eum mittunt. cuius legationis Divico princeps fuit, qui bello Cassiano dux Hel-
3 vetiorum fuerat. is ita cum Caesare egit: si pacem populus Romanus cum Helvetiis faceret, in eam partem ituros atque ibi futuros Helvetios, ubi eos
4 Caesar constituisset atque esse voluisset; sin bello persequi perseveraret, reminisceretur et veteris incommodi populi Romani et pristinae virtutis
5 Helvetiorum. quod improviso unum pagum adortus esset, cum ii, qui flumen transissent, suis auxilium ferre non possent, ne ob eam rem aut
6 suae magnopere virtuti tribueret aut ipsos despiceret. se ita a patribus maioribusque suis didicisse, ut magis virtute quam dolo contenderent aut
7 insidiis niterentur. quare ne committeret, ut is locus, ubi constitissent, ex calamitate populi Romani et internecione exercitus nomen caperet aut memoriam proderet.

13 *Die Helvetier suchen den Konflikt auf andere Weise zu lösen. Wie geht Caesar darauf ein?*

---

13 pontem in Arari faciendum cūrat: er sorgt für den Bau einer Brücke über den Arar.
2 **cum ... intellegerent** *begründet* commoti · **id** *wird erst durch* quod ... confecerant, *dann durch* ut ... transirent *erläutert („ut explicativum', vgl. zu 5,1)* · **bellum Cassiānum:** *der 7,4 und 12,5 erwähnte Krieg i. J. 107 v. Chr. (Cassianus ist Adjektiv zu Cassius).*
3 **cum Caesare ēgit:** *Verhandlungen mit fremden Führern finden in der Regel mit Hilfe eines Dolmetschers (interpres, etis) statt. Gebildete Römer zu Caesars Zeit beherrschen außer ihrer Muttersprache noch Griechisch, aber zunächst kaum Keltisch* · **ubi ... voluisset** *erläutert in* eam partem *und* ibi · **cōnstituere,** stitui, stitutum *(hinstellen): hier svw. ansiedeln, Wohnsitze anweisen* · **cōnstituisset; voluisset:** *das Plusquamperfekt gibt hier die Vorzeitigkeit zum Futur* ituros atque ... futuros *(sc. esse) an; i. D. kann Präsens stehen.*
4 **persēverare:** bei etwas verharren, etwas fortsetzen · **reminisci alicūius rei:** an etwas zurückdenken · **incommodum:** Unannehmlichkeit; *euphemistisch für:* Schaden, Unglück, Niederlage *(euphemistisch meint wörtlich „schön redend", d. h.: böse, gesellschaftlich oder religiös anstößige, tabuisierte Ausdrücke vermeidend)* · **prīstinus:** ehemalig, alt.
5 **quod** *am Satzanfang gibt einen Bezugspunkt für die folgende Aussage oder Aufforderung an („faktisches quod'); „was das angeht, daß...", „wenn..."* · **imprōvīso** *(Adv.):* unvermutet, überraschend · **suae virtūti māgnōpere tribuere:** auf seine Tüchtigkeit (zu) sehr pochen, sich auf seinen Mut zu viel einbilden · **suae** *steht von* virtuti *getrennt und damit hervorgehoben* · **ipsos** *bildet den Gegensatz zu* suae; *mit* ipse *wird bei indirekter Redewiedergabe der Sprecher selbst bezeichnet, wenn das übliche* se, sibi *die Beziehung unklar ließe* · **despicere,** spicio, spēxi, spectum: verachten.
6 **dīscere** (lernen) *ist gleichsam das Passiv zu* docēre, *daher* ita ... · **dolus:** Täuschung, Heimtücke.
7 **committere, ut:** verschulden, es dahin kommen lassen, daß ... · **internĕcio:** totale Niederlage, völliger Untergang · **nōmen capere ex aliqua re:** seinen Namen bekommen, d. i. berühmt, berüchtigt werden durch etwas · **memoriam** *(sc. calamitatis)* **prōdere:** die Erinnerung (daran) der Nachwelt überliefern.

14 His Caesar ita respondit: eo sibi minus dubitationis dari, quod eas res, quas legati Helvetii commemorassent, memoria teneret, atque eo gravius ferre, 2 quo minus merito populi Romani accidissent. qui si alicuius iniuriae sibi conscius fuisset, non fuisse difficile cavere; sed eo deceptum, quod neque commissum a se intellegeret, quare timeret, neque sine causa timendum 3 putaret. quodsi veteris contumeliae oblivisci vellet, num etiam recentium iniuriarum, quod eo invito iter per provinciam per vim temptassent, quod Haeduos, quod Ambarros, quod Allobroges vexassent, memoriam deponere 4 posse? quod sua victoria tam insolenter gloriarentur quodque tam diu se 5 impune iniurias tulisse admirarentur, eodem pertinere. consuesse enim deos immortales, quo gravius homines ex commutatione rerum doleant, quos pro scelere eorum ulcisci velint, his secundiores interdum res et diuturnio- 6 rem impunitatem concedere. cum ea ita sint, tamen, si obsides ab iis sibi dentur, uti ea, quae polliceantur, facturos intellegat, et si Haeduis de iniuriis, quas ipsis sociisque eorum intulerint, item si Allobrogibus satis- 7 faciant, sese cum iis pacem esse facturum. Divico respondit: ita Helvetios a maioribus suis institutos esse, uti obsides accipere, non dare consuerint; eius rei populum Romanum esse testem. hoc responso dato discessit.

14 *Wie spricht und verhandelt nun ein römischer Feldherr?*

---

14 **eō, quod:** dadurch, daß; deswegen, weil · **dubitatio:** Zweifel *(wie er sich zu entscheiden habe)* · **eo gravius – quo minus:** *um so viel schwerer – um wieviel weniger:* umso schwerer, als nicht ... · **merito alicūius:** mit j-s Verdienst, durch j-s Schuld.

2 **si alicūius iniūriae:** *Caesar verwendet hier die volle Form alicuius, statt des nach si üblichen cuius, zur Betonung:* „wenn auch nur irgendeines Unrechts", „wenn auch nur des geringsten Unrechts" · **(sibi) cōnscium esse alicūius rei:** sich einer Sache bewußt sein · **decipere:** täuschen; **deceptum:** *kurz für* populum Romanum deceptum esse · **commissum est, quare timeret:** es ist etwas verübt worden, weswegen es sich fürchten müßte.

3 **oblīvīscī vellet:** *Subjekt ist wahrscheinlich wie zuvor der populus Romanus, in dessen Namen C. als der vom Senat beauftragte Provinzstatthalter spricht* · **contumēlia:** herabsetzende Handlung oder Rede, also: Schmach, Beschimpfung · **iniūria:** *vgl. S. 9* · **quod:** *‚faktisches quod' wie 13,5; die quod-Sätze zählen im einzelnen auf, worin die* recentes iniuriae *bestehen* · **eo invito** *(Abl.+Präd):* gegen seinen Willen; eo *meint das römische Volk – C. unterstellt, daß sein Verbot mit dessen Willen übereinstimmt; vgl. 8,3* · **vexare:** quälen.

4 **īnsolens,** *gen.* ntis: ungewöhnlich, unverschämt · **glōriari aliqua re** *(abl. instr.):* sich einer Sache rühmen · **impūne** *(Adv.):* ungestraft; **impūne iniūrias ferre:** *eine Vermischung der beiden Ausdrücke* impune ferre *(etwas ohne Strafe getan haben, ungestraft davonkommen) und* iniurias inferre alicui *(j-m Gewalt, Unrecht antun), also:* „für seine Gewalttaten straflos bleiben"; **iniūriae** *meint die Tötung des Cassius und die Unterjochung des römischen Heeres 107 v. Chr., als deren Rächer sich C. ja bereits 12,5–7 hingestellt hat.*

5 **quo:** *svw.* ut eo: damit desto · **commūtātio:** Veränderung · **quos ... velint:** *Attributsatz zu* his · **eorum:** *Genitiv-Attribut zu* scelere; *es meint dieselben Leute wie* quos · **diuturnus:** lange während · **impūnitas:** Straflosigkeit, daher Ungebundenheit · **secundiores** *wird durch die Stellung vor* interdum *statt vor* res *besonders betont.*

6 **ita esse:** sich so verhalten · **uti** = ut · **ea, quae polliceantur:** ihre Versprechen *(vgl. zu 5,1)* · **satisfacere alicui:** j-m Genugtuung leisten, sich bei j-m entschuldigen *(wofür, steht hier im Ablativ mit* de*).*

7 **instituere:** *svw.* erziehen.

15 Postero die castra ex eo loco movent. idem facit Caesar equitatumque omnem, ad numerum quattuor milium, quem ex omni provincia et Haeduis atque eorum sociis coactum habebat, praemittit, qui videant, quas in partes
2 hostes iter faciant. qui cupidius novissimum agmen insecuti alieno loco cum equitatu Helvetiorum proelium committunt, et pauci de nostris cadunt.
3 quo proelio sublati Helvetii, quod quingentis equitibus tantam multitudinem equitum propulerant, audacius subsistere nonnumquam et novissimo agmine
4 proelio nostros lacessere coeperunt. Caesar suos a proelio continebat ac
5 satis habebat in praesentia hostem rapinis pabulationibusque prohibere. ita dies circiter quindecim iter fecerunt, uti inter novissimum hostium agmen et nostrum primum non amplius quinis aut senis milibus passuum interesset.
16 Interim cotidie Caesar Haeduos frumentum, quod essent publice polliciti,
2 flagitare. nam propter frigora – quod Gallia sub septentrionibus posita est – non modo frumenta in agris matura non erant, sed ne pabuli quidem satis

15 *Eine diplomatische Lösung des römisch-helvetischen Konflikts ist endgültig gescheitert. Kommt nun die militärische Auseinandersetzung? Und wer beginnt sie?*

---

15 prōvincia: *die römische Provinz Gallia Narbonensis* • **coactum habēre** *betont einen Zustand (im Gegensatz zur einmaligen Handlung* coegisse*): Caesar hat Reiterei zusammengezogen (*coactum*) und nun zu seiner Verfügung (*habere*)* • **qui videant:** *Attributsatz zu* equitatum *(„constructio ad sensum" – vgl. zu 2,1). Was besagt der Konjunktiv?*
2 aliēno loco: *auf ungünstigem Gelände.*
3 sublātus: *erhoben, d. h. stolz gemacht* • **propellere,** puli, pulsum: *wegstoßen, vertreiben* • **subsistere,** stiti: *haltmachen, Widerstand leisten* • **proelio lacessere:** *zu einer Schlacht reizen (i. L. „mit einer Schlacht").*
4 continēre aliquem (ab) aliqua re; prohibēre aliquem aliqua re: *j-n von etwas fernhalten, an etwas hindern.* continere *betont, daß man sich selbst oder auch andere maßvoll einschränkt und in Zucht hält,* prohibere *betont die Abwehr* • **satis habēre:** *zufrieden sein, sich begnügen* • **in praesentia:** *im gegenwärtigen Augenblick (hier: für den Augenblick)* • **rapīna:** *das Rauben, der Raub* • **populātio:** *Verwüstung; Heere versorgten sich aus dem Land, durch das sie hindurchzogen; dabei geht es oft nicht ohne Gewalt und schon gar nicht ohne Zerstörung von Feldern ab. Im Grunde steht also hinter dem, was C. mit Recht* rapina *und* populatio *nennt, die* pabulatio*, die Lebensmittelversorgung des helvet. Zuges. Wie C. diese für sein Heer regelt, zeigt c. 16.*

5 quīnis; sēnis: *‚abl. comparationis' zu* amplius; *i. L. stehen bei Pluralwörtern wie* milia *statt der Kardinalzahlen Distributivzahlen:* (je) fünf / (je) sechs • **mīlle** (*Plural* mīlia) **passuum:** *1000 Doppelschritte, 1 röm. Meile (1,5 km).*

16 pūblice pollicēri: *im Namen des Staates versprechen (d. h. die Führer der Haeduer haben ein Versprechen abgegeben)* • **essent polliciti:** *warum Konjunktiv?* • **flāgitare aliquem aliquid:** *von j-m etwas fordern; hier sog. historischer Infinitiv, er steht statt des Perfekts oder Imperfekts. Meistens treten mehrere historische Infinitive zusammen auf, nachdem zunächst einige normale Vergangenheitsformen verwendet worden sind (vgl. § 4); da sie ohne Personen-, Tempus- und Modusangabe stehen, entsprechen sie Substantiven und bewirken so den Eindruck kurzer, schneller Mitteilungen, wie sie bei lebhafter, leidenschaftlicher Erzählung üblich sind.*
2 frīgus, oris *n.: Kälte; Plural* frīgora: *das kalte Klima* • **septentriōnes:** *das Siebengestirn, d. i. der große Bär / Wagen; bezeichnet den Norden* • **frūmentum:** *das reife, ausgedroschene Getreide; Plural* frūmenta: *das (noch in seiner Vereinzelung gesehene) Getreide auf dem Halm* • **pābulum:** *Grünfutter (für Tiere)* • **ne pābuli quidem satis māgna cōpia:** magna *ist adjektivisches,* pabuli *Genitiv-Attribut zu* copia; ne – quidem

3 magna copia suppetebat. eo autem frumento, quod flumine Arari navibus subvexerat, propterea minus uti poterat, quod iter ab Arari Helvetii aver-
4 terant, a quibus discedere nolebat. diem ex die ducere Haedui: conferri,
5 comportari, adesse dicere. ubi se diutius duci intellexit et diem instare, quo die frumentum militibus metiri oporteret, convocatis eorum principibus, quorum magnam copiam in castris habebat – in his Diviciaco et Lisco, qui summo magistratui praeerat, quem vergobretum appellant Haedui, qui
6 creatur annuus et vitae necisque in suos habet potestatem –, graviter eos accusat, quod, cum neque emi neque ex agris sumi posset, tam necessario tempore, tam propinquis hostibus ab iis non sublevetur, praesertim cum magna ex parte eorum precibus adductus bellum susceperit. multo etiam gravius, quod sit destitutus, queritur.
17 Tum demum Liscus oratione Caesaris adductus, quod antea tacuerat, proponit: esse nonnullos, quorum auctoritas apud plebem plurimum valeat,
2 qui privatim plus possint quam ipsi magistratus. hos seditiosa atque impro-

16 *Aufschlußreiche Hintergrundschilderungen. Wie verhalten sich andere keltische Stämme angesichts der drohenden Konfrontation zwischen Römern und Helvetiern? Wie agiert Caesar als Diplomat?*
17 *Wie zeigen sich oppositionelle Politiker der Gallier?*

bestimmt pabuli, satis *bestimmt* magna *näher; ein so ausgedehntes Attribut ist i. L. gut möglich, i. D. verwendet man meist besser einen Attributsatz (Ausdehnung eines Satzglieds zum Gliedsatz: ‚Expansion' – im Gegensatz zur ‚Reduktion', vgl. zu 7,2):* „nicht einmal eine Futtermenge, die groß genug war" *o. ä. – Mitte Juni (um diese Jahreszeit handelt es sich hier) kann man in Süditalien und Sizilien bereits ernten* • **suppetere,** petīvi, petītum: *(ausreichend) vorhanden sein.*
3 **subvehere,** vēxi, vectum: *hinauf (d. h. stromaufwärts) bringen; C. tut das natürlich nicht selbst, sondern veranlaßt es als Befehlshaber; auch in anderen Sprachen findet sich dieser militärische Sprachgebrauch* • **iter avertere ab aliquo:** *eigtl. den Marsch von j-m abwenden; i. D. betont man lieber die Person: j-m nicht weiter folgen.*
4 **diem ex die:** *einen Tag um den anderen* • **dūcere:** *hier svw. hinziehen, hinhalten; ‚historischer Infinitiv'* • **dīcere:** *‚historischer Infinitiv'* • **conferri, comportari, adesse** (sc. frumentum): *von dicere abhängige Infinitive; C. schreibt hier im Telegrammstil.*
5 **diem, quo die:** *vgl. 6,1* itinera, quibus itineribus. *Zum umfangreichen Marschgepäck des römischen Legionärs – es wog ca. 20 kg, und hinzu kam die schwere Rüstung – gehörte auch ein Getreidevorrat für drei Tage, der bisweilen bis auf eine halbe Monatsration erhöht wurde* • **eorum** *meint die Haeduer* • **Diviciācus:** *ein Haeduerfürst, Führer der römerfreundlichen Partei der Haeduer* • **magistrātus** *heißt das Amt, das der Staat einem Bürger überträgt, sowie jeder, der ein solches Amt verwaltet und im Auftrag des Staates handelt (nur insofern ist er mit unserem „Beamten" vergleichbar):* Behörde, Staatsamt, Amtsperson • **vergobrētus:** *„Vergobret"; ein keltisches Wort, das wörtlich „Rechtswirker" meint und die oberste Behörde der Haeduer bezeichnet* • **creare:** wählen • **annuus:** *auf ein Jahr (beschränkt)* • **nex,** necis *f.:* Tod *(besonders der gewaltsame).*
6 **tempus necessārium:** *svw.* Zwangslage • **sublevare:** unterstützen • **māgna ex parte:** *zu einem großen Teil, vor allem* • **destituere:** *alleine lassen, im Stich lassen.*
17 **tum dēmum:** *da erst, jetzt erst* • **quod antea tacuerat** *steht als Objekt vor* proponit • **propōnere:** vortragen, berichten • **auctōritas:** Ansehen, Autorität • **privātim:** *hier Gegensatz zu* magistratus, i. D.? • **ipsi** *selbst im Sinne von sogar* • **magistrātus:** *vgl. zu 16,5.*
2 **sēditiōsus:** aufrührerisch • **improbus** *(wer*

ba oratione multitudinem deterrere, ne frumentum conferant, quod debeant: praestare, si iam principatum Galliae obtinere non possent, Gallorum quam Romanorum imperia perferre; neque dubitare debeant, quin, si Helvetios superaverint, Romani una cum reliqua Gallia Haeduis libertatem sint erepturi. ab isdem nostra consilia quaeque in castris gerantur, hostibus enuntiari; hos a se coerceri non posse. quin etiam, quod necessariam rem coactus Caesari enuntiarit, intellegere sese, quanto id cum periculo fecerit, et ob eam causam, quamdiu potuerit, tacuisse.

18 Caesar hac oratione Lisci Dumnorigem, Diviciaci fratrem, designari sentiebat, sed quod pluribus praesentibus eas res iactari nolebat, celeriter concilium dimittit, Liscum retinet. quaerit ex solo ea, quae in conventu dixerat. dicit liberius atque audacius. eadem secreto ab aliis quaerit; reperit esse vera: ipsum esse Dumnorigem summa audacia, magna apud plebem propter liberalitatem gratia, cupidum rerum novarum. compluris annos portoria reliquaque omnia Haeduorum vectigalia parvo pretio redempta

---

oder was die Erwartungen nicht erfüllt): schlecht, Schurke, ungesetzlich · **sēditiōsus, improbus** *bezeichnen für den staatsbewußten Römer Haltungen, die gegen das Interesse des Staates gerichtet sind bzw. gegen die Interessen der regierenden Schicht, die sich mit dem Staat identifiziert* · **deterrēre, ne:** *davon abschrecken, (etwas) zu (tun), sc. was nicht geschehen soll; daher i. L. abh. Wunschsatz mit ne + Konj.* · **quod dēbeant** *sc.* conferre; *zur Begründung vgl. 16,6;* dēbēre *bezeichnet eine moralische Verpflichtung.*

3 **3–4 praestare ... erepturi:** *abh. Rede in der abh. Rede; C. gibt den Bericht des Liscus über die Reden der nonnulli wieder.*
praestare: *Infinitiv zu* praestat: *es ist besser* · **principātus, us:** *erste Stelle, Hegemonie in ...* · **Gallōrum** *(Genitiv-Attribut zu* imperia) *steht betont voran; berücksichtigen Sie dies bei der Übersetzung.*

4 **neque dubitare dēbeant, quīn, si ... superāverint, Rōmānī ... sint ēreptūrī:** *C. ordnet die Glieder zeitlich-linear an, i. D. steht der Kondizionalsatz evtl. besser am Schluß* · **superāverint:** *das Futur II bezeichnet die Vorzeitigkeit zum Futur I.*

5 **ab īsdem:** *die indirekte Rede berichtet jetzt wieder von den Äußerungen, die Liscus in eigenem Namen macht* · **īsdem** = iisdem · **quaeque:** *svw.* et (ea,) quae · **quae gerantur:** *Subjekt zu* enuntiari, *vertritt also den Akkusativ des a. c. i.* · **enūntiāre:** *verraten.*

6 **necessārius:** *unausweichlich, d. h. dringend (vgl. 16,6!)* · **quantō:** *in betonter Stellung; i. D.?* · **quamdiū:** *hier Relativpronomen:* solange.

18 **Dumnorīx; Divicīācus:** *vgl. 3,2 und 16,5* · **dēsīgnāre:** bezeichnen · **plūribus praesentibus:** *während noch mehr Leute anwesend sind:* „vor Dritten" · **iactāre:** *(wiederholt oder ausführlich)* besprechen, erörtern.

2 **ex sōlō:** *svw.* ex eo solo; *C. läßt* eo *aus, weil es sich von selbst versteht und nur wichtig ist, daß das Gespräch „unter vier Augen" stattfindet* · **conventus, us:** Versammlung · **līber:** frei, freimütig · **audāx:** kühn, *d. h. ohne Rücksicht oder Vorsicht* · **sēcrētō** *(Adv.):* insgeheim · **vērus:** wahr; **esse vēra** *ist der Infinitiv eines a. c. i., dessen Akkusativ bereits im vorigen Satz steht.*

3 **3–9 ipsum esse ...:** *diese indirekte Rede gibt wieder, was Liscus und bestätigend andere Informanten Caesar gesagt haben, erläutert also* eadem (... esse vera).
ipse *hebt eine Person stark hervor:* eben dieser · **audācia:** Rücksichtslosigkeit *(vgl. § 2);* **summā audāciā est:** *aus dem substantivischen Prädikatsnomen im Ablativ bei* esse *kann i. D. ein adjektivisches Prädikatsnomen werden (er ist höchst rücksichtslos) oder man verwendet ganz andere Ausdrücke (z. B. er kennt überhaupt keine Rücksicht). Entsprechend:* māgnā grātiā est · **grātia:** *vgl. S. 9* · **plebs,** bis *f.:* die Masse · **līberālitas,** atis *f.:* edle Gesinnung, Freigebigkeit; *beides wurde vom* patronus *erwartet* · **complūrīs:** -is *ist wie* -es *Endung für den acc. pl. m. / f.* · **portōrium:** Zoll *(auf verschiedene Handelswaren)* · **vectīgālia,** ium *n. pl.:* Abgaben, *die jährlich für die Benutzung des Gemeindelandes wie Wege, Wiesen, Seen usw. zu zahlen waren* · **redimere,** ēmi, emptum: kaufen, pachten;

4 habere, propterea quod illo licente contra liceri audeat nemo. his rebus
et suam rem familiarem auxisse et facultates ad largiendum magnas com-
5 parasse; magnum numerum equitatus suo sumptu semper alere et circum
6 se habere; neque solum domi, sed etiam apud finitimas civitates largiter
posse atque huius potentiae causa matrem in Biturigibus homini illic no-
7 bilissimo ac potentissimo conlocasse, ipsum ex Helvetiis uxorem habere,
sororem ex matre et propinquas suas nuptum in alias civitates conlocasse.
8 favere et cupere Helvetiis propter eam adfinitatem, odisse etiam suo nomine
Caesarem et Romanos, quod eorum adventu potentia eius deminuta et
Diviciacus frater in antiquum locum gratiae atque honoris sit restitutus.
9 si quid accidat Romanis, summam in spem per Helvetios regni obtinendi ve-
nire; imperio populi Romani non modo de regno, sed etiam de ea, quam
10 habeat, gratia desperare. reperiebat etiam in quaerendo Caesar, quod proe-
lium equestre adversum paucis ante diebus esset factum, initium eius fugae
factum ab Dumnorige atque eius equitibus – nam equitatui, quem auxilio
Caesari Haedui miserant, Dumnorix praeerat; eorum fuga reliquum esse
equitatum perterritum.

---

in der Antike war es lange Zeit üblich, daß der Staat die Steuereinziehung gegen eine angemessene Pauschale „Steuerpächtern" (pūblicani) übertrug; selbstverständlich blieb diesen eine oft große Gewinnspanne · **parvo pretio:** *zu einem geringen Preis ·* **redempta habēre:** *vgl. coactum habere 15,1 ·* **licēri,** *licitus sum: bieten (beim Verkauf, auf Auktionen) ·* **contra** *(Adv.): dagegen.*

4 **his rebus:** *der Plural (statt hac re) macht mehr aus der Sache ·* **rēs familiāris:** *(Privat-)Vermögen ·* **largīrī:** *Geschenke austeilen ·* **facultātes ad largiendum māgnas:** *„beträchtliche Mittel für freigebige Schenkungen".*

5 **equitātūs:** *der Genitiv bestimmt die Mengenangabe näher ·* **sūmptus,** *us: Aufwand, Kosten ·* **alere:** *ernähren, (unter)halten.*

6 **largiter** *(in reichem Maße)* **posse:** *svw. multum posse ·* **haec potentia** *meint Macht und Einfluß bei den Nachbarstämmen ·* **fēminam alicui collocare:** *eine Frau „bei j-m unterbringen", d. h.: mit j-m verheiraten ·* **Biturīges:** *Karte D 4 ·* **illic:** *dort (nämlich bei den Biturigen) ·* **homini illic nōbilissimo ac potentissimo:** *statt des ausgedehnten lat. Attributs steht i. D. besser ein Attributsatz: einem Mann, der... („Expansion', vgl. zu 16,2).*

7 **uxor,** *oris f.: Gattin ·* **ex mātre:** *„mütterlicherseits", attributiv zu* **soror** *(Schwester) gesetzt; worauf läßt der Zusatz schließen? ·* **nūptum:** *‚Supinum I': zur Heirat.*

8 **favēre alicui:** *j-n aktiv begünstigen ·* **cupere alicui:** *j-m gefühlsmäßig gewogen sein. favere*

und cupere *bezeichnen zwei Aspekte ein und desselben Vorgangs (‚doppelgliedriger Ausdruck') ·* **affīnitas:** *Verwandtschaft ·* **ōdisse:** *hassen ·* **suo nōmine:** *im eigenen Namen, aus persönlichen Gründen (sie werden im folgenden quod-Satz genannt) ·* **deminuere:** *verringern, mindern ·* **restituere:** *wieder hinstellen ·* **antīquus:** *alt, früher ·* **locus:** *Stand, Stellung.*

9 **quid:** *hier svw. aliquid ·* **in spem venire:** *sich Hoffnung(en) machen ·* **dēspērāre de aliqua re:** *die Hoffnung auf etw. aufgeben, sich keine Hoffnungen mehr auf etw. machen ·* **eā, quam habeat, grātiā:** *der Attributsatz kann wie ein adjektivisches Attribut (dessen ‚Expansion' er ja ist) zwischen Demonstrativpronomen und Substantiv stehen.*

10 **reperiēbat etiam in quaerendo** *nimmt § 3* quaerit...; reperit esse vera *wieder auf. C. hat die grundsätzliche Darstellung beendet und bringt nun ein konkretes Beispiel, wie sich die römerfeindliche Haltung des Dumnorix auswirkt ·* **in quaerendo:** *bei seiner Untersuchung ·* **proelium equestre:** *Reiterschlacht, Kavalleriegefecht ·* **adversus:** *entgegen, d. h.: widrig, unglücklich (schlecht ausgegangen) ·* **quod... esset factum:** *Dieser Gliedsatz bezieht sich nicht auf ein einzelnes Satzglied des übergeordneten Satzes, sondern gibt an, worauf sich die folgende Aussage* initium... factum *bezieht (i. D. etwa: „zu dem Reitergefecht, das wenige Tage vorher verloren worden war" oder noch freier).*

19 Quibus rebus cognitis cum ad has suspiciones certissimae res accederent, quod per fines Sequanorum Helvetios traduxisset, quod obsides inter eos dandos curasset, quod ea omnia non modo iniussu suo et civitatis, sed etiam inscientibus ipsis fecisset, quod a magistratu Haeduorum accusaretur, satis esse causae arbitrabatur, quare in eum aut ipse animadverteret aut civitatem animadvertere iuberet.

2 his omnibus rebus unum repugnabat, quod Diviciaci fratris summum in populum Romanum studium, summam in se voluntatem, egregiam fidem, iustitiam, temperantiam cognoverat; nam, ne eius supplicio Diviciaci animum offenderet, verebatur.

3 itaque, priusquam quicquam conaretur, Diviciacum ad se vocari iubet et cotidianis interpretibus remotis per C. Valerium Troucillum, principem Galliae provinciae, familiarem suum, cui summam omnium rerum fidem habebat, cum eo conloquitur;

4 simul commonefacit, quae ipso praesente in concilio Gallorum de Dumnorige sint dicta, et ostendit, quae separatim quisque de eo apud se dixerit.

5 petit atque hortatur, ut sine eius offensione animi vel ipse de eo causa cognita statuat vel civitatem statuere iubeat.

19 *Ein hartes Eingreifen Caesars würde die innenpolitischen Schwierigkeiten bei den Haeduern verstärken, die römer- oder caesarfreundlichen haeduischen Politiker müßten, um sich an der Macht zu halten, Zugeständnisse an die Volksmeinung machen und sich mehr von Caesar distanzieren. Wie behandelt Caesar das heikle politische Problem?*

---

19 quibus rebus cōgnitis, cum..., quod..., ... arbitrabatur: *zeitlich-lineare Abfolge der Satzglieder; die quod-Sätze spezifizieren nachträglich* certissimae res · **obsides inter eos dandos cūrāre:** für den gegenseitigen Geiselaustausch sorgen · **iniussu:** ohne Befehl; *ein adjektivisches* (suo) *und ein Genitiv-Attribut* (civitatis) *geben an, ohne wessen Befehl* · **insciēns:** unwissend · **ipsis** *nimmt* suo *und* civitatis *wieder auf* · **accūsāre:** beschuldigen · **satis esse causae:** *zum a. c. i. vgl. 7,4* concedendum, *11,6* exspectandum · **animadvertere in aliquem:** j-n bestrafen, gegen j-n einschreiten.

2 **quod ... cōgnōverat:** *der quod-Satz ist Subjekt zu* repugnabat, **ūnum** *bezieht sich auf diesen* (als einziges, nur) · **repūgnāre:** entgegenstehen · **in populum Rōmānum:** *der präpositionale Ausdruck wird durch die Klammer aus* summum *und* studium *(KNG-Kongruenz) ein weiteres Attribut zu* studium: *entsprechend ist* **in se** *Attribut zu* voluntatem · **studium:** Neigung, *besonders politische:* Parteinahme, Eintreten · **voluntas:** Neigung, Zuneigung · **egregius:** hervorragend · **fides:** *vgl. S. 9* · **iūstitia:** Gerechtigkeitsgefühl · **temperantia:** Mäßigung, Rücksicht (*Gegensatz* audacia) · **cōgnōverat:** *resultatives Plusquamperfekt* · **ne ... offenderet** *steht als Objekt vor* verebatur · **offendere:** verletzen; **animum** *als Objekt macht klar, daß keine körperliche Verletzung gemeint ist.*

3 **vocare:** rufen · **interpres, etis** *m.:* Dolmetscher · **removēre:** entfernen, entlassen · **familiaris:** eng befreundet, enger Freund · **alicui fidem habēre:** zu j-m Vertrauen haben · **prīnceps:** *svw.* ein führender Mann · **omnium rērum** *erläutert* fidem.

4 **commonefacere:** nachdrücklich an etw. erinnern; *dagegen* **ostendere:** etw. eröffnen · **ipso** *meint Diviciacus* · **separātim:** abgesondert, *d. h.:* in gesonderten *oder* privaten Gesprächen. *C. spielt hier auf c. 18 an.*

5 **petit atque hortatur** *umschreibe zwei Aspekte von Caesars starkem Wollen: er hat Gründe, eine Bestrafung des Dumnorix zu fordern* (petere), *er hat aber ebenso Veranlassung, sie nicht zu befehlen, sondern an Diviciacus zu appellieren* (hortari) *(,doppelgliedriger Ausdruck')* · **offēnsio:** *Subst. zu* offendere *(§ 2)* · **causam cōgnōscere:** die Sache untersuchen · **statuere:** *eigtl. als Richter etw. festsetzen, d. h. ein Urteil fällen.*

20 Diviciacus multis cum lacrimis Caesarem complexus obsecrare coepit, ne
2 quid gravius in fratrem statueret: scire se illa esse vera, nec quemquam ex
eo plus quam se doloris capere, propterea quod, cum ipse gratia plurimum
domi atque in reliqua Gallia, ille minimum propter adulescentiam posset,
per se crevisset, quibus opibus ac nervis non solum ad minuendam gratiam,
3 sed paene ad perniciem suam uteretur. sese tamen et amore fraterno et
4 existimatione vulgi commoveri. quodsi quid ei a Caesare gravius accidisset,
cum ipse eum locum amicitiae apud eum teneret, neminem existimaturum
non sua voluntate factum. qua ex re futurum, uti totius Galliae animi a se
5 averterentur. haec cum pluribus verbis flens a Caesare peteret, Caesar eius
dextram prendit; consolatus rogat, finem orandi faciat; tanti eius apud se
gratiam esse ostendit, uti et rei publicae iniuriam et suum dolorem eius
6 voluntati ac precibus condonet. Dumnorigem ad se vocat, fratrem adhibet;
quae in eo reprehendat, ostendit; quae ipse intellegat, quae civitas queratur,

---

20 lacrima: Träne · **complecti,** plexus sum: umarmen, *d. h.: demütig bittend die Hände um j-s Knie legen* · **obsecrare:** beschwören, inständig bitten · **statuere:** beschließen *(vgl. zu 19,5).*
2 **vērus:** wahr · **ex eo:** daraus *(statt ex illis)* · **dolōrem capere:** Schmerz empfinden (ex: über); *i. D. können andere Ausdrücke gewählt werden* · **grātiā:** *Ablativ des Bezugs* · **doloris:** *der Genitiv bestimmt die Mengenangabe* (plus) *näher* · **adulēscentia:** Jugend · **per se; suam:** *bezeichnen in der referierten Rede den Sprecher, hier Diviciacus* · **crēscere,** crēvi, crētum: wachsen, groß werden · **quibus opibus** (opes: die Mittel) *nimmt* crevisset *wieder auf: Dumnorix hat an Ansehen gewonnen und diesen Einfluß benutzt er nun* · **nervus:** Sehne *(als Sitz der Kraft),* Kraft · **ad minuendam grātiam:** *die Verbindung ad + -nd-Form + Nomen im Akkusativ wird i. D. mit „um ... zu" + Infinitiv wiedergegeben.*
3 **frāternus:** *Adj. zu frater* · **exīstimātio:** Meinung (über), Achtung (vor) · **vulgus,** i *n.*: die große Masse, *oft negativ im Sinne von „Pöbel" (vgl. multitudo 17,2)* · **exīstimātio vulgi:** *d. i. wessen Meinung über wen?* · **commovēre:** bewegen, beeinflussen.
4 **cum** *setzt einen Gedanken zu einem anderen in Beziehung; welcher Art ist hier die Beziehung von ...* teneret *zu ...* accidisset? · **locum amīcitiae tenēre:** *i. D. frei wiederzugeben* · **sua; se:** *vgl. zu § 2 per se, suam* · **qua ex rē:** *beliebte Wortstellung bei relativischem Anschluß* · **futūrum est, ut(i) ... animi ... averterentur:** *bequeme Umschreibung für den fehlenden Infinitiv Futur Passiv.*
5 **haec** *ist ein stärkerer Hinweis, als es ein relativischer Anschluß* (quae) *wäre; es steht wie ein solcher vorangestellt am Satzanfang* · **flēre:** weinen · **ōrare:** bitten · **prēndere,** prēndi, prēnsum (= prehendere): nehmen, ergreifen · **cōnsōlari:** gut zureden, trösten · **rogare:** bitten, auffordern · **fīnem ōrandi faciat:** *der Konjunktiv drückt die Bitte aus und ordnet sie* rogat *unter (ut kann, aber muß nicht zur Verdeutlichung der Unterordnung stehen)* · **tanti** *läßt als Fortsetzung* quantum *oder* ut *erwarten* · **tanti esse:** so viel wert sein · **ut et:** *ein* et *an dieser Satzstelle läßt ein weiteres* et *erwarten* · **iniūria:** Unrecht, *das geräcbt oder geahndet werden muß; vgl. 12,7, 11 A 1 und S. 9* · **dolor** *bezeichnet nicht nur den körperlichen Schmerz, sondern eine Vielzahl von Gemütsregungen wie Kummer, Ärger, Erbitterung (die auf Vergeltung drängt)* · **voluntas:** *hier svw.* politische Treue, Kooperationswille · **preces,** um *f. pl.*: Bitte(n) · **condōnare:** schenken, opfern.
6 **Dumnorigem:** *das Objekt steht am Anfang des Satzes als Stichwort zu einem neuen Abschnitt* · **vocare:** (herbei)rufen · **adhibēre:** hinzuziehen · **reprehendere:** tadeln, einzuwenden haben · **quae ... reprehendat:** *Objekt(satz) zu* ostendit. *Wo hat C. dies geschildert?* · **intellegere:** (aus eigener Erkenntnis) wissen · **quae ipse intellegat:** *Wo hat C. von den Voraussetzungen dazu berichtet?* · **quae cīvitas queratur:** *Wo hat C. davon berichtet? Wer hat sich beklagt?* · **reprehendat; intellegat; queratur:** *Der Schriftsteller Caesar distanziert sich vom handelnden Satzsubjekt und setzt daher dessen Aussagen in den Konjunktiv. Sind sie für den Leser deswegen weniger glaubwürdig?*

proponit; monet, ut in reliquum tempus omnes suspiciones vitet; praeterita se Diviciaco fratri condonare dicit. Dumnorigi custodes ponit, ut, quae agat, quibuscum loquatur, scire possit.

21 Eodem die ab exploratoribus certior factus hostes sub monte consedisse milia passuum ab ipsius castris octo, qualis esset natura montis et qualis in 2 circuitu ascensus, qui cognoscerent, misit. renuntiatum est facilem esse. de tertia vigilia T. Labienum legatum pro praetore cum duabus legionibus et iis ducibus, qui iter cognoverant, summum iugum montis ascendere iubet; 3 quid sui consilii sit, ostendit. ipse de quarta vigilia eodem itinere, quo hostes 4 ierant, ad eos contendit equitatumque omnem ante se mittit. P.Considius, qui rei militaris peritissimus habebatur et in exercitu L. Sullae et postea in M. Crassi fuerat, cum exploratoribus praemittitur.

22 Prima luce, cum summus mons a Labieno teneretur, ipse ab hostium castris non longius mille et quingentis passibus abesset neque, ut postea ex captivis comperit, aut ipsius adventus aut Labieni cognitus esset, Considius equo 2 admisso ad eum accurrit, dicit montem, quem a Labieno occupari voluerit, 3 ab hostibus teneri: id se a Gallicis armis atque insignibus cognovisse. Caesar suas copias in proximum collem subducit, aciem instruit. Labienus, ut erat ei praeceptum a Caesare, ne proelium committeret, nisi ipsius copiae prope

---

21 *Der Bericht kehrt jetzt wieder zurück zur Verfolgung der Helvetier.*

propōnere: vorhalten · **monēre:** ermahnen · **vītare:** vermeiden, unterlassen · **cūstōs,** ōdis *m.: (heimlicher)* Beobachter · **quae agat, quibuscum loquatur:** *zwei Objekt(sätz)e zu* scire *(‚asyndetisch', d. h. unverbunden gesetzt).*

21 *Der Bericht der Kapitel 21–28 weist eine sehr genaue zeitliche Gliederung auf:* 21,1 eodem die; 2 de tertia vigilia *usw. – achten Sie im folgenden darauf!*

1 **ipsīus** *meint Caesar (suis könnte auch auf die Helvetier bezogen werden); es stellt einen deutlichen Gegensatz zu* hostes *her; i. D.?* · **quālis:** wie beschaffen, was für ein ... · **in circuitu:** *(circuitus: das Herumgehen) svw.* auf / von allen Seiten · **ascēnsus,** us *(Substantiv zu* ascendere*):* Zugang · **quālis esset ... ascēnsus:** *Objekt(sätz)e zu* cognoscerent · **qui cōgnōscerent:** *Objekt zu* misit. *Was besagt der Konjunktiv?*

2 **re-nūntiare:** zurück- *(d. h. an die auftraggebende Stelle)* melden, berichten · **facilem esse:** „Telegrammstil" · **de tertia vigilia:** noch während der dritten Nachtwache, d. i. ca. 3 Uhr morgens · **lēgātus pro praetore:** Legat im Range eines Propraetor, *des zivilen Statthalters einer Provinz* · **summum iūgum:** der höchste Punkt des Bergrückens.

3 **quid ... sit:** *Objekt(satz) zu* ostendit · **quid ... cōnsilii:** *beliebte lateinische Ausdrucksweise statt* quod consilium *(‚gen. partitivus').*

4 **reī mīlitāris perītus:** *svw.* ein erfahrener Soldat · **habēre:** ansehen als · **L. Cornelius Sulla:** *der bekannte römische Politiker, Diktator von 82–79* · **M. Crassus:** *vgl. S. 5. Er führte 71 v. Chr. im Auftrag des Senats ein Heer gegen die aufständischen Sklaven unter Spartakus und errang trotz Verlusten den Sieg.*

22 **summus mōns:** Gipfel · **quīngentī:** fünfhundert · **(longius ...) passibus:** ,abl. comparationis' · **comperīre,** comperi, compertum: (genau) erfahren · **ipsius ... Labiēni:** ipse *bezeichnet hier wieder Caesar im Gegensatz zu einer anderen genannten Person (wie 21,1).*

2 **equō admissō:** „in vollem Galopp" (equum admittere: ein Pferd ungehemmt laufen lassen) · **accurrere:** heranlaufen, *hier?* · **insīgne,** is *n.:* Kennzeichen, Abzeichen.

3 **subdūcere:** (heimlich) woandershin führen · **aciem īnstruere:** das Heer in Schlachtordnung aufstellen · **praecipere:** vorschreiben · **ut erat ... praeceptum:** *ein indikativischer* ut-*Satz vor dem übergeordneten Prädikat gibt meist einen Vergleichs- oder Bezugspunkt an*

hostium castra visae essent, ut undique uno tempore in hostes impetus fieret,
4 monte occupato nostros exspectabat proelioque abstinebat. multo denique
die per exploratores Caesar cognovit et montem ab suis teneri et Helvetios
castra movisse et Considium timore perterritum, quod non vidisset, pro
5 viso sibi renuntiavisse. eo die, quo consueverat, intervallo hostes sequitur
et milia passuum tria ab eorum castris castra ponit.
23 Postridie eius diei, quod omnino biduum superaret, cum exercitui frumentum
metiri oporteret, et quod a Bibracte, oppido Haeduorum longe maximo et
copiosissimo, non amplius milibus passuum XVIII aberat, rei frumentariae
prospiciendum existimans iter ab Helvetiis avertit ac Bibracte ire contendit.
2 ea res per fugitivos L. Aemilii, decurionis equitum Gallorum, hostibus nun-
3 tiatur. Helvetii, seu quod timore perterritos Romanos discedere a se existi-
marent – eo magis, quod pridie superioribus locis occupatis proelium non
commisissent –, sive eo, quod re frumentaria intercludi posse confiderent,
commutato consilio atque itinere converso nostros a novissimo agmine
insequi ac lacessere coeperunt.

23 *Lassen sich die Lösung der Versorgungsschwierigkeiten und die Verfolgung
der Helvetier miteinander vereinbaren?*

(Komparativ- oder Kausalsatz): wie ... oder
da ja ... • **ne ... committeret:** *Inhalt der
Vorschrift* • **ipsīus:** *vgl. zu § 1* • **ut ... impetus
fieret** *gibt das Ziel der Vorschrift an und
steht daher am Schluß des Gedankenganges.
(Ein Finalsatz vor dem übergeordneten Verb
hingegen würde eine Motivation angeben.)* •
tempus: *Zeitpunkt, Moment* • **nostri,** *orum:
unsere Leute* • **abstinēre aliqua re:** *sich einer
Sache enthalten, Abstand nehmen von etw.*
▷ **3–5 Labiēnus ... pōnit:** *Der Abschnitt ist
zeitlich-linear geordnet: nach dem vorauslie-
genden Bezugspunkt* (ut ei erat praeceptum)
*mit allen dazugehörenden Angaben (Inhalt,
Ausnahme davon* [nisi ...], *Ziel) folgt der
Bericht von den Ereignissen selbst. Er schildert
zunächst, was Labienus macht; dies steht als
Begleitumstand zu dem, was bei Caesar
geschieht, im Imperfekt, während die Ereig-
nisse bei C. selbst im Perfekt und historischen
Präsens geschildert sind. Achten Sie bei der
weiteren Lektüre auf solche Kennzeichen
großräumiger Anordnung und Gestaltung.*
4 **dēnique:** *endlich* • **multo die:** *am Tag, als er
schon lang war: spät am Tage* • **sui:** *vgl.
nostri § 3* • **et ... tenēri, et ... mōvisse, et ...
renūntiavisse:** *drei Objekte zu* cognovit •
renūntiare: *melden (vgl. zu 21,2)* • **quod ...
vīdisset:** *Objekt zu* renuntiavisse • **pro vīso:**
im Gegensatz zu quod non vidisset.
5 **quō cōnsueverat:** *Attribut(satz) zu* intervallo;
i.D. auf ein Wort ,reduzierbar' • **intervallum:**
Abstand • **castra pōnere:** *(sich) ein Lager
errichten, lagern.*

23 **eius diēī:** *nimmt* eo die *(22,5) wieder auf und
präzisiert* postrīdie *(am Tag danach)* •
bīduum: *(ein Zeitraum von) zwei Tage(n)* •
superesse: *übrig sein* • **cum ...:** *der cum-Satz
hat über die Zeitbestimmung hinaus einen
besonderen Bezug zum übergeordneten Satz
(und steht daher im Konjunktiv): den Gegen-
satz zur geringen Zeit* • **Bibracte,** *is n.: Haupt-
stadt der Haeduer; sie lag auf dem
heutigen Mont Beuvray, Karte G 3* •
cōpiōsus: *reich an Vorräten (freier über-
setzen)* • **longe māximo et cōpiōsissimo:** *das
Attribut ist mit ‚Expansion' als Attributsatz
übersetzbar* • **prospicere:** *svw.* providēre •
prospiciendum: *Objekt (ohne* esse*)* • **iter
avertere ab aliquo:** *j-m nicht weiter folgen* •
Bibracte (ire): *Zielakkusativ.*
2 **fugitīvus:** *entlaufener Sklave* • **decurio,** *onis
m.: Dekurio, Anführer einer* decuria *(decem
zehn), der kleinsten Gliederung der Kaval-
lerie* • **equites Gallī:** *die Römer hatten in ihren
Heeren keine eigenen Reiterabteilungen,
sondern ausländische, besonders keltische.*
3 **prīdie:** *am Vortage* • **interclūdere aliquem
aliqua rē:** *j-n von etw. abschneiden* • **inter-
clūdī:** *sc.* nos • **commīsissent:** *Konjunktiv, weil
es die Meinung der Helvetier ist* • **commū-
tare:** *(total) ändern* • **iter convertere:** *kehrt-
machen.*

24 Postquam id animadvertit, copias suas Caesar in proximum collem sub-
2 ducit equitatumque, qui sustineret hostium impetum, misit. ipse interim in
3 colle medio triplicem aciem instruxit legionum quattuor veteranarum; in
summo iugo duas legiones, quas in Gallia citeriore proxime conscripserat,
et omnia auxilia conlocari ita, uti supra se totum montem hominibus com-
pleret, interea sarcinas in unum locum conferri et eum ab his, qui in supe-
4 riore acie constiterant, muniri iussit. Helvetii cum omnibus suis carris secuti
5 impedimenta in unum locum contulerunt; ipsi confertissima acie reiecto
nostro equitatu phalange facta sub primam nostram aciem successerunt.
25 Caesar primum suo, deinde omnium ex conspectu remotis equis, ut aequato
omnium periculo spem fugae tolleret, cohortatus suos proelium commisit.
2 milites e loco superiore pilis missis facile hostium phalangem perfregerunt.

24 *Die Schlacht bei Bibracte. Wie schildert sich Caesar als Führer seiner Solda-
ten? Wie schildert er römische Kriegsführung?*

24 subdūcere: heimlich (wohin) führen · **impetum sustinēre:** den Angriff *oder* Stoß auffangen · **sustinēret:** *finaler Konjunktiv (zur Stellung vgl. zu 22,3* ut ... impetus fieret*).*
2 in colle medio: „auf halber Höhe" *(vgl. 22,1* in summo monte*). Das Schlachtfeld konnte bei Mormont, 27 km von Bibracte entfernt, archäologisch nachgewiesen werden (Karte G 3/4)* · **triplex acies:** Schlachtordnung in drei Treffen; *von den zehn Kohorten einer Legion (insgesamt 3600 Soldaten) bildeten vier das sogenannte erste Treffen; die drei Kohorten des zweiten Treffens rückten in die Lücken*

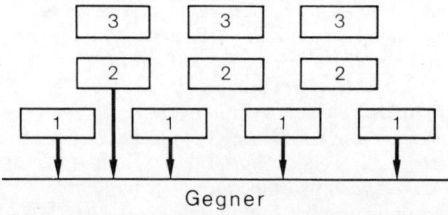

des ersten ein und kämpften von Anfang an mit; die drei Kohorten des dritten Treffens waren eine Reserve für Flankenangriffe, Umklammerungen des Feindes u. a. · **legiō veterāna:** *eine Legion aus altgedienten, erprobten Soldaten.*
3 in summo iugo: ganz oben auf dem Berg (-rücken) · **proxime:** am nächsten; *hier in Bezug auf die Zeit, i. D.?* · **quas ... p. conscripserat:** *wo hat C. davon berichtet?* · **auxilia,** orum *n. pl.:* Hilfstruppen, *d. h. nichtrömische Truppen; sie wurden in anderen Ländern, die Provinzen oder Kriegsschauplätze waren, ausgehoben oder von Verbündeten gestellt; teilweise bekamen sie eine römische Kriegsschulung* · **sárcina:** Bündel, Marschgepäck *des einzelnen Legionärs.*
4 cum ... carris: *der Ablativ („sociativus") mit* cum *nennt eine begleitende Sache oder Person, d. h.: die Helvetier fahren nicht etwa auf den Wagen, sondern ihre Krieger marschieren in Richtung der römischen Truppen und der ganze (langsame) Troß folgt an einen bestimmten Ort nach* · **impedimenta** (n. pl.): *im Unterschied zu* sarcina *die Bagage, der Versorgungskonvoi, der Troß.*
5 ipsi ... successerunt: *zur Übersetzung der prädikativen Ausdrücke vgl. 8 Z 2!* · **cōnfertus:** dicht zusammengedrängt, d. h.: ohne Zwischenraum, „geschlossen" · **reicere:** zurückdrängen, zurückwerfen · **phalanx,** angis *f.:* „Phalanx", *eine dichtgedrängte Schlachtreihe; bei den gallischen Stämmen meinten die Römer damit eine Aufstellung in einem langgezogenen Rechteck, wobei die Soldaten der ersten Reihe ihre Schilde Rand auf Rand legten* · **sub:** „von unten gegen".
25 primum suo, deinde omnium ... remōtis equis: suo *ist adjektivisches,* omnium *Genitiv-Attribut; worauf bezieht sich also* suo *bzw.* welches Wort wäre in ihm zu ergänzen? · **cōnspectus,** us: die Augen, der Gesichtskreis; *wessen?* · **removēre:** wegschaffen · **aequare:** gleichmachen · **ut ... tolleret:** Ziel des removere · **cohortari:** Mut machen, anfeuern.
2 pīlum: „Pilum", *Wurfspieß des römischen Infanteristen, seine erste Angriffswaffe, bevor er zum Kampf mit dem Schwert überging. Das pilum bestand aus einem ca. 1 1/3 m langen hölzernen Schaft und einer ebenso langen*

3 ea disiecta gladiis destrictis in eos impetum fecerunt. Gallis magno ad pugnam erat impedimento, quod pluribus eorum scutis uno ictu pilorum transfixis et conligatis, cum ferrum se inflexisset, neque evellere neque si-
4 nistra impedita satis commode pugnare poterant, multi ut diu iactato brac-
5 chio praeoptarent scuta e manu emittere et nudo corpore pugnare. tandem vulneribus defessi et pedem referre et, quod mons suberat circiter mille
6 passuum, eo se recipere coeperunt. capto monte et succedentibus nostris Boii et Tulingi, qui hominum milibus circiter XV agmen hostium claudebant et novissimis praesidio erant, ex itinere nostros latere aperto adgressi circumvenire et id conspicati Helvetii, qui in montem sese receperant, rursus
7 instare et proelium redintegrare coeperunt. Romani conversa signa bipertito intulerunt: prima et secunda acies, ut victis ac summotis resisteret, tertia, ut venientes sustineret.

eisernen Spitze. Da die Spitze tief in den Schaft eingelassen war, ergab sich eine Gesamtlänge von etwas über 2 m. Damit der Gegner ein Pilum, das seinen Schild getroffen hatte, nicht einfach herausziehen und sogar zum Gegenwurf verwenden konnte, hatte Caesar die Spitze härten, den Rest des Eisenteils aber aus weichem Metall fertigen lassen. **perfringere,** frēgi, frāctum: durchbrechen, zerbrechen · **disicere,** icio, iēci, iectum: auseinandersprengen · **gladium destringere:** das Schwert zücken.

3 **mihi magno impedimento est:** impedimento *ist Prädikatsnomen im Dativ; i. D. empfiehlt sich eine freie Wiedergabe* · **quod ... poterant:** *Subjekt(satz) zu* impedimento erat *(‚faktisches quod': daß ...)* · **scūtum:** Schild *(Langschild von 1 1/3 × 3/4 m)* · **ictus,** us: Schuß, Wurf; *hier svw.* Treffer · **plūribus** *steht im Gegensatz zu* uno *(durch einen Schuß gleich mehrere)* · **trānsfīgere,** fīxi, fīxum: durchbohren · **colligare:** aneinanderbinden · **īnflectere,** flexi, flexum: nach innen biegen · **ferrum:** Eisen; *speziell:* Waffe · **evellere:** herausreißen · **sinistra** *(sc.* manus): die Linke · **commodus:** bequem.

4 **multi** *steht betont vor dem* ut-*Satz, in den es gehört* · **iactare:** schütteln · **bracchium:** Arm · **praeoptare:** lieber wollen, vorziehen · **emittere** (herauslassen): *hier?* **nūdus:** ungeschützt.

5 **tandem:** endlich · **defessus:** erschöpft · **pedem referre:** *svw.* zurückweichen · **et pedem referre:** et *verbindet gleichartige Satzglieder. Also kann* pedem referre *nicht mit* defessi *verbunden sein, und es ist ein weiteres* et *mit gleichartigem Satzglied zu erwarten* (et ... recipere) · **subesse:** *svw.* in der Nähe sein.

6 **praesidio:** *vgl. zu* impedimento *§ 3* · **novissimi:** die Letzten, *das meint nicht unbedingt dasselbe wie* agmen novissimum · **agmen ... claudebant ... erant:** *die Bojer und Tulinger marschierten also gewöhnlich (Imperfekt) am Schluß des Zuges und schützten wohl die Letzten (*novissimi*) des geordneten Heerzuges, d. h. wahrscheinlich den Troß; sie kommen offenbar erst jetzt (wie 22,4 schon vorwegnahm) mit dem langsam ziehenden Troß in die Gegend und greifen sofort (*ex itinere*) in den Kampf ein, um die auf den Berg geflohenen Helvetier zu entlasten* · **ex itinere:** aus dem Marsch heraus *(d. h. ohne weitere Vorbereitungen und Aufstellungen)* · **latus apertum:** die zum Kämpfen freie rechte Seite *(während die linke durch den Schild gedeckt wird)* · **adgredi:** angreifen · **cōnspicari:** ‚verbum intensivum' *zu* conspicere · **instare:** vordringen, andrängen · **redintegrare:** wieder erneuern.

7 **Rōmāni:** *warum der Name?* · **sīgnum:** Feldzeichen; *die* signa *waren Stangen mit einem Tier- oder sonstigen Zeichen an der Spitze. (Vgl. die Abbildung u. S. 34.) Sie galten als heilig, ihr Verlust galt als Schande. Sie wurden beim Angriff an der Spitze der einzelnen Abteilungen getragen, was kampfermunternd wirkte. Ihr Stand kennzeichnet jede Bewegung des Heeres, was sich in den vielen mit* signa *verbundenen Ausdrücken zeigt:* **sīgna convertere** *svw.* eine Schwenkung machen *(tatsächlich macht hier nur ein Teil der Römer, nämlich die* tertia acies, *eine Schwenkung).* **sīgna inferre** *(nämlich gegen die Feinde):* angreifen · **bipertito:** zweigeteilt, nach *oder* auf zwei Seiten · **ut ... resisteret ... ut ... sustinēret:** *Finalsätze, die das Ziel der verschiedenen Abteilungen angeben* · **tertia:** *vgl. zu* 24,2 · **venientes:** die neu hinzugekommenen Bojer und Tulinger.

26 Ita ancipiti proelio diu atque acriter pugnatum est. diutius cum sustinere nostrorum impetus non possent, alteri se, ut coeperant, in montem recepe-
2 runt, alteri ad impedimenta et carros suos se contulerunt. nam hoc toto proelio, cum ab hora septima ad vesperum pugnatum sit, aversum hostem
3 videre nemo potuit. ad multam noctem etiam ad impedimenta pugnatum est, propterea quod pro vallo carros obiecerant et e loco superiore in nostros venientes tela coniciebant et nonnulli inter carros rotasque mataras ac tra-
4 gulas subiciebant nostrosque vulnerabant. diu cum esset pugnatum, impedimentis castrisque nostri potiti sunt. ibi Orgetorigis filia atque unus e filiis
5 captus est. ex eo proelio circiter milia hominum CXXX superfuerunt eaque tota nocte continenter ierunt. nullam partem noctis itinere intermisso in

26 *Mit welchen militärischen und politischen Mitteln bezwingt Caesar die Helvetier?*

---

26 **anceps,** gen. ancipitis: unentschieden · **diūtius** nimmt diu *aus dem vorhergehenden Satz auf und steht betont am Satzanfang; geben Sie diese Betonung i. D. mit anderen Mitteln wieder (z. B. „nicht mehr länger").*
2 **hora septima:** *da der Tag von Sonnenaufgang bis Sonnenuntergang in zwölf gleiche Teile eingeteilt wurde, ist die siebte Stunde etwa 1 Uhr mittags* · **aversum hostem:** *das Objekt und insbesondere sein Attribut aversum stehen zur Hervorhebung noch vor dem Subjekt* · **vesper,** vesperi *m.*: Abend.
3 **ad multam noctem:** bis tief in die Nacht · **etiam** *steigert gegenüber dem Vorigen:* sogar, noch · **obicere,** icio, iēci, iectum: entgegenwerfen; *hier?* **coicere:** schleudern · **rota:** Rad *(als wichtigster Teil des Wagens und als Ort, woher man am wenigsten Geschosse erwartet, eigens genannt)* · **mătăra:** die „Matara", *keltischer Wurfspieß* · **trāgula:** die „Tragula", *keltischer Wurfspieß, der im Unterschied zur Matara mit einem Schwungriemen geschleudert wurde. Warum bringt C. hier so genaue Angaben?* · **subicere:** von unten hervorschleudern.
4 **diū:** *vgl. zu diutius § 1* · **Orgetorīgis filia et ūnus e filiis:** *Orgetorix hatte eine andere Tochter mit Dumnorix verheiratet (3,5); der einfache Ausdruck (statt una e filiis) ist ein Zeichen dafür, daß C. jetzt nur vom Kriegsgeschehen spricht und von den Orgetorixkindern, die im Lager gefunden wurden; daher auch:* (nur) ein Sohn *von mehreren, d. h. ein kleiner, der noch nicht kämpfen konnte, während die anderen wohl bei den Haupttruppen gewesen waren.*
5 **superesse:** übrigsein; *hier?* · **continenter:** ununterbrochen *(räumlich und zeitlich)* ·

fines Lingonum die quarto pervenerunt, cum et propter vulnera militum et propter sepulturam occisorum nostri triduum morati eos sequi non potuis-
6 sent. Caesar ad Lingonas litteras nuntiosque misit, ne eos frumento neve alia re iuvarent: qui si iuvissent, se eodem loco quo Helvetios habiturum. ipse triduo intermisso cum omnibus copiis eos sequi coepit.
27 Helvetii omnium rerum inopia adducti legatos de deditione ad eum mise-
2 runt. qui cum eum in itinere convenissent seque ad pedes proiecissent suppliciterque locuti flentes pacem petissent atque eos in eo loco, quo tum
3 essent, suum adventum exspectare iussisset, paruerunt. eo postquam Caesar
4 pervenit, obsides, arma, servos, qui ad eos perfugissent, poposcit. dum ea conquiruntur et conferuntur, nocte intermissa circiter hominum milia sex eius pagi, qui Verbigenus appellatur, sive timore perterriti, ne armis traditis supplicio adficerentur, sive spe salutis inducti, quod in tanta multitudine dediticiorum suam fugam aut occultari aut omnino ignorari posse existimarent, prima nocte e castris Helvetiorum egressi ad Rhenum finesque Germanorum contenderunt.

27 *Wie verhält sich der siegreiche Feldherr?*

---

cum et ...: *ein* et *an dieser Satzstelle läßt ein weiteres* et *erwarten!* · **sepultūra:** *Bestattung, Begräbnis* · **triduum:** *(ein Zeitraum von) drei Tage(n).*
6 **litteras nūntiosque:** *(einen) Brief und (mehrere) Boten* · **Lingones,** *um (acc.* as): *keltischer Stamm, der in etwa 80 km Entfernung vom Schlachtfeld siedelte (Karte CD 3)* · **ne ... iuvarent:** *Inhalt des Schreibens, ein Wunsch; zur Sache vgl. § 4 sowie c. 16 und 23,1* · **eodem loco quo Helvētios habēre:** *d. h. genauso behandeln wie die Helvetier (nämlich als Feinde, das bedeutet: bekämpfen und töten oder gefangennehmen und in die Sklaverei verkaufen);* loco *steht häufig ohne „in".*

27 Helvētii: *welche helvetischen Abteilungen sind gemeint?* · **omnium rērum inopiā:** (inopia: *Mangel) der Grund dafür ist 26,4 mitgeteilt* · **lēgātos de deditione:** *Gesandte, die die Unterwerfung verhandeln oder die die Kapitulation anbieten sollen (eine Kurzformel).*
2 **cōnvenīre aliquem:** *j-n treffen* · **se ad pedes alicūius proicere:** *sich j-m zu Füßen werfen* · **supplex,** *gen.* icis: *demütig* · **flēre:** *weinen* · **suppliciterque locūti flentes pācem petissent:** *gewöhnlich bezieht sich bei C. ein prädikatives Partizip auf die nächstmögliche (d. h. im gleichen Satzabschnitt, auf gleicher Abhängigkeitsebene stehende) Verbalinformation, hier also:* locuti *auf* flentes *und* flentes *auf* pacem petissent; *in dieser Abfolge sind also die logischen Zusammenhänge festzustellen (vgl. zu 8,4!)* · **quo tum essent:** *der Konjunktiv steht in Angleichung an die Konjunktive der übergeordneten Verben („attractio modi')* · **iussissent:** *Subjektswechsel!* · **parēre:** *gehorchen.*
3 **perfugere,** fugio, fūgi, fugitum: *(zum Feind) überlaufen* · **pōscere,** popōsci: *fordern.*
4 **nox intermittitur:** *die Nacht kommt dazwischen, bricht herein;* **nocte intermissa** *steht als Folge nach dem* dum*-Satz und als Voraussetzung vor den folgenden Verben; es wird später durch* prīma nocte: *(gleich) zu Beginn der Nacht präzisiert* · **ea** *(n. pl.): worauf bezieht es sich?* · **conquīrere:** *zusammensuchen* · **pāgus:** *Volksteil;* **Verbigĕnus:** *sein Name* · **indūcere:** *veranlassen* · **sīve ... perterritī ... sīve ... inductī:** *zwei gleichgeordnete prädikative Partizipien, bezogen auf die nächststehende Verbalinformation auf gleicher Satzebene (Stellen Sie die Satzebenen mit Hilfe des Kastenschemas – vgl. 14 Z 1 – fest.)* · **nē ... adficerentur:** *Gegenstand des* timor · **dēditīcius:** *unterworfen, Untertan aufgrund einer Kapitulation* · **quod existimaret:** *ein nur vermuteter Grund, daher Konjunktiv, dem i. D. Indikativ mit Modaladverbien wie „wohl, vielleicht" entspricht* · **occultari:** *von wem?* · **ignōrāre** *hier: nicht bemerken.*

28 Quod ubi Caesar resciit, quorum per fines ierant, his, uti conquirerent et reducerent, si sibi purgati esse vellent, imperavit; reductos in hostium nu-
2 mero habuit; reliquos omnes obsidibus, armis, perfugis traditis in dedito-
3 nem accepit. Helvetios, Tulingos, Latobrigos in fines suos, unde erant profecti, reverti iussit et, quod omnibus frugibus amissis domi nihil erat, quo famem tolerarent, Allobrogibus imperavit, ut iis frumenti copiam face-
4 rent; ipsos oppida vicosque, quos incenderant, restituere iussit. id ea maxime ratione fecit, quod noluit eum locum, unde Helvetii discesserant, vacare, ne propter bonitatem agrorum Germani, qui trans Rhenum incolunt, suis finibus in Helvetiorum fines transirent et finitimi Galliae provinciae Allobrogi-
5 busque essent. Boios petentibus Haeduis, quod egregia virtute erant cogniti, ut in finibus suis conlocarent, concessit; quibus illi agros dederunt quosque postea in parem iuris libertatisque condicionem, atque ipsi erant, recepe-
runt.

28 **quod:** *relativischer Anschluß* · **rescīscere,** scī(v)i, scītum: *dahinterkommen, entdecken* · **quorum ... ierant, his:** *die Völker, denen Caesar den Befehl gibt. Im Attributsatz steht, was an den Befehlsempfängern wichtig ist, deswegen steht er voran;* his *stellt nur die grammatische Einordnung her, indem es den* quorum*-Satz zum Dativ-Objekt macht* · **se pūrgare:** *sich reinigen, besonders moralisch: sich rechtfertigen* · **alicui pūrgatum esse:** *vor j-m gerechtfertigt dastehen* · **uti...redūcerent:** *Inhalt des Befehls (Objektsatz)* · **quod ... imperavit:** *Die Abfolge der Gliedsätze ist zeitlich-linear und entspricht der üblichen Wortstellung: Adverbiale (hier temporale) Bestimmung / Dativ-Objekt / Akkusativ-Objekt / Prädikat* · **in hostium numero habēre:** *als Feinde behandeln (vgl. zu 26,6)* ·
▷ **1–2 reductos, reliquos** *stehen als Themaangaben am Anfang der Sätze.*
2 **aliquem in deditionem accipere:** *j-s Unterwerfung annehmen, (d. h. ihn nicht mehr als Feind behandeln).*
3 **frūx,** frūgis *f.:* *Feldfrucht, Getreide;* **frūgibus amissis:** *vgl. 5,3* · **fāmes,** is *f.:* *Hunger* · **tolerarent:** *„hätten ertragen können" (sogenannter Potentialis der Vergangenheit)* · **frūmenti cōpiam:** *svw. ausreichend Getreide* · **facere:** *hier svw. verschaffen, liefern* · **ipsos:** *die Helvetier im Gegensatz zu den Allobrogern* · **restituere:** *wieder aufbauen.*
4 **māximē:** *besonders, erläutert* eā *und steht daher nach diesem Wort; stünde es davor, wäre es auf* id *beziehbar* · **ea ... ratione, quod** *in abgeschwächter Übersetzung: deshalb, weil (ratio: Berechnung, Überlegung, Beweggrund)* · **vacare:** *leer (d. h. hier unbewohnt) sein, freistehen* · **bonitas,** atis *f.:* *Güte* · **suis fīnibus:** *‚abl. separativus'* · **ne...fīnitimi...essent:** *vgl. c. 31.*
5 **Boios:** *als Themaangabe in Anfangsstellung, obwohl eigtl. von* conlocarent *abhängig* · **egregius:** *hervorragend* · **cōgnitus:** *bekannt* · **conlocare** *hier: ansiedeln* · **illi:** *die Haeduer im Gegensatz zu den Bojern* · **quosque:** *statt* eosque *in Fortführung des relativischen Anschlusses* quibus · **postea:** *C. berichtet hier also von einem erst geraume Zeit später eintretenden Ereignis. Was läßt sich daraus für die Zeit der endgültigen Niederschrift des Bellum Gallicum und seine Zielsetzung schließen?* · **pār atque:** *gleich wie;* **pār iūris lībertatisque condicio:** *die volle Gleichberechtigung und Selbstbestimmung, d. h. die Bojer haben in gemeinsamen Angelegenheiten die gleichen Rechte wie die Haeduer, und sie sind nicht mehr zum Verbleiben im Völkerverband mit den Haeduern gezwungen.*

29 In castris Helvetiorum tabulae repertae sunt, litteris Graecis confectae, et ad Caesarem relatae, quibus in tabulis nominatim ratio confecta erat, qui numerus domo exisset eorum, qui arma ferre possent, et item separatim
2 pueri, senes mulieresque. quarum omnium rerum summa erat capitum Helvetiorum milia CCLXIII, Tulingorum milia XXXVI, Latobrigorum XIIII, Rauracorum XXIII, Boiorum XXXII; ex his, qui arma ferre possent, ad milia XCII. summa omnium fuerunt ad milia CCCLXVIII. eorum,
3 qui domum redierunt, censu habito, ut Caesar imperaverat, repertus est numerus milium CX.

---

29 cōnfectae *ist Attribut zu* tabulae, **relātae** *(sc.* sunt) *zweites Prädikat des Hauptsatzes ·* **litteris Graecis:** *Von Marseille, einer Stadtgründung (ca. 600 v. Chr.) griechischer Kolonisten, konnte sich die griechische Schrift leicht in Gallien verbreiten. Zur Verbreitung der griechischen Schriftzeichen (nicht der Sprache!) bei den Kelten und zur Begründung ihrer Verwendung vgl. VI 14,3–4 ·* **quibus in tabulis:** *vgl. 6,1* itinera, quibus itineribus *·* **nōminātim** *(Adv.): unter Nennung der Namen, mit den einzelnen Namen ·* **rationem conficere:** *eine Berechnung anstellen, eine Aufstellung machen ·* **qui ... exīsset:** *abhängiger Fragesatz, erläutert* ratio *·* **eorum, qui ... possent:** *Genitiv-Attribut zu* numerus *·* **qui arma ferre possent:** *svw. (die) im kriegstauglichen Alter (waren) ·* **sēparātim** *(Adv.): gesondert ·* **puer:** *Kind ·* **mulier, eris** *f.: Frau.* **et item separatim pueri ... mulieresque:** *abgekürzte Ausdrucksweise.*

2 **rērum; capita:** *die Helvetier sind hier nur noch Zählgegenstände, Posten in der Aufstellung ·* **summa:** *Summe ·* **capita,** *um (n. pl.): svw. Personen, „Mann" ·* **ad mīlia nōnāgintā duō:** *sc.* summa erat.

3 **fuerunt:** *jetzt ist* summa *nicht mehr Subjekt wie in § 2, sondern Prädikatsnomen,* fuerunt *bezieht sich auf* ad mīlia trecenta sexaginta octo, *daher Plural ·* **eorum, qui ... redierunt:** *Genitiv-Attribut zu* numerus, *steht als neue Themaangabe (im Gegensatz zu* summa omnium *im vorigen Satz) am Satzanfang ·* **cēnsum habēre:** *eine Volkszählung vornehmen ·* **redierunt:** *C. veranstaltet die Zählung der überlebenden Helvetier vor deren Rückkehr nach Helvetien, spricht aber wie 28,5 von einem späteren zeitlichen Standpunkt aus, daher die Abfolge:* qui ... redierunt: *Stichwort /* censu habito: *Handlung /* ut C. imperaverat: *angefügte Erläuterung dazu /* repertus est numerus: *Ergebnis.*

30 Bello Helvetiorum confecto totius fere Galliae legati principes civitatum ad
2 Caesarem gratulatum convenerunt: intellegere sese, tametsi pro veteribus Helvetiorum iniuriis populi Romani ab his poenas bello repetisset, tamen eam rem non minus ex usu terrae Galliae quam populi Romani accidisse,
3 propterea quod eo consilio florentissimis rebus domos suas Helvetii reliquissent, uti toti Galliae bellum inferrent imperioque potirentur locumque domicilio ex magna copia deligerent, quem ex omni Gallia opportunissimum ac fructuosissimum iudicassent, reliquasque civitates stipendiarias
4 haberent. petiverunt, uti sibi concilium totius Galliae in diem certam indicere idque Caesaris voluntate facere liceret; sese habere quasdam res, quas
5 ex communi consensu ab eo petere vellent. ea re permissa diem concilio constituerunt et iure iurando, ne quis enuntiaret, nisi quibus communi consilio mandatum esset, inter se sanxerunt.

31 Eo concilio dimisso idem principes civitatum, qui ante fuerant, ad Caesarem reverterunt petieruntque, uti sibi secreto in occulto de sua omniumque
2 salute cum eo agere liceret. ea re impetrata sese omnes flentes Caesari ad

30 *Der Sieg der Großmacht Rom über die Helvetier hat unweigerlich politische Auswirkungen auf das Verhältnis der keltischen Völker zu den Römern und ihrem Repräsentanten Caesar.*
31 *Der Versammlung einflußreicher Gallier, einer Art Landtag, folgt eine geheime Gipfelkonferenz mit Caesar. Sie ist durch einen diplomatischen Schritt (c. 30) vorbereitet worden, noch ist aber nichts von ihrem Thema bekannt.*

Abkürzungen und Hinweise: vgl. S. 112

30 **lēgāti:** *prädikativ* · **grātulari:** *seine Freude oder Dankbarkeit zeigen, Glück wünschen;* **grātulatum:** *„Supinum I', das Ziel oder Zweck angibt* · **tametsi:** *wenngleich.*
2 **pro veteribus Helvētiorum iniūriis populi Rōmāni:** *im Genitiv werden Nomina anderen Nomina zugeordnet, hier steht zuerst der Urheber des Unrechts, dann das Unrecht selbst, dann der, den das Unrecht trifft* · **poenas repetere:** *Lösegelder für eine Blutschuld eintreiben, d. h.: j-n bestrafen, sich an j-m rächen* · **ex ūsu alicūius accidit:** *es geschieht aus j-s Nutzen heraus, i. D. zu j-s Nutzen* ·
▷ **2–3 intellegere ... habērent:** *Wichtig für das Sinnverständnis ist die Beachtung korrespondierender Pronomina, Adverbien und Konjunktionen:* tametsi – tamen; eo consilio – ut; non minus – quam. *Das erste Glied solcher Paare (Verbinder, ‚Konnektoren') weckt jeweils eine Spannung, die durch das zweite gelöst wird.*

3 **cōnsilium:** *Absicht* · **flōrentissimis rēbus:** *zu beziehen auf die nächste Verbalinformation auf gleicher Satzebene* (reliquissent) – *in welchem logischen Verhältnis?* · **domicilium:** *Wohnsitz, Wohnung;* **domicilio:** *finaler Dativ* · **frūctuōsus:** *fruchtbar* · **stipendiārius:** *steuerpflichtig.*
4 **indīcere:** *ansagen, einberufen* · **cōnsēnsus, us:** *einhelliger Beschluß.*
5 **permittere:** *gestatten* · **enūntiare:** *verraten* · **sāncire,** sānxi, sānctum: *etwas feierlich (d. h. unter religiösem Zeremoniell) festsetzen, etwas bei Strafe verbieten* · **ne quis ... mandatum esset:** *Inhalt der eidlichen Festsetzung, daher als Objekt zwischen* iure iurandum *und* sanxerunt *gestellt; der ne-Satz gibt den generellen Inhalt, der* nisi-*Satz eine Ausnahme dazu an.*

31 **ante** *ist nicht nur Präposition, sondern auch Adverb* (= antea) · **uti** = ut · **sēcrētō** *(Adv.):* geheim · **suā** *ist adjektivisches,* **omnium** *Genitiv-Attribut zu* salute.
2 **sese:** *verstärktes* se · **flēre:** *weinen* ·

pedes proiecerunt: non minus se id contendere et laborare, ne ea, quae dixissent, enuntiarentur, quam uti ea, quae vellent, impetrarent, propterea
3 quod, si enuntiatum esset, summum in cruciatum se venturos viderent. locutus est pro his Diviciacus Haeduus: Galliae totius factiones esse duas:
4 harum alterius principatum tenere Haeduos, alterius Arvernos. hi cum tantopere de potentatu inter se multos annos contenderent, factum esse, uti
5 ab Arvernis Sequanisque Germani mercede arcesserentur. horum primo circiter milia XV Rhenum transisse; posteaquam agros et cultum et copias Gallorum homines feri ac barbari adamassent, traductos plures; nunc esse
6 in Gallia ad centum et viginti milium numerum. cum his Haeduos eorumque clientes semel atque iterum armis contendisse; magnam calamitatem pulsos accepisse, omnem nobilitatem, omnem senatum, omnem equitatum
7 amisisse. quibus proeliis calamitatibusque fractos, qui et sua virtute et populi Romani hospitio atque amicitia plurimum ante in Gallia potuissent, coactos esse Sequanis obsides dare nobilissimos civitatis et iure iurando civitatem obstringere sese neque obsides repetituros neque auxilium a

---

se ad pedes alicūius proicere (icio, iēcī, iectum): *sich j-m zu Füßen werfen* · **non minus ... quam:** *nicht weniger ... als, d. i. svw.:* „ebensosehr ... wie" · **id contendere et labōrare:** *sich darum bemühen und darauf hinarbeiten, d. h.:* „mit höchster Anstrengung darauf ausgehen"; *durch die Entfaltung verschiedener Aspekte ein- und desselben Sachverhalts erhält dieser besonderes Gewicht. Der ‚doppelgliedrige Ausdruck' ist eine beliebte römische Ausdrucksweise* · **id:** *Objekt, aber nur Platzhalter für die folgenden, mit* ne *und* uti *eingeleiteten Gliedsätze* · **ea, quae dīxissent; ea, quae vellent:** *lassen sich durch je ein Substantiv wiedergeben, also als Satzglied statt als Gliedsatz (Verkürzung, ‚Reduktion')* · **in cruciatum venire:** *svw. gemartert werden.*

3 **Diviciācus:** *Haeduerfürst und loyaler Verbündeter Roms (vgl. 3,5; 19,2)* · **Gallia tota:** *ganz Gallien; mit* Gallia *allein meint C. nur Südgallien, d. h. die römische Provinz Gallia Narbonensis* · **factio:** *Partei* · **prīncipātus, us:** *führende Stellung* · **Haedui:** *großer keltischer Stamm zwischen Loire und Saône; Karte FG 3* · **Arverni:** *keltisches Volk in der heutigen Auvergne, seine Hauptstadt war Gergovia (Karte F 4).*

4 **tantopere:** *sehr (stark)* · **potentātus, us** *(Subst. zu* potens*): Macht, Vorherrschaft* · **factum esse, ut ...:** *Umschreibung für den Infinitiv Perfekt Passiv, die ihn gewichtiger macht* · **Germāni:** *vgl. Z 1* · **mercēs,** ēdis *f.: Sold.*

5 **posteāquam:** *nachdem;* **prīmo; posteāquam; nunc** *geben dem Bericht eine deutliche zeitliche Gliederung: ‚Konnektoren'; vgl. zu 30,2–3* · **ferus:** *wild (wie ein ungezähmtes Tier), ungeschlacht* · **barbărus:** „barbarisch", *vgl. Z 2* · **feri ac barbari:** *‚doppelgliedriger Ausdruck' wie* contendere et laborare *§ 2* · **adamare:** *liebgewinnen* · **(ad centum et vīginti) milium:** *Erläuterung zu* numerum, *daher im Genitiv.*

6 **cliēns** *als (außen)politischer Begriff svw. Satellitenvolk (vgl. S. 9)* · **semel atque iterum:** *einmal und noch einmal, wiederholt* · **pulsos** *ist prädikativ auf* calamitatem accepisse *bezogen; in der Endung richtet es sich nach* Haeduos eorumque clientes.

7 **frangere,** frēgi, frāctum: *(zer)brechen* · **qui ... potuissent:** *Subjekt des Satzes, Prädikat ist* coactos esse; *daß der* qui-*Satz den Akkusativ des a.c.i. vertritt, wird deutlich aus seiner Stellung zwischen Prädikativum* (fractos) *und Prädikat* (coactos esse) · **hospitium:** *Gastfreundschaft, speziell ein politisches Freundschaftsverhältnis, das den Vertretern der beiden beteiligten Staaten bei Besuchen ehrenvolle Aufnahme mit Unterkunft und Geschenken auf Staatskosten zusicherte;* **hospitium atque amīcitia:** *svw. Freundschafts- und Beistandspakt (mit Gastrecht), ‚doppelgliedriger Ausdruck'* · **obstringere aliquem:** *j-n verpflichten* · **repetere:** *zurückfordern* · **auxilium ab aliquo implōrare:** *j-n um Hilfe anflehen* ·

populo Romano imploraturos neque recusaturos, quominus perpetuo sub
8 illorum dicione atque imperio essent. unum se esse ex omni civitate Haeduorum, qui adduci non potuerit, ut iuraret aut liberos suos obsides daret.
9 ob eam rem se ex civitate profugisse et Romam ad senatum venisse auxilium
10 postulatum, quod solus neque iure iurando neque obsidibus teneretur. sed peius victoribus Sequanis quam Haeduis victis accidisse, propterea quod Ariovistus, rex Germanorum, in eorum finibus consedisset tertiamque partem agri Sequani, qui esset optimus totius Galliae, occupavisset et nunc de altera parte tertia Sequanos decedere iuberet, propterea quod paucis mensibus ante Harudum milia hominum XXIIII ad eum venissent, quibus locus
11 ac sedes pararentur. futurum esse paucis annis, uti omnes ex Galliae finibus pellerentur atque omnes Germani Rhenum transirent; neque enim conferendum esse Gallicum cum Germanorum agro, neque hanc consuetudinem
12 victus cum illa comparandam. Ariovistum autem, ut semel Gallorum copias proelio vicerit, quod proelium factum sit ad Magetobrigam, superbe et crudeliter imperare, obsides nobilissimi cuiusque liberos poscere et in eos omnia exempla cruciatusque edere, si qua res non ad nutum aut ad volun-

---

non recūsant, quōminus sub imperio alicūius essent: sie weigern sich nicht, unter j-s Herrschaft zu stehen (quominus *eigtl.* „wodurch weniger") · **perpĕtuus** (*Adv.* perpetuo): ewig dauernd · **dicio,** onis *f.:* die gesetzliche Gewalt *über andere (die sich in der Gerichtsbarkeit zeigt);* **imperium:** Oberbefehl *(im Krieg);* Staats-, Regierungsgewalt *(im Frieden);* **dicio atque imperium:** *‚doppelgliedriger Ausdruck'.*
9 **profugere:** davonlaufen, fliehen.
10 **peius** steht betont voran · **male mihi accidit:** es ergeht mir schlecht · **Ariovistus:** *Führer eines germanischen Stammes, dessen Name erst 37,3 genannt wird (Suebi)* · **rēx Germānorum:** *C. verwendet hier ungenaue Bezeichnungen. Zu rex vgl. zu 3,4 regnum; zur pauschalen Angabe Germanorum vgl. Z 1* · **tertia pars:** ein Drittel · **ager:** Ackerland, Grundbesitz, Gebiet · **paucis mēnsibus ante:** einige Monate zuvor · **Harūdes,** um: *germanischer Stamm, der wahrscheinlich aus Nordjütland ins heutige Baden-Württemberg gekommen war* · **quibus ... pararentur:** *der Attributsatz gibt nicht nur eine Erläuterung zu einem Nomen* (Harudum), *sondern macht die übergeordnete Mitteilung* (decedere iuberet) *erst verständlich.*
▷ **10–11 accidisse** (*Perfekt*) **... nunc ... futurum esse** (*Futur*): *wieder eine deutliche zeitliche Gliederung (vgl. § 5).*
11 **futurum est, ut:** es wird dazu kommen, daß ... · **Gallicus:** gallisch; **Gallicum:** *sc.* agrum · **vīctus,** us: Lebensart; **consuetudo victus:** Lebensumstände, Lebensstandard · **hanc ...**

illa: *i. L. unterscheidet man bei den Demonstrativpronomina, ob von der eigenen Person* (hic), *der angesprochenen* (iste) *oder einer dritten Person* (ille) *die Rede ist. Wir müssen oft eine freiere Übersetzung wählen (z. B.* „ihre eigene ... deren", „die bei ihnen übliche ... die dort übliche").
12 **ut semel:** seit · **Magetóbriga:** *eine Stadt der Sequaner* · **proelio, quod ... factum sit ad Magetóbrigam:** *Der Attributsatz läßt sich durch ‚Reduktion' auf eine attributiv gebrauchte adverbiale Bestimmung wiedergeben* („bei M.") · **(ut semel ...) proelio (vicerit,) quod proelium ...:** *C. wiederholt bisweilen ein sinntragendes Wort, hier sogar das Beziehungswort eines Attributsatzes in diesem Attributsatz; wie läßt sich das i. D. wiedergeben?* · **superbus:** hochmütig, stolz · **crudēlis:** grausam · **nōbilissimus quisque:** *jeder Adlige, d. h.* alle führenden Persönlichkeiten · **obsides ... pōscere** *veranschaulicht* superbe imperare · **cruciatus,** us: Marter, Qual · **ēdere:** e+dare · **omnia** *ist mit dem nächststehenden Substantiv* – exempla – *kongruent, bezieht sich aber auch auf* cruciatus; **omnia exempla cruciatūsque ēdere** *veranschaulicht* crudeliter imperare *unter zwei Aspekten: Ariovist bestraft Gegner mit Martern aller Art und diese sind abschreckende Beispiele; daher i. D. etwa:* „alle erdenklichen abschreckenden Martern verhängen" · **nūtus,** us: Wink *(z. B.* Kopfnicken, Blick, Fingerschnippen), Wille.

13 tatem eius facta sit. hominem esse barbarum, iracundum, temerarium; non
14 posse eius imperia diutius sustineri. nisi si quid in Caesare populoque Romano sit auxilii, omnibus Gallis idem esse faciendum, quod Helvetii fecerint, ut domo emigrent, aliud domicilium, alias sedes, remotas a Germanis,
15 petant fortunamque, quaecumque accidat, experiantur. haec si enuntiata Ariovisto sint, non dubitare, quin de omnibus obsidibus, qui apud eum sint,
16 gravissimum supplicium sumat. Caesarem vel auctoritate sua atque exercitus vel recenti victoria vel nomine populi Romani deterrere posse, ne maior multitudo Germanorum Rhenum traducatur, Galliamque omnem ab Ariovisti iniuria posse defendere.
32 Hac oratione ab Diviciaco habita omnes, qui aderant, magno fletu auxi-
2 lium a Caesare petere coeperunt. animadvertit Caesar unos ex omnibus Sequanos nihil earum rerum facere, quas ceteri facerent, sed tristes capite demisso terram intueri. eius rei quae causa esset, miratus ex ipsis quaesiit.
3 nihil Sequani respondere, sed in eadem tristitia taciti permanere. cum ab his saepius quaereret neque ullam omnino vocem exprimere posset, idem

---

13 **barbarus:** *vgl. § 5 und Z 3* · **īrācundus:** jähzornig, auffahrend *(Gegenteil: continens beherrscht; clemens milde; temperatus gemäßigt [vgl. Z 1])* · **temerarius:** unbesonnen, verwegen *(Gegenteil: prudens umsichtig; sapiens einsichtig, vernünftig [vgl. Z 1]).*
14 **imperia** *(n. pl.): (die einzelnen Äußerungen seiner)* Herrschaft; Regime · **nisi si:** *verstärktes nisi* · **nisi si quid ... sit auxilii:** *quid (für aliquid) schließt sich gern der einleitenden Konjunktion an; auxilii (gen. partitivus zu quid) steht betont am Schluß des si-Satzes* · **idem (esse faciendum), quod (Helvētii fēcerint), ut (... experiantur):** *idem wird schrittweise genauer erläutert, erst durch einen Attributsatz* (quod), *dann durch den Subjektsatz mit ‚explikativem'* ut, *für den idem nur Platzhalter war* · **emigrare:** auswandern · **domicīlium:** Heimat · **sedes,** is *f.:* Wohnsitz · **remōtus:** entfernt · **experiri:** versuchen.
15 **enūntiare:** verraten · **de aliquo gravissimum supplicium sūmere:** *j-n aufs schwerste bestrafen, d. h. j-n hinrichten.*
16 **suā; exercitūs:** *Attribute zu* auctoritate *(vgl. § 1* sua; omnium*)* · **recēns:** frisch, neu · **nōmen populi Rōmāni:** der Name „römisches Volk"; *er hat Klang und abschreckende Wirkung, gemeint sind also Ruhm und Macht des römischen Volkes* · **deterrēre, ne...:** von etwas abschrecken, etwas verhindern, *von dem man wünscht, daß es nicht geschieht; und das steht i. L. im Konjunktiv mit* ne · **defendere a:** verteidigen gegen, schützen vor.

32 **ōrationem habere:** eine Rede halten · **qui adsunt:** Anwesende · **flētus,** us: das Weinen.
2 **unos:** als einzige, *betont vorangestellt* · **facerent:** *der Konjunktiv im Attributsatz deutet an, daß ein Gegensatz vorliegt und man das Gegenteil erwartete* · **tristis:** traurig · **caput demittere:** den Kopf senken · **intuēri:** anschauen · **mirari,** miratus sum: sich wundern · **eius rei quae causa esset miratus:** eius rei *gehört zu* causa, *ist aber zur Betonung aus dem Gliedsatz herausgenommen und davorgestellt (Vorwegnahme, ‚Prolepsis')* · **ex ipsis:** *die Sequaner im Gegensatz zu allen anderen Anwesenden.*
▷ **facere ... facerent:** ‚Polyptoton', *Stilfigur durch Wiederholung eines Wortes in verschiedenen Flexionsstufen (vgl. 31 Z 1).*
3 **respondēre; permanēre:** *sog. historische Infinitive. Sie stehen statt des Perfekts oder Imperfekts – meistens mehrere zusammen –, nachdem zunächst einige normale Vergangenheitsformen verwendet worden sind; da sie ohne Personen-, Tempus- und Modusangabe stehen, entsprechen sie Substantiven und bewirken so den Eindruck kurzer, schneller Mitteilungen, wie sie für lebhafte, leidenschaftliche Erzählung charakteristisch sind* · **trīstitia:** Traurigkeit · **tacitus:** schweigsam · **permanēre:** verharren · **exprimere:** herauspressen · **idem:** prädikativ, svw. wieder.

4 Diviciacus Haeduus respondit: hoc esse miseriorem et graviorem fortunam Sequanorum quam reliquorum, quod soli ne in occulto quidem queri neque auxilium implorare auderent absentisque Ariovisti crudelitatem, velut si
5 coram adesset, horrerent, propterea quod reliquis tamen fugae facultas daretur, Sequanis vero, qui intra fines suos Ariovistum recepissent, quorum oppida omnia in potestate eius essent, omnes cruciatus essent perferendi.

33 His rebus cognitis Caesar Gallorum animos verbis confirmavit pollicitusque est sibi eam rem curae futuram; magnam se habere spem et beneficio suo et auctoritate adductum Ariovistum finem iniuriis facturum. hac oratione ha-
2 bita concilium dimisit. et secundum ea multae res eum hortabantur, quare sibi eam rem cogitandam et suscipiendam putaret, inprimis, quod Haeduos fratres consanguineosque saepenumero a senatu appellatos in servitute atque in dicione videbat Germanorum teneri eorumque obsides esse apud Ariovistum ac Sequanos intellegebat; quod in tanto imperio populi Romani
3 turpissimum sibi et rei publicae esse arbitrabatur. paulatim autem Germanos consuescere Rhenum transire et in Galliam magnam eorum multitudi-
4 nem venire populo Romano periculosum videbat neque sibi homines feros ac barbaros temperaturos existimabat, quin, cum omnem Galliam occupavissent, ut ante Cimbri Teutonique fecissent, in provinciam exirent atque

33 *Caesar hat die Erwartungen dargelegt, die die Gallier an ihn und die Römer knüpfen. Ist ein Krieg vermeidbar? Caesar gibt für seine römischen Leser ein Résumé der Gefahren, die von den Germanen ausgehen. Sie laufen zusammen in einer bestimmten Person.*

4 **hōc** *(abl. comparationis) steht betont voran und wird durch den quod-Satz genauer erklärt* · **miser:** *unglücklich, elend* · **in occulto:** *im Verborgenen, erinnert an 31,1* · **queri:** *klagen* · **cōram** *(Adv.): persönlich* · **absentis; si coram adesset:** *Gegensätze, beide inhaltlich auf* horrerent *bezogen* · **horrēre aliquid:** *sich vor etwas entsetzen, vor etwas zittern* · **velut si:** *gleich als ob, wie wenn (i. D. mit Konjunktiv II).*
5 **cruciatus, us:** *Marter, Qual.*

33 **Gallorum animos verbis cōnfirmavit:** *für den Römer ist* confirmare (stärken) *ein vielseitig verwendbares Wort; hier wird seine Bedeutung durch* verbis *und* animos *bestimmt: „er sprach den Galliern Mut zu"* · **id mihi curae est:** *ich kümmere mich darum* · **beneficium:** *vgl. S. 9; worin dieses beneficium besteht, wird später mehrfach geschildert (35,2; 40,2; 42,3; 43,5).*
2 **et** *schließt an den Einzelfall nun eine zusammenfassende Überlegung an* · **secundum + acc.:** *1. nach, nächst; 2. gemäß* · **ea** *meint Caesars Hoffnung auf Ariovists Einlenken* · **et secundum ea:** *kurz svw. überhaupt* · **multae rēs, quare ... putaret:** *viele Gründe zu der Ansicht* · **cōgitare:** *bedenken* · **suscipere:** *svw. in die Hand nehmen* · **rem cogitandam et suscipiendam:** *Objekt (ohne* esse*) zu* putaret; *die -nd-Formen erhalten aus dem Zusammenhang die Bedeutung des „Müssens"* · **inprīmīs:** *besonders, vor allem* · **cōnsanguineus:** *blutsverwandt* · **saepenumero:** *oftmals* · **appellatos:** *prädikatives Partizip; sein inhaltlicher Bezug auf* in servitute ... teneri eorumque obsides esse? · **dicio, onis** *f.: (gesetzliche, Gerichts-)Gewalt* · **eorumque:** *meint die Haeduer* · **quod:** *relativischer Anschluß* · **turpis:** *schimpflich, „eine Schande".*
3 **paulātim:** *allmählich* · **periculōsus:** *gefährlich* · **cōnsuēscere** *und* **venire** *sind die Akkusative,* **periculosum** *(sc.* esse*) ist der Infinitiv eines a.c.i., der von* videbat *abhängt.*
4 **ferus:** *wild (wie ein ungezähmtes Tier)* · **sibi temperare, quin:** *sich zurückhalten (etwas zu tun)* · **quin ... exirent atque ... contenderent:** *Abfolge: a) zeitliche Voraussetzung (*cum ... occupavissent*), b) Vergleich (*ut ... fecissent*), c) die eigentliche Befürchtung (in*

inde in Italiam contenderent, praesertim cum Sequanos a provincia nostra Rhodanus divideret; quibus rebus quam maturrime occurrendum putabat.
5 ipse autem Ariovistus tantos sibi spiritus, tantam arrogantiam sumpserat, ut ferendus non videretur.

34 Quamobrem placuit ei, ut ad Ariovistum legatos mitteret, qui ab eo postularent, uti aliquem locum medium utriusque conloquio deligeret: velle sese de
2 re publica et summis utriusque rebus cum eo agere. ei legationi Ariovistus respondit: si quid ipsi a Caesare opus esset, sese ad eum venturum fuisse;
3 si quid ille se velit, illum ad se venire oportere. praeterea se neque sine exercitu in eas partes Galliae venire audere, quas Caesar possideret, neque exercitum sine magno commeatu atque molimento in unum locum contrahere posse. sibi autem mirum videri, quid in sua Gallia, quam bello
4 vicisset, aut Caesari aut omnino populo Romano negotii esset.

35 His responsis ad Caesarem relatis iterum ad eum Caesar legatos cum his
2 mandatis mittit: quoniam tanto suo populique Romani beneficio adfectus, cum in consulatu suo rex atque amicus ab senatu appellatus esset, hanc sibi

34 *Wie wird der als unerträglich hochfahrend und arrogant geschilderte Ariovist auf eine Intervention Caesars reagieren?*

provinciam ... contenderent · **Cimbri, Teútŏni:** *vgl. S. 10* · **praesertim cum:** *zumal da, leitet einen besonders starken Grund ein* · **Rhŏdănus:** *die Rhône* · **occurrere alicui rei:** *einer Sache begegnen, entgegentreten.*
5 **ipse autem Ariovistus ... videretur:** *schließt die Schilderung Ariovists ab (wie 20,6 Dumnorigem ... possit die Dumnorixschilderung)* · **spīritus, us:** *1. Hauch, 2. Stolz (so wie wir von „Aufgeblasenheit" sprechen)* · **arrogantia:** *Anmaßung, Dünkel* · **aliquid sibi sumere:** *„sich etwas zulegen"* · **ferendus:** *beachten Sie das Genus (m.)*

34 **placet mihi:** *es gefällt mir, ich beschließe* · **postularent:** *für den Konjunktiv i. D. Umschreibung wählen („sollen...")* · **medius utriusque:** *in der Mitte zwischen beiden* · **rēs pūblica:** *hier svw. Staatsangelegenheit, „politische Existenzfrage"* · **summae utriusque rēs:** *svw. „brennende bilaterale Probleme".*
2 **si quid ipsi a Caesare opus esset:** *wenn er selbst etwas von Caesar brauche* · **venturum fuisse:** *In der indirekten Rede erscheint der Hauptsatz eines konditionalen Satzgefüges als a.c.i.; -urum fuisse bezeichnet dabei die Irrealität* · **sese:** *verstärktes se* · **si quid ille se velit** *(wenn er ihn zu etwas wolle):*

wenn er etwas von ihm wolle · **ille; illum:** *Ariovist spricht zu den Gesandten über den abwesenden Caesar, daher steht das Demonstrativpronomen der dritten Person* · **oportere:** *a.c.i. (d. h. Infinitiv und nicht ausgedrücktes unpersönliches Subjekt zu oportet).*
3 **possidēre:** *besitzen* · **commeātus, us:** *Warentransport, Nachschub* · **mōlīmentum:** *große Anstrengung, Umstand* · **contrahere:** *zusammenziehen (i. L. „wohin", i. D. „wo").*
4 **mīrus:** *erstaunlich, seltsam* · **in sua Gallia:** *sua steht betont voran (die Normalstellung des Attributs i. L. ist die nach dem Nomen)* · **quid tibi negŏtii est?:** *was hast du zu tun..., was hast du zu suchen...?*

35 **iterum:** *wieder, erneut* · **mandātum:** *Auftrag.*
2 **rēx atque amīcus** (populi Rōmāni): *mit diesem Titel erkannte der römische Senat außenpolitisch einen Führer als Herrn seines Volkes und in seinem Gebiet an und bezeichnete ihn gleichzeitig als Bündnispartner (vgl. 31,7 hospitium atque amicitia). Die Verleihung des Titels galt in römischer Sicht als besondere Auszeichnung, war also ein* beneficium, *das einen Anspruch auf entsprechende Gegenleistungen (*officia*) begründete. Ariovist war auf Caesars Betreiben im Jahre 59 v. Chr.* (in consulatu suo) *dieser Titel verliehen*

populoque Romano gratiam referret, ut in conloquium venire invitatus gravaretur neque de communi re dicendum sibi et cognoscendum putaret,
3 haec esse, quae ab eo postularet: primum, ne quam multitudinem hominum amplius trans Rhenum in Galliam traduceret; deinde obsides, quos haberet ab Haeduis, redderet Sequanisque permitteret, ut, quos illi haberent, voluntate eius reddere illis liceret; neve Haeduos iniuria lacesseret neve his
4 sociisque eorum bellum inferret. si id ita fecisset, sibi populoque Romano perpetuam gratiam atque amicitiam cum eo futuram; si non impetraret, sese, quoniam M. Messala M. Pisone consulibus senatus censuisset, uti, quicumque Galliam provinciam obtineret, quod commodo rei publicae facere posset, Haeduos ceterosque amicos populi Romani defenderet, se Haeduorum iniurias non neglecturum.

35 *Ariovist hat Caesars Forderung nach einer Verhandlung abschlägig beschieden. Das ist für römisches Empfinden empörend. Aber römische Diplomatie ist zäh.*

---

worden, weil er offensichtlich einen Machtfaktor in Gallien darstellte · **grātiam referre:** den Dank abstatten · **hanc** *weist auf den ut-Satz hin und ist formal auf* gratiam *bezogen („den Dank damit abstatten")* · **invītare:** höflich auffordern, einladen · **gravari:** Umstände machen, sich weigern · **cōgnōscere de aliqua re:** sich über etw. informieren, sich nach etw. erkundigen · **commūni:** *steht betont vor* rē.

3 **prīmum ... inferret:** *Wunschsätze in der indirekten Rede, drei Forderungen, von denen die zweite und dritte jeweils unterteilt sind* · **nēve** *steht in Wunschsätzen:* und nicht; **neve – neve** *entspricht dem in Aussagesätzen üblichen* neque – neque · **quos illi haberent:** *Objekt zu* reddere *(zurückgeben) – sc.* obsides, *was bereits am Satzanfang stand* · **permittere,** mīsi, missum: gestatten; **permittere, ut ... voluntate eius ... licēret:** *höfliche Formel (wie 30,4)* · **lacessere,** sīvi, sītum: reizen · **iniūria:** *Ablativ!*

4 **perpetuus:** dauernd, ewig · **grātia:** *vgl. S. 9;* **mihi grātia est cum aliquo:** „ich habe ein gutes Einvernehmen mit j-m" · **si non impetraret, sese ... se H. i. non neglecturum:** *Das Satzgefüge beginnt mit der Voraussetzung (Kondizionalsatz* si ...*); die Folgerung daraus beginnt mit dem Akkusativ des a.c.i. (Hauptsatz)* sese, *der Infinitiv folgt aber erst viel später, denn zuerst wird mitgeteilt, nach wel-*

chen Maximen und Prinzipien C. diese Folgerung zieht; das geschieht in einem Kausalsatz (quoniam ...), *dessen Objekt (der Inhalt des Senatsbeschlusses) wiederum ein Gliedsatz ist* (uti ... defenderet); *das Subjekt des uti-Satzes ist zu einem weiteren Gliedsatz ‚expandiert'* (quicumque ... obtineret), *und mit* quod ... posset *kommt noch eine Einschränkung vor der eigentlichen Mitteilung des uti-Satzes* (defenderet). *Erst jetzt kann der Infinitiv des a.c.i. folgen, zu dem der Akkusativ* (se) *der Deutlichkeit halber noch einmal wiederholt wird. (Machen Sie einen Satzbauplan nach dem Kastenschema 14 Z 1.)* · **M. Messāla M. Pisōne consulibus:** *im Konsulatsjahr des M. Messala und M. Piso; der angeführte Senatsbeschluß stammt also aus dem Jahre 61 v. Chr. und ist zwei Jahre älter als die Verleihung des Titels* rex atque amicus *an Ariovist* · **cēnsēre:** beschließen · **commodum:** Vorteil; **commodo:** *finaler Dativ* · **quod** *setzt eine Mitteilung zu einer anderen in Beziehung und zwar als Voraussetzung irgendwelcher Art; hier ist diese kondizional (wenn, soweit)* · **Haeduorum:** *gen. obiectivus, gibt an, wen die* iniuriae *treffen* · **non neglegere:** ‚Litotes'; *in dieser Stilfigur wird ein Urteil nicht frei heraus gesagt, sondern das Gegenteil wird verneint; das kann steigernd oder abschwächend wirken, es relativiert (*litótes: *griechisch „Schlichtheit").*

36 Ad haec Ariovistus respondit: ius esse belli, ut, qui vicissent, iis, quos vicissent, quemadmodum vellent, imperarent; item populum Romanum victis non ad alterius praescriptum, sed ad suum arbitrium imperare consuesse.
2 si ipse populo Romano non praescriberet, quemadmodum suo iure utere-
3 tur, non oportere se a populo Romano in suo iure impediri. Haeduos sibi, quoniam belli fortunam temptassent et armis congressi ac superati essent,
4 stipendiarios esse factos. magnam Caesarem iniuriam facere, qui suo ad-
5 ventu vectigalia sibi deteriora faceret. Haeduis se obsides redditurum non esse neque his neque eorum sociis iniuria bellum inlaturum, si in eo manerent, quod convenisset, stipendiumque quotannis penderent. si id non fe-
6 cissent, longe his fraternum nomen populi Romani afuturum. quod sibi Caesar denuntiaret se Haeduorum iniurias non neglecturum, neminem se-
7 cum sine sua pernicie contendisse. cum vellet, congrederetur: intellecturum, quid invicti Germani, exercitatissimi in armis, qui inter annos XIIII tectum non subissent, virtute possent.

36 *Wird der „König" und „Freund des römischen Volkes" den Erwartungen und Forderungen, die Caesar, der Vertreter der Großmacht Rom, an ihn hat, nachkommen?*

---

36 **quī vīcissent** *ist Subjekt,* **iīs, quos vīcissent** *ist Dativ-Objekt,* **quemadmodum vellent** *ist adverbiale Bestimmung im ut-Satz; es handelt sich also um drei expandierte Satzteile ·* **imperāre:** *svw. über j-n das Regime führen ·* **praescrīptum:** *Vorschrift ·* **arbitrium:** *Gutdünken, Ermessen.*
2 **praescrībere:** *vorschreiben ·* **ipse – populō Rōmānō;** **sē – ā populō Rōmānō** *sind Gegensätze,* **suō** *ist jeweils betont vor das Nomen gestellt und meint das jeweilige Subjekt.*
3 **sibi:** *zu* **stipendiarios esse** *gehörig, steht betont voran ·* **stīpendiārius:** *steuerpflichtig ·* **temptāre:** *versuchen, erproben ·* **congredī, ior, gressus sum** *(zusammenkommen, speziell):* sich in einen Kampf einlassen (**armīs:** *svw.* bewaffnet).
4 **quī ... faceret:** *der Attributsatz hat kausalen Charakter ·* **vectīgal, ālis** *n.:* Abgabe · **dēterior, ius** *(Komparativ):* geringer · **suō; sibi:** *wer ist mit* **suō,** *wer mit* **sibi** *gemeint?*
5 **iniūriā** *(Ablativ): svw.* rechtswidrig · **manēre:** bleiben · **cōnvenit:** es wird vereinbart ·

stīpendium: Steuer · **quotannīs:** (all)jährlich · **pendere,** pependī, pēnsum: zahlen · **frāternum nōmen populī Rōmānī:** *der Name „Brüder des römischen Volkes" (das adjektivische Attribut* fraternum *entspricht einem Genitiv-Attribut* fratrum*): Ariovist spielt auf die 33,2 erwähnte Verleihung eines solchen Titels an die Haeduer an.*
6 **quod...:** *gibt einen Bezugspunkt an, für den die folgende Aussage gilt (vgl. 33,2); i. D. etwa: „was das betreffe, daß ... (so solle er wissen): es habe niemand ..." ·* **dēnūntiāre:** formell ankündigen, androhen · **perniciēs, ieī** *f.:* Verderben, Untergang.
7 **Germānī:** *dazu gehören ein adjektivisches Attribut, eine Apposition und ein Attributsatz; die Qualifikationen der Germanen sind nach dem ‚Prinzip der wachsenden Glieder' angeordnet; das letzte Glied ist das wirkungsvollste: es liefert ein bezeichnendes Argument für das erste* (invicti) · **invictus:** unbesiegt, *und weil man sich dann so einschätzt:* unbesiegbar · **exercitāre:** üben, drillen · **tēctum:** Dach.

37 Haec eodem tempore Caesari mandata referebantur et legati ab Haeduis et
2 a Treveris veniebant: Haedui questum, quod Harudes, qui nuper in Galliam transportati essent, fines eorum popularentur; sese ne obsidibus
3 quidem datis pacem Ariovisti redimere potuisse; Treveri autem, pagos centum Sueborum ad ripas Rheni consedisse, qui Rhenum transire conaren-
4 tur; his praeesse Nasuam et Cimberium fratres. quibus rebus Caesar vehementer commotus maturandum sibi existimavit, ne, si nova manus Sueborum cum veteribus copiis Ariovisti sese coniunxisset, minus facile resisti
5 posset. itaque re frumentaria, quam celerrime potuit, comparata magnis itineribus ad Ariovistum contendit.

38 Cum tridui viam processisset, nuntiatum est ei Ariovistum cum suis omnibus copiis ad occupandum Vesontionem, quod est oppidum maximum Se-
2 quanorum, contendere triduique viam a suis finibus processisse. id ne acci-
3 deret, magnopere sibi praecavendum Caesar existimabat. namque omnium
4 rerum, quae ad bellum usui erant, summa erat in eo oppido facultas, idque natura loci sic muniebatur, ut magnam ad ducendum bellum daret faculta-

37 *Krisensymptome. Die Befürchtungen der Gallier und Caesars werden bestätigt.*
38 *Wieder lösen militärische Maßnahmen (diesmal präventive) die diplomatischen Schritte ab.*

---

37 **eodem tempore ... et:** zur gleichen Zeit wie · **Trēvĕri:** *großer Stamm, dessen Gebiet vor allem an der Mosel lag (spätere Hauptstadt: Augusta Treverorum – Trier); wahrscheinlich ein keltischer Stamm, der von einer germanischen Oberschicht beherrscht wurde* · **Haedui questum:** *sc.* veniebant; questum *ist Supinum I zu* queri, questus sum: (sich be)klagen ·
2 **quod ... popularentur:** *Inhalt (Objekt) der Klage* · **transportare:** hinüberbringen, hinüberfahren *(zur Sache vgl. 31,10)* · **nūper:** kürzlich · **populari:** verwüsten · **redimere, ēmi, ēmptum:** erkaufen, einhandeln · **pāx Ariovisti:** *bei Ariovist liegt die Möglichkeit, mit anderen ein Abkommen zu treffen.*
3 **Trēvĕri autem:** *sc.* veniebant questum; *der a.c.i. gibt den Inhalt ihrer Klage an* · **pāgus:** Volksteil.
4 **Nāsua, Cimbĕrius:** Eigennamen · **vehementer:** heftig, gewaltig · **commovēre:** bewegen, erregen · **mātūrare:** sich beeilen; **ne ... posset:** *Zielangabe dazu* · **resisti:** *Passiv!*
5 **rēs frūmentāria:** Verpflegung · **quam celerrime potuit:** so schnell er irgend konnte; *der Ausdruck ist als adverbiale Bestimmung zu* comparata *zwischen dem nominalen und dem prädikativen Glied des Abl. + Präd. eingeschlossen* · **iter māgnum:** Eilmarsch.

38 **triduum:** ein Zeitraum von drei Tagen; **tridui:** *nähere Bestimmung zu* viam · **Vesontiō, ōnis** *m.:* das heutige Besançon *(Karte G 3)* · **ad occupandum Vesontionem:** zur Besetzung von Vesontio; um Vesontio zu besetzen.
2 **id** *steht betont vor* ne · **māgnŏpere** *(Adv.):* sehr · **māgnŏpere sibi praecavendum** *ist Objekt (a.c.i.) zu* existimabat *und steht betont am Anfang des Hauptsatzes* · **praecavēre,** cāvi, cautum: Vorsichtsmaßregeln treffen.
3 **quae ... erant** *ist Attribut zu* rerum; **rērum** *ist Attribut zu* facultas, *ebenso* **summa,** *das zur Betonung von* facultas *getrennt ist* · **ūsui esse:** von Nutzen sein, nützlich sein · **facultas:** Möglichkeit, Fähigkeit, Vorrat *(vgl. engl. facility).*
4 **id** *meint* oppidum · **natūra loci:** *svw.* die natürliche Lage · **mūniebatur:** war befestigt. *Der Römer sieht die Befestigung als immer bzw. stets erneut vorhanden an und verwendet daher das Imperfekt* · **bellum dūcere:** einen Krieg in die Länge ziehen *(dagegen* bellum gerere: einen Krieg führen); *Caesar denkt also an einen bereits aktuellen Kriegszustand und will weniger den Krieg an sich*

tem, propterea quod flumen Dubis ut circino circumductum paene totum
5 oppidum cingit; reliquum spatium, quod est non amplius pedum mille sescentorum, qua flumen intermittit, mons continet magna altitudine ita, ut
6 radices eius montis ex utraque parte ripae fluminis contingant. hunc murus
7 circumdatus arcem efficit et cum oppido coniungit. huc Caesar magnis nocturnis diurnisque itineribus contendit occupatoque oppido ibi praesidium conlocat.

39 Dum paucos dies ad Vesontionem rei frumentariae commeatusque causa moratur, ex percontatione nostrorum vocibusque Gallorum ac mercatorum, qui ingenti magnitudine corporum Germanos, incredibili virtute atque exercitatione in armis esse praedicabant – saepenumero sese cum his congressos ne vultum quidem atque aciem oculorum dicebant ferre potuisse –, tantus subito timor omnem exercitum occupavit, ut non mediocriter omnium
2 mentes animosque perturbaret. hic primum ortus est a tribunis militum, praefectis reliquisque, qui ex urbe amicitiae causa Caesarem secuti non
3 magnum in re militari usum habebant. quorum alius alia causa inlata, quam sibi ad proficiscendum necessariam esse diceret, petebat, ut eius voluntate

39 *Caesar hat nun diplomatisch und militärisch alles für einen Schlag gegen Ariovist vorbereitet. Kommt es schnell zum Kampf?*

---

als vielmehr einen langen und schwer zu führenden Krieg verhindern · **ad dūcendum bellum:** *vgl. § 1-ad occupandum Vesontionem* · **Dūbis,** is *m.*: *der Doubs, Nebenfluß der Saône* · **circĭnus:** *der Zirkel* · **circumdūcere:** *im Kreise herumführen* · **cingere:** *rings umgeben.*

5 **pědum sēscentorum est:** *er beträgt 600 Fuß; i. L. steht ein subst. Prädikatsnomen im Genitiv, wenn es eine Eigenschaft ausdrückt* · **amplius** *steht bei Zahlen oft als Adverb (ohne* quam*), i. D.:* mehr *oder* größer als ... · **quā:** *wo* · **ita, ut ... contingant:** *erläutert* continet · **rādīx,** īcis *f.*: *Wurzel; beim Berg: Fuß, Plural: Ausläufer* · **rādīces:** *Akkusativ!* · **ex utraque parte:** *von jeder (der beiden) Seite(n). Wir sagen lieber:* auf beiden Seiten · **contingere:** berühren.

6 **hunc** *meint den Berg* · **circúmdăre,** dedi, datum: *umgeben, ringsum (auf)bauen* · **efficere** *mit doppeltem Akkusativ: j-n oder etw. zu etw. machen* · **nocturnus:** *Adjektiv zu* nox Nacht · **diurnus:** *Adjektiv zu* dies Tag.

39 **rēs frūmentāria:** *Getreideversorgung* · **commeātus,** us: *Nachschub* · **rēs frūmentāria commeātusque:** *'doppelgliedriger Ausdruck' (bezeichnet zwei Teile oder Aspekte ein und derselben Sache)* · **percontatio:** *die Erkundigung, das Fragen* · **ingēns:** *ungeheuer* ·

incrēdibilis: *unglaublich* · **exercitatio:** *Übung* · **praedicare:** *nachdrücklich oder laut äußern, hervorheben* · **congredi:** *zusammentreffen, speziell:* kämpfen · **acies oculorum:** *das Feuer ihrer Augen, ihr kämpferischer Blick* · **vultus,** us: *Miene, Ausdruck* · **non mediocriter** *(nicht mittelmäßig): 'Litotes', vgl. zu 35,4* non neglegere · **mentes animosque:** *'doppelgliedriger Ausdruck';* mens *und* animus *bezeichnen beide ein geistig-seelisches Vermögen, jedoch gibt* mens *mehr einen Zustand an (Denkvermögen, Empfindung),* animus *darüber hinaus auch eine zur Aktion drängende Kraft (Absicht, Energie); der Plural steht, weil von vielen Menschen die Rede ist; i. D. etwa:* Denken und Empfinden.

2 **hic** *verweist auf* timor · **tribūnī mīlitum:** „Militärtribunen", *mit Verwaltungs- und Aufsichtsaufgaben betraute Männer aus dem Ritterstand; sie wurden ursprünglich vom Volk gewählt, in Caesars Heer waren sie aufgrund von Beziehungen (vgl.* amicitia*) von C. selbst ernannt worden* · **praefectus:** *Offizier, speziell Offizier der Hilfstruppen* · **urbs** *meint Rom* · **māgnus in rē mīlitārī ūsus:** *svw.* große militärische Praxis.

3 **alius aliā causā inlātā ... petebat:** alius *ist grammatisches Subjekt zu* petebat *und logisches Subjekt zu* inlata; *daher:* jeder brachte einen anderen Grund vor ... und bat.

discedere liceret; nonnulli pudore adducti, ut timoris suspicionem vitarent,
4 remanebant. hi neque vultum fingere neque interdum lacrimas tenere poterant; abditi in tabernaculis aut suum fatum querebantur aut cum familiaribus suis commune periculum miserabantur. vulgo totis castris testamenta
5 obsignabantur. horum vocibus ac timore paulatim etiam ii, qui magnum in castris usum habebant, milites centurionesque quique equitatui praeerant,
6 perturbabantur. qui se ex his minus timidos existimari volebant, non se hostem vereri, sed angustias itineris et magnitudinem silvarum, quae inter eos atque Ariovistum intercederent, aut rem frumentariam, ut satis com-
7 mode supportari posset, timere dicebant. nonnulli etiam Caesari nuntiabant, cum castra moveri ac signa ferri iussisset, non fore dicto audientes milites neque propter timorem signa laturos.
40 Haec cum animadvertisset, convocato consilio omniumque ordinum ad id consilium adhibitis centurionibus vehementer eos incusavit:
primum, quod, aut quam in partem aut quo consilio ducerentur, sibi quae-
2 rendum aut cogitandum putarent. Ariovistum se consule cupidissime populi Romani amicitiam adpetisse. cur hunc tam temere quisquam ab officio

40 *Wie wird ein Feldherr wie Caesar der Mutlosigkeit und Angst seines Heeres möglichst schnell Herr?*

---

pudor: Scham, Ehrgefühl *(das Gefühl, das uns sagt, was wir tun und lassen sollen, um Anerkennung zu finden)* · **remanēbant:** *das Imperfekt bezeichnet den Versuch:* „wollten dableiben".
4 **vultum fingere:** die Miene verstellen · **interdum:** manchmal · **lacrima:** Träne · **abditus:** versteckt, zurückgezogen · **tabernāculum:** Zelt · **fātum:** Schicksal · **queri,** questus sum: klagen, etw. beklagen · **miserari:** bejammern.
5 **vulgo** *(Adv.):* allgemein · **tōtis castris:** *Verbindungen mit totus stehen ohne „in"* · **testamentum obsīgnare:** ein Testament *(als Verfasser unter-, als Zeuge be-)* siegeln · **paulātim:** allmählich.
6 **timidus:** ängstlich · **angustiae,** arum: Engpässe · **intercēdere:** dazwischengehen; *hier?* · **rem frūmentāriam, ut ... posset:** rem frumentariam *ist Objekt zu* timere, *gleichzeitig Subjekt des ut-Satzes;* **timēre, ut:** *i. L. ist noch die Vorstellung lebendig, daß man für etwas fürchtet, das man sich wünscht, daher:* ut...; *i. D. sagen wir:* „fürchten, daß ... nicht..." · **supportare:** heranschaffen.
7 **sīgna ferre:** vorrücken, angreifen; *vgl. zu 25,7* signum · **dicto non audire:** dem Befehl nicht gehorchen, den Gehorsam verweigern · **fore:** *Infinitiv Futur zu esse.*

40 ōrdo: *hier svw.* Dienstgrad; **omniumque ordinum:** *das an ein Wort angehängte* -que *bedeutet soviel wie „et" vor diesem Wort, et verbindet gleichartige Satzglieder – zu welchem Nomen ist also* omnium ordinum *eine Erläuterung?* · **centūrio:** „Zenturio", Hauptmann; *jeder führte eine der 60 Kohorten in einer Legion; die Führer der ersten 6 Kohorten hatten den höchsten Dienstgrad, nur sie nahmen normalerweise zusammen mit den Militärtribunen, Präfekten und Legaten an den Stabsbesprechungen* (consilia) *teil; hier ist deshalb, durch den großen Abstand noch betont,* omnium ordinum *hinzugesetzt* · **incūsare:** beschuldigen, sich bei j-m beschweren · **prīmum quod:** *eine ausdrückliche Gliederung der Vorwürfe ist im folgenden nicht durchgeführt* · **pars:** *hier svw.* Richtung · **sibi quaerendum aut cōgitandum:** *zwei Objekte zu* putarent; *-nd-Formen, die als Prädikat – mit oder ohne esse – die Bedeutung des „Müssens" erhalten* · **sibi:** *reflexiv, meint die in* putare-nt *genannten Militärs* · **cōgitare:** überlegen, nachdenken.
2 **se cōnsule:** *Abl. + Präd.;* se *meint das redende Subjekt* (Caesar) · **appetere:** nach etw. streben, etw. zu bekommen versuchen · **temere** *(Adv.):* unbesonnen, leichtfertig ·

3 discessurum iudicaret? sibi quidem persuaderi cognitis suis postulatis atque aequitate condicionum perspecta eum neque suam neque populi Romani
4 gratiam repudiaturum. quodsi furore atque amentia impulsus bellum intulisset, quid tandem vererentur? aut cur de sua virtute aut de ipsius diligen-
5 tia desperarent? factum eius hostis periculum patrum nostrorum memoria, cum Cimbris et Teutonis a C. Mario pulsis non minorem laudem exercitus quam ipse imperator meritus videbatur; factum etiam nuper in Italia servili tumultu, quos tamen aliquid usus ac disciplina, quam a nobis accepissent,
6 sublevarent; ex quo iudicari posset, quantum haberet in se boni constantia, propterea quod, quos aliquamdiu inermes sine causa timuissent, hos postea
7 armatos ac victores superassent. denique hos esse eosdem Germanos, quibuscum saepenumero Helvetii congressi non solum in suis, sed etiam in illorum finibus plerumque superassent; qui tamen pares esse nostro exer-
8 citui non potuerint. si quos adversum proelium et fuga Gallorum commoveret, hos, si quaererent, reperire posse diuturnitate belli defatigatis Gallis

---

iūdicaret: *deliberativer Konjunktiv, in der Abhängigkeit von* incusavit *im -re-Konjunktiv.*
3 persuādērī cōgnitis ... perspecta ... repudiaturum: *Erschließen Sie die einzelnen Verbalinformationen Schritt für Schritt (vgl. zu 8,4)!* · sibi persuādērī *auf Caesar bezogener Infinitiv zu* mihi persuadetur: *ich bin überzeugt* · pōstulatum: *Forderung* · aequitas: *Angemessenheit* · perspicere: *einsehen, erkennen* · repudiare: *verschmähen, zurückweisen.*
4 furor: *Raserei, Verblendung* · amentia: *Verrücktheit* · impellere: *(an)treiben* · quid tandem: *was denn eigentlich?* vererentur: *Konjunktiv im Fragesatz der indirekten Rede* · despērāre de: *die Hoffnung auf etw. aufgeben, an etw. nicht mehr glauben;* despērarent: *Subjekt sind die anwesenden Militärs (besonders die* centuriones*); auf sie bezieht sich* suā; ipsīus *meint im Gegensatz dazu* Caesar · dīligentia: *Gewissenhaftigkeit, umsichtige und sorgfältige Pflichterfüllung.*
5 perīculum facere alicūius: *mit j-m (erfolgreich) die Kräfte messen; j-n testen, prüfen* · memoriā patrum nostrorum: *zur Zeit unserer Väter* · nostrorum: *wer spricht hier zu wem?* · Cimbri, Teútōni, Gaius Marius: *vgl. 33,4 und S. 10* · laus, laudis *f.: Ruhm* · videbatur: *Indikativ trotz indirekter Rede; mögliche Begründungen?* · factum etiam: *etiam zeigt, welches Wort beim zweiten* factum *hinzugedacht werden muß* · nūper: *kürzlich* · servilis tumultus: *Sklavenaufstand (in den Jahren 73–71 vor allem von germanischen*

Sklaven veranstaltet und durch Spartacus berühmt geworden) · quos: *das adjektivische Attribut* servilis *entspricht einem Genitiv-Attribut* servorum, *so daß daran mit* quos *ein Satz angeschlossen werden kann* · tamen *stellt zwischen Kimbern und Teutonen und den Sklaven einen Gegensatz her. Wie läßt sich dies i. D. herausbringen?* · aliquid: *etwas (wie i. D. auch adverbial verwendet)* · sublevare: *unterstützen;* sublevarent *ist gleichzeitig zu* factum esse.
6 quantum ... boni: *der Römer liebt es, nach Maßbezeichnungen den Genitiv zu setzen und zur Hervorhebung die beiden Teile des Ausdrucks durch einige andere Wörter des Satzes zu trennen; i. D.: wieviel Gutes* · cōnstantia: *Ausdauer, konsequente Haltung* · aliquamdiu: *eine Zeit lang* · inermis: *unbewaffnet;* inermes *ist prädikativ und gibt eine Erklärung zu* sine causa timuissent · armatus: *bewaffnet* · victor: *Sieger, siegreich* · armatos ac victores: *prädikativ, inhaltlicher Bezug zu* superassent? · superare: *siegreich sein, besiegen (man kann aus* quibusdam *ein* quos *als Objekt zu* superassent *erschließen).*
7 congredi, gressus sum: *zusammentreffen, speziell: kämpfen* · pār, *gen.* paris: *gleich stark, gewachsen* · nostro: *vgl. zu § 5* nostrorum.
8 adversum proelium: *unglückliche (d. h. verlorene) Schlacht; gemeint ist die Schlacht bei Magetóbriga, vgl. 31,12* · commovēre: *bewegen, erregen, erschüttern* · diūturnitas: *(lange) Dauer* · defatigare: *völlig ermüden, erschöpfen*

Ariovistum, cum multos menses castris se ac paludibus tenuisset neque sui potestatem fecisset, desperantes iam de pugna et dispersos subito adortum
9 magis ratione et consilio quam virtute vicisse. cui rationi contra homines barbaros atque imperitos locus fuisset, hac ne ipsum quidem sperare nostros
10 exercitus capi posse. qui suum timorem in rei frumentariae simulationem angustiasque itineris conferrent, facere arroganter, cum aut de officio im-
11 peratoris desperarent aut praescribere auderent. haec sibi esse curae; frumentum Sequanos, Leucos, Lingones subministrare, iamque esse in agris
12 frumenta matura; de itinere ipsos brevi tempore iudicaturos. quod non fore dicto audientes neque signa laturi dicantur, nihil se ea re commoveri; scire enim, quibuscumque exercitus dicto audiens non fuerit, aut male re gesta fortunam defuisse aut aliquo facinore comperto avaritiam esse convictam.
13 suam innocentiam perpetua vita, felicitatem Helvetiorum bello esse per-
14 spectam. itaque se, quod in longiorem diem conlaturus fuisset, repraesentaturum et proxima nocte de quarta vigilia castra moturum, ut quam primum intellegere posset, utrum apud eos pudor atque officium an timor plus
15 valeret. quodsi praeterea nemo sequatur, tamen se cum sola decima legione iturum, de qua non dubitaret, sibique eam praetoriam cohortem futuram. – huic Caesar legioni indulserat praecipue et propter virtutem confidebat maxime.

• **mēnsis, is** *m.:* Monat • **se tenēre:** sich (versteckt) halten *(i. D. „wo?", i. L. „womit?")* • **sui potestatem facere:** Gelegenheit geben, an ihn heranzukommen (ihn anzugreifen) • **dispergere, spersi, spersum:** (in alle Richtungen) zerstreuen • **cōnsilium:** Planung.
9 **imperītus:** unerfahren • **hac:** *sc.* ratione.
10 **suum** *steht betont vor* timorem; *C. will zeigen, daß es nur um individuelle, objektiv nicht begründbare Furcht geht* • **simulatio rei frūmentāriae:** *svw.* die geheuchelte Sorge um die Getreideversorgung • **cōnferre:** aufschieben, auf etw. schieben; *der ganze qui-Satz läßt sich freier übersetzen* • **arrogāns:** anmaßend *(d. h. Fremdes, nicht Zustehendes beanspruchend)* • **officium:** Pflichtgefühl, Pflichterfüllung • **praescrībere:** Vorschriften machen, bestimmen.
11 **haec** *nimmt* rei frumentariae *und* angustias *auf und wird im folgenden durch* frumentum *und* itinere *wieder spezifiziert* • **Leuci; Língones:** *Karte GH 2 und CD 3* • **subministrare:** liefern • **frūmenta** *(n. pl.):* das Getreide *(auf dem Feld)* • **ipsos** *meint die angesprochenen Militärs.*
12 **quod:** daß, wenn • **dicor:** man sagt, daß ich … • **nihil:** überhaupt nicht • **quibuscumque … fuerit:** *Dativ-Objekt zu* defuisse • **rem male gerere:** Unglück haben, erfolglos sein • **facinus, noris** *n.:* Untat • **comperire, peri, pertum:** erfahren; *Passiv:* bekannt werden • **avāritia:** Habsucht, Eigennutz • **convincere aliquid:** etw. nachweisen, beweisen.
13 **suam:** *als Gegensatz zu* quibuscumque *(§ 12) betont vorangestellt* • **innocentia:** Uneigennützigkeit *(Gegensatz:* avaritia*)* • **fēlīcitas:** persönliches Glück, persönlicher Erfolg • **esse perspectum:** ‚resultatives Perfekt' – *i. D.?*
14 **itaque:** *jetzt kündigt C. seine Maßnahmen an, die Stellungnahme zum Verhalten der Soldaten ist beendet* • **longior dies:** spätere Zeit • **cōnferre:** *hier svw.* verlegen, ansetzen; **conlaturus fuisset:** *das Partizip Futur drückt die Absicht aus* („wollen"); fuisset *bezeichnet die Vorzeitigkeit zu* repraesentaturum • **repraesentare** *(vergegenwärtigen):* sofort tun • **de quarta vigilia:** noch während der 4. Nachtwache, *d. i. zwischen 3 und 6 Uhr früh* • **quam prīmum:** so bald wie möglich • **pudor:** Scham, Ehrgefühl *(vgl. zu 39,3).*
15 **sōla:** *betont vorangestellt – i. D.?* • **praetoria cohors:** *sie diente als Leibgarde dem persönlichen Schutz eines hohen Amtsträgers (praetor)* • **indulgēre,** dulsi, dultum: sich j-m anvertrauen; *Perfekt (resultativ):* j-m geneigt sein • **praecipue:** besonders, außerordentlich.

41 Hac oratione habita mirum in modum conversae sunt omnium mentes
2 summaque alacritas et cupiditas belli gerendi innata est, princepsque decima legio per tribunos militum ei gratias egit, quod de se optimum iudicium fecisset, seque esse ad bellum gerendum paratissimam confirmavit.
3 deinde reliquae legiones cum tribunis militum et primorum ordinum centurionibus egerunt, uti per eos Caesari satisfacerent; se neque umquam dubitasse neque timuisse neque de summa belli suum iudicium, sed imperatoris esse existimavisse. eorum satisfactione accepta et itinere exquisito
4 – per Diviciacum, quod e Gallis ei maximam fidem habebat –, ut milium amplius quinquaginta circuitu locis apertis exercitum duceret, de quarta
5 vigilia, ut dixerat, profectus est. septimo die, cum iter non intermitteret, ab exploratoribus certior factus est Ariovisti copias a nostris milia passuum quattuor et viginti abesse.

42 Cognito Caesaris adventu Ariovistus legatos ad eum mittit: quod antea de conloquio postulasset, id per se fieri licere, quoniam propius accessisset
2 seque id sine periculo facere posse existimaret. non respuit condicionem Caesar iamque eum ad sanitatem reverti arbitrabatur, cum id, quod antea
3 petenti denegasset, ultro polliceretur, magnamque in spem veniebat pro suis tantis populique Romani in eum beneficiis cognitis suis postulatis fore,

42 *Wie reagiert Ariovist? Kommt es jetzt zu einer militärischen Entscheidung?*

---

41 mīrum in modum *(Zielakkusativ):* in einer ans Wunderbare grenzende Weise · **convertere:** verwandeln · **mēns,** ntis *f.:* Denken, Fühlen; Plural svw. Gesinnung, Stimmung · **alacritas:** Tatendrang · **innāsci,** nātus sum: in etwas wachsen *oder* entstehen *(worin, ist aus dem Zusammenhang zu ergänzen).*
2 **quod...:** gibt die Meinung der 10. Legion wieder – ein innerlich abhängiger Satz also, in dem auf das übergeordnete sprechende Subjekt durch Reflexivpronomina verwiesen wird.
3 **agere cum aliquo:** mit j-m etw. abmachen, j-m etw. vorschlagen · **satisfacere alicui:** sich bei j-m verbindlich entschuldigen *(d. h. mit der Verpflichtung, sich erwartungsgemäß zu verhalten). Substantiv:* **satisfactio** · **summa belli:** svw. „Strategie und Taktik" · **suum; imperatoris:** *Prädikatsnomina zu* esse · **esse alicūius:** j-m gehören, j-s Aufgabe sein.
4 **exquīrere,** quīsīvi, quīsītum: ausfindig machen, aussinnen · **alicui fidem habēre:** zu j-m Vertrauen haben · **ut ... dūceret** gibt das Ergebnis der Nachforschungen des Diviciacus an: (mit dem Ergebnis), daß · **amplius** *(Adv.):* mehr als · **circuitus,** us: Umweg · **loca aperta** *(n. pl.):* offenes Gelände · **ut dīxerat** verweist auf 40,14.

5 **a nostris** *(sc. copiis): Caesars und Ariovists Truppen stehen jetzt im heutigen Oberelsaß, die römischen vielleicht nahe Rappoltsweiler. C.s Angaben lassen nur unsichere Vermutungen über die Schauplätze von Schlachten und Verhandlungen zu.*

42 per se: von ihm aus, mit seinem Einverständnis.
2 **respuere,** ui: ausspucken; zurückweisen · **condicio:** hier svw. Vorschlag · **sānitas:** Gesundheit, Besinnung *(vgl. 40,4 amentia, furor)* · **denegare:** abschlagen, verweigern · **ultro** *(Adv.):* freiwillig *(hier Gegensatz zu* petenti) · **pollicēri:** anbieten.
3 **in spem venire:** sich Hoffnungen machen · **pro ... beneficiis:** *zu* beneficiis *gehören vier Attribute, die durch die Stellung zwischen* pro *und* beneficiis *eindeutig als solche gekennzeichnet sind; sie geben die Urheber, den Empfänger und die Größe der Leistungen an* · **cōgnitis ... postulatis:** *Voraussetzung für* fore, ut ... · **fore** *(svw.* futurum esse): *Infinitiv Futur zu* esse · **futurum est, ut ...:** es wird dazu kommen, daß ...; *oft nur eine breitere Formulierung statt des einfachen Futurs* ·

4 uti pertinacia desisteret. dies conloquio dictus est ex eo die quintus. interim cum legati saepe ultro citroque inter eos mitterentur, Ariovistus postulavit, ne quem peditem ad conloquium Caesar adduceret: vereri se, ne per insidias ab eo circumveniretur; uterque cum equitatu veniret; alia ratione
5 sese non esse venturum. Caesar, quod neque conloquium interposita causa tolli volebat neque salutem suam Gallorum equitatui committere audebat, commodissimum esse statuit omnibus equis Gallis equitibus detractis eo legionarios milites legionis decimae, cui quam maxime confidebat, imponere, ut praesidium quam amicissimum, si quid opus facto esset, haberet.
6 quod cum fieret, non inridicule quidam ex militibus decimae legionis dixit plus, quam pollicitus esset, Caesarem facere: pollicitum se in cohortis praetoriae loco decimam legionem habiturum ad equum rescribere.

43 Planities erat magna et in ea tumulus terrenus satis grandis. hic locus
2 aequum fere spatium a castris utriusque, Ariovisti et Caesaris, aberat. eo, ut erat dictum, ad conloquium venerunt. legionem Caesar, quam equis devexerat, passibus ducentis ab eo tumulo constituit; item equites Ariovisti
3 pari intervallo constiterunt. Ariovistus, ex equis ut conloquerentur et
4 praeter se denos ad conloquium adducerent, postulavit. ubi eo ventum est, Caesar initio orationis sua senatusque in eum beneficia commemoravit,

43 *Die Verhandlung zwischen Caesar und Ariovist.*

---

pertinācia: Hartnäckigkeit, starre Haltung • **desistere aliqua re:** etw. aufgeben, mit etw. aufhören.
4 **ultro citroque:** hin und her • **īnsidiae, arum:** Hinterhalt, Hinterlist • **veniret:** *Wunschsatz in der indirekten Rede; es steht der -re-Konjunktiv, weil Ariovists Rede im Vergangenheitstempus wiedergegeben wird* (mittit § 1 ist sog. historisches Präsens).
5 **interpōnere:** dazwischenlegen *(in Verbindung mit* causam?) • **Gallorum equitatui:** *Die Reiterei in Caesars Heer wurde vornehmlich von Galliern gestellt; sie hatte sich als unzuverlässig erwiesen (vgl. 15,2)* • **detrahere:** abziehen, wegnehmen • **eo:** dorthin *(nimmt* equis *wieder auf)* • **legiōnārius mīles:** Legionssoldat; *daß es um römische Legionäre im Unterschied zu ausländischen geht, wird durch die Verwendung des vollen Ausdrucks (statt* legionarius) *hervorgehoben* • **quam māxime:** so sehr wie möglich • **impōnere:** aufsitzen lassen • **aliquid opus facto est:** etwas ist notwendig (zu tun *o. ä.*); *altertümlicher Ausdruck (*facto *ist Abl. des Part. Perf. Pass. von* facere).
6 **inrīdicule:** ohne Witz; **non inrīdicule:** *i. D. gibt es die gleiche ‚Litotes' (vgl. zu 35,4)* • **plūs:** *Objekt zu* facere • **(in) loco alicūius**

habēre: als etwas ansehen; *Futur:* zu etwas machen • **ad equum rescrībere:** in die Reiterliste eintragen; *das kann auch bedeuten:* in den Ritterstand erheben.

43 planities, iei *f.*: Ebene • **erat māgna** (erat *ist Vollverb,* magna *Prädikativum*): erstreckte sich weithin • **tumulus terrēnus:** Erdhügel *(im Unterschied zum Grabhügel)* • **grandis, e:** groß.
2 **ut erat dictum:** „wie geschildert" *(nämlich 42,4* uterque cum equitatu veniret); *wird im folgenden weiter ausgeführt durch* legionem ... constituit, item equites ... constiterunt • **devehere,** vēxi, vectum: heranführen, heranbringen.
3 **pōstulavit:** *natürlich durch Gesandte* • **ex equis ut conloquerentur ... addūcerent:** *Objekt zu* postulavit; ex equis *steht als Hauptforderung noch vor* ut – *Hervorhebung i. D.?* • **dēnī:** je 10 (Leute).
4 **4–9 ubi .. commemoravit ... docebat ...:** *Die Rede Caesars ist durch verschiedene Tempora gegliedert. Begründen Sie aus der Tempuswahl, welche Abschnitte offenbar breiteren Raum einnahmen.*
sua senatūsque in eum beneficia: *vgl. 42,3!* •

quod rex appellatus esset a senatu, quod amicus, quod munera amplissime missa; quam rem et paucis contigisse et pro magnis hominum officiis con-
5 suesse tribui docẹbat; illum, cum neque aditum neque causam postulandi iustam haberet, beneficio ac liberalitate sua ac senatus ea praemia con-
6 secutum. docebat etiam, quam veteres quamque iustae causae necessitudi-
7 nis ipsis cum Haeduis intercederent, quae senatus consulta quotiens quamque honorifica in eos facta essent, ut omni tempore totius Galliae principatum Haedui tenuissent, prius etiam, quam nostram amicitiam adpetis-
8 sent. populi Romani hanc esse consuetudinem, ut socios atque amicos non modo sui nihil deperdere, sed gratia, dignitate, honore auctiores velit esse; quod vero ad amicitiam populi Romani attulissent, id iis eripi quis pati
9 posset? postulavit deinde eadem, quae legatis in mandatis dederat: ne aut Haeduis aut eorum sociis bellum inferret; obsides redderet; si nullam partem Germanorum domum remittere posset, at ne quos amplius Rhenum transire pateretur.

44 Ariovistus ad postulata Caesaris pauca respondit, de suis virtutibus multa
2 praedicavit: transisse Rhenum sese non sua sponte, sed rogatum et accersitum a Gallis; non sine magna spe magnisque praemiis domum propinquosque reliquisse; sedes habere in Gallia ab ipsis concessas, obsides ipsorum voluntate datos; stipendium capere iure belli, quod victores victis
3 imponere consuerint. non sese Gallis, sed Gallos sibi bellum intulisse;

---

rēx; amīcus; mūnera: *Caesar erwähnt wieder (vgl. 35,2!) die Verleihung des Ehrentitels* rex atque amicus populi Romani. *Mit diesem Titel waren Ehrengeschenke verbunden, z. B. eine Krone oder eine goldene Schale, ein Ehrensessel (wie er in Rom als* sella curulis *hohen Amtsträgern diente), ein Stab aus Elfenbein, prächtige Gewänder* • **contingere, tigi:** zuteilwerden • **rem ... et ... contigisse ... et ... cōnsuēsse:** *zwei Objekte (a.c.i.) zu* docebat • **officium:** Dienst, Leistung *(vgl. S. 9).*
5 **illum** *meint Ariovist,* **sua** *Caesar* • **aditus, us:** Zugang, Berechtigung • **causam pōstulandi iūstam, beneficio ac līberalitāte:** *vgl. zu 35,2* • **līberālitās:** edle Gesinnung, Großzügigkeit.
6 **necessitūdō, dinis** *f.:* unzertrennliche Verbindung, Freundschaft • **ipsis** *meint die Römer* • **intercēdere:** hier bestehen zwischen ...
7 **senātūs cōnsulta:** *Senatsbeschlüsse, die den Schutz oder die Ehrung der Haeduer betreffen, sind 33,2 (*saepenumero*) und 35,4 erwähnt* • **quotiēns:** wie oft? • **honōrificus:** ehrenvoll • **ut:** wie; *leitet hier einen weiteren abhängigen Fragesatz ein* • **prius etiam quam:** sogar noch, bevor ... • **nostram:** *hier verläßt C. wie schon 40,5 und 40,7 den Standpunkt des objektiven Berichterstatters und schreibt von den Römern nicht mehr in der 3. Person, sondern – sich mit den Lesern verbündend –*

in der 1. Person (vgl. auch 21 Z 1) • **appetere aliquid:** sich um etw. bemühen.
8 **suum:** ihre Habe • **deperdere:** verlieren, einbüßen • **auctior, ius:** vergrößert, größer; *zur Sache vgl. 11 Z 3* • **grātia:** Beliebtheit, Ansehen • **dīgnitas:** Würde, Achtung • **honor:** Ehrenstellung • **id ... eripi** *ist Objekt zu* pati; id *wird durch* quod ... attulissent *erklärt.*
9 **eadem, quae ...** *meint 35,3* • **reddere:** zurückgeben • **si non ..., at:** wenn schon nicht ..., so doch (wenigstens).

44 pōstulāta – virtūtibus, Caesaris – suis, pauca respondit – multa praedicavit: *Heben Sie die Gegensätze, die i. L. ‚asyndetisch' (d. h. unvermittelt, ohne jede Konjunktion) nebeneinandergestellt sind, auch i. D. hervor* • **praedicare:** laut verkünden, rühmen.
2 **sua sponte:** aus eigenem Antrieb • **rogare:** bitten • **accersere:** *Nebenform zu* arcessere • **non sine māgnā spē māgnisque praemiis:** *die ‚Litotes' (vgl. zu 35,4) und die Wiederholung von* magnus *wirken steigernd; i. D. etwa:* „nur in sicherem Vertrauen auf reichliche Belohnung" • **sedes, is** *f.:* Wohnsitz • **ipsis; ipsorum** *meint die Gallier* • **stīpendium:** Tribut, Sold • **victor:** Sieger • **impōnere:** auf(er)legen.

omnes Galliae civitates ad se oppugnandum venisse ac contra se castra habuisse; eas omnes copias uno a se proelio pulsas ac superatas esse. 4 si iterum experiri velint, se iterum paratum esse decertare; si pace uti velint, iniquum esse de stipendio recusare, quod sua voluntate ad id tempus 5 pependerint. amicitiam populi Romani sibi ornamento et praesidio, non detrimento esse oportere, idque se hac spe petisse. si per populum Romanum stipendium remittatur et dediticii subtrahantur, non minus se libenter 6 recusaturum populi Romani amicitiam quam adpetierit. quod multitudinem Germanorum in Galliam traducat, id se sui muniendi, non Galliae inpugnandae causa facere. eius rei testimonium esse, quod nisi rogatus non 7 venerit et quod bellum non intulerit, sed defenderit. se prius in Galliam venisse quam populum Romanum; numquam ante hoc tempus exercitum 8 populi Romani Galliae provinciae finibus egressum. quid sibi vellet? cur in suas possessiones veniret? provinciam suam hanc esse Galliam, sicut illam nostram. ut ipsi concedi non oporteret, si in nostros fines impetum 9 faceret, sic item nos esse iniquos, quod in suo iure se interpellaremus. quod a se Haeduos amicos appellatos diceret, non se tam barbarum neque tam imperitum esse rerum, ut non sciret neque bello Allobrogum proximo

---

3 **se** *meint Ariovist* · **castra habēre:** *im Feld liegen, im Kampf stehen* · **omnes Galliae cīvitātes** *spielt wohl auf die 31,12 erwähnte Schlacht bei Magetobriga an, bei der möglicherweise auch die Sequaner und sonstige ursprüngliche Gegner der Haeduer gegen Ariovist kämpften.*
4 **experīrī:** *einen Versuch machen* · **dēcertāre:** *bis zur Entscheidung kämpfen, bis zum Ende kämpfen* · **pāce ūtī:** *sich an die Friedensvereinbarung halten* · **de stipendio recūsāre:** *den Tribut verweigern. Ariovist sieht dies zu Recht als Folge des gallischen Strebens nach Unabhängigkeit und Rückgabe der Geiseln an (35,3 = 43,9), die ja gerade Abhängigkeit und Zahlungen garantieren sollen; Caesar dagegen hatte die Frage der Geiseln unter allgemein menschlichem Aspekt (33,2 in servitute ac dicione) behandelt* · **sua voluntāte:** *sua meint die Gallier und ist betont vorangestellt. Welche Gallier können sogar freiwillig bis zum Zeitpunkt des Friedensschlusses stipendia gezahlt haben?* · **pendere,** pependi, pēnsum: *zahlen.*
5 **ōrnāmentum:** *Schmuck, Auszeichnung* · **dētrīmentum:** *Schaden* · **id:** *das; umschreibt* amicitiam p. R. – *Ariovist meint den Titel und seine Wirkungen auf andere Völker, nicht irgendwelche höheren Werte* · **remittere** *(machen, daß etw. zurückgeht):* schmälern · **dēditīcius:** *wer kapituliert hat:* Untertan · **subtrahere:** *heimlich oder nach und nach entziehen* · **recūsāre:** zurückweisen · **libenter:** gerne.
6 **quod ... (defenderit):** *daß ...* · **sui muniendī:** *Genitiv zu* se munire *sich schützen* · **inpūgnāre:** angreifen · **bellum īnferre:** *einen Angriffskrieg führen, angreifen* · **bellum defendere:** *einen Verteidigungskrieg führen, einen Angriff abwehren.*
8 **quid tibī vīs?:** *was willst du eigentlich? was fällt dir ein? – eine unwillige Frage im Umgangston, die nicht in ein Diplomatengespräch paßt* · **possessio:** Besitzung · **prōvinciam suam:** *C. läßt Ariovist mit römischen Begriffen sprechen* · **hanc – illam:** hic *bezeichnet etwas beim Sprecher,* iste *etwas beim Angesprochenen,* ille *etwas bei einem Dritten. Es spricht Ariovist zu Caesar, der sich gerade nicht in seiner Provinz, sondern im Anspruchsgebiet Ariovists aufhält* · **nostram; nostros; interpellaremus:** *C. solidarisiert sich wieder mit seinen Lesern* · **ipsi:** *Dativ, meint Ariovist* · **inīquum esse** *(von Personen gesagt):* ungerecht handeln, Unrecht tun; *zum Inhalt vgl. 36,4* · **suo, se** *meinen Ariovist* · **interpellare:** hindern, stören.
9 **quod:** *wie in § 6* · **dīceret:** *Subjekt ist Caesar, der auch mit* a se *gemeint ist* · **se ... esse** *meint Ariovist* · **tam imperītus rērum:** *mit den Verhältnissen so wenig vertraut* · **bello Allobrŏgum proximō:** *im letzten Krieg mit den Allobrogern (61 v. Chr.) – (vgl. 6,2).*

Haeduos Romanis auxilium tulisse neque ipsos in his contentionibus, quas Haedui secum et cum Sequanis habuissent, auxilio populi Romani usos
10 esse. debere se suspicari simulata Caesarem amicitia, quod exercitum in
11 Gallia habeat, sui opprimendi causa habere. qui nisi decedat atque exercitum deducat ex his regionibus, sese illum non pro amico, sed pro hoste
12 habiturum. quodsi eum interfecerit, multis se nobilibus principibusque populi Romani gratum esse facturum – id se ab ipsis per eorum nuntios compertum habere –, quorum omnium gratiam atque amicitiam eius morte
13 redimere posset. quodsi decessisset et liberam possessionem Galliae sibi tradidisset, magno se illum praemio remuneraturum et, quaecumque bella geri vellet, sine ullo eius labore et periculo confecturum.

45 Multa a Caesare in eam sententiam dicta sunt, quare negotio desistere non posset; neque suam neque populi Romani consuetudinem pati, uti optime meritos socios desereret, neque se iudicare Galliam potius esse Ariovisti
2 quam populi Romani. bello superatos esse Arvernos et Rutenos a Q. Fabio Maximo, quibus populus Romanus ignovisset neque in provinciam redegis-
3 set neque stipendium imposuisset. quodsi antiquissimum quodque tempus spectari oporteret, populi Romani iustissimum esse in Gallia imperium; si iudicium senatus observari oporteret, liberam debere esse Galliam, quam bello victam suis legibus uti voluisset.

45 *Caesar hat scheinbar die Wahl, Ariovist entweder ganz auf die Seite seiner innenpolitischen Gegner zu treiben oder ihn sich als außerordentlich nützlichen Kombattanten für eigene imperialistische und finanzielle Interessen auf Kosten insbesondere der Haeduer zu sichern. Wie verhält er sich und welche politischen Grundsätze leiten ihn?*

---

contentio: Kampf · **secum** *meint Ariovist* · **auxilio ūti:** Hilfe bekommen.
10 **suspicari:** argwöhnen, vermuten · **simulare:** vorgeben, heucheln · **simulata ... amīcitia:** simulata *steht zur Hervorhebung von* amicitia *getrennt. Welche Freundschaft ist gemeint?* · **Caesarem ... habēre:** *Objekt zu* suspicari · **opprimere:** überfallen · **sui opprimendi:** *Genitiv zu* eum / se opprimere · **sui** *meint das redende Subjekt (Ariovist)* · **quod:** *wie in § 6* · **habēre:** *als Objekt ist nochmals* exercitum *hinzuzudenken.*
11 **qui** *meint Caesar* · **decēdere:** weggehen, abziehen *(intrans.)* · **dedūcere:** wegführen, abziehen *(trans.).*
12 **multi:** *in hervorhebender Wortstellung* · **grātum alicui facere:** j-m einen Gefallen tun, sich j-n zu Dank verpflichten · **compertum habēre:** sicher wissen · **redimere,** ēmi, ēmptum: erkaufen.

13 **sibi** *meint Ariovist* · **māgno:** *Wortstellung!* · **remūnerari:** j-n belohnen, sich j-m gegenüber erkenntlich zeigen.

45 **in eam sententiam dīcere, quare:** für die Meinung *oder* für den Entschluß anführen, daß ...: **negōtium:** Unternehmen, Vorhaben · **desistere aliqua re:** mit etw. aufhören · **deserere:** im Stich lassen.
2 **Arverni:** *Karte F 4* · **Rutēni:** *Karte F 4/5* · **Q. Fabius Māximus:** *Konsul des Jahres 121 v. Chr.* · **īgnōscere,** nōvi: verzeihen · **in prōvinciam redigere,** ēgi, āctum: zum Provinzgebiet machen; *als Objekt hierzu ergibt sich aus* quibus: quos · **stīpendium:** Tribut.
3 **antiquissimum quodque tempus:** gerade die älteste Zeit · **spectare:** betrachten · **iūdicium:** Entscheidung, Ansicht · **observare:** beachten, berücksichtigen · **suis lēgibus ūti:** nach seinen eigenen Gesetzen leben, selbständig sein.

46 Dum haec in conloquio geruntur, Caesari nuntiatum est equites Ariovisti propius tumulum accedere et ad nostros adequitare, lapides telaque in 2 nostros conicere. Caesar loquendi finem fecit seque ad suos recepit suisque 3 imperavit, ne quod omnino telum in hostes reicerent. nam etsi sine ullo periculo legionis delectae cum equitatu proelium fore videbat, tamen committendum non putabat, ut pulsis hostibus dici posset eos ab se per fidem 4 in conloquio circumventos. posteaquam in vulgus militum elatum est, qua arrogantia in conloquio Ariovistus usus omni Gallia Romanis interdixisset impetumque in nostros eius equites fecissent eaque res conloquium diremisset, multo maior alacritas studiumque pugnandi maius exercitui iniectum est.

47 Biduo post Ariovistus ad Caesarem legatos mittit: velle se de iis rebus, quae inter eos agi coeptae neque perfectae essent, agere cum eo; uti aut iterum conloquio diem constitueret aut, si id minus vellet, ex suis legatis 2 aliquem ad se mitteret. conloquendi Caesari causa visa non est et eo magis, quod pridie eius diei Germani retineri non potuerant, quin in nostros tela 3 conicerent. legatum ex suis sese magno cum periculo ad eum missurum et

46 *Hält Ariovist diplomatische Spielregeln ein?*
47 *Das Verhalten Ariovists hat das Heer noch kämpferischer gemacht. Kommt es jetzt zu dem durch Ariovists Verhandlungsangebot aufgeschobenen Kampf?*

---

46 dum: *Der Bericht in den Kapiteln 46–51 ist wieder durch häufige genaue Zeitangaben gegliedert; achten Sie im folgenden auf sie!* **tumulus:** Hügel; **tumulum:** *Zielakkusativ* · **adequitare:** heranreiten · **lapis,** idis *m.:* Stein · **iacere:** werfen, schleudern – *also* conicere, reicere?
2 **loqui** *meint das ungebundene Gespräch im Gegensatz zur zusammenhängenden Rede (*dicere*) und hat hier, wo man* colloqui *erwartete, wohl einen negativen Beigeschmack (svw. „nutzlos reden") ·* **suos / suis / nostros** (§ 1): *vgl. dazu 21 Z 1!*
3 **legionis delēctae** *ist zusammen mit* cum equitatu *(sc. Ariovisti) Erläuterung zu* proelium, *es kann aber auch Genitiv-Attribut zu* periculo *sein* · **committere, ut:** „riskieren, daß" · **per fidem:** *mit Hilfe, d. h. hier:* unter Mißbrauch von Treu und Glauben. *Daß Caesar einen solchen Vertrauensbruch von Ariovist befürchtete, zeigen seine Vorkehrungen (42,5), daß er recht hatte, zeigt sich hier (§ 1) und im folgenden Kapitel.*
4 **posteāquam:** nachdem · **vulgus,** i *n.:* Menge, Masse · **efferre,** extuli, elātum: hinaustragen – *hier?* · **quā arrogantiā ... ūsus:** *diese Verbalinformation ist eingebettet in die Information* interdixisset; *durch ihre Stellung beherrscht sie aber den ganzen von* elatum est *abhängigen Satz und charakterisiert ihn als abhängigen Fragesatz. Im D. müssen wir die Einbettung (Partizip* usus*) abschwächen („mit welcher Anmaßung") und die abhängige Frage bei den frei angereihten weiteren Informationen (*fecissent, diremissent*) noch einmal aufnehmen („und wie ..."); auch ein Übergang in den abhängigen Aussagesatz („und daß ...") ist möglich* · **interdīcere alicui aliqua re:** j-m etw. verbieten, j-n von etw. ausschließen · **dirimere,** dirēmi, diremptum: trennen, abbrechen · **(multo) māior alacritas studiumque (pūgnandi) māgnus:** *Die Wortstellung bildet eine Figur – vgl. zu 9,4!* · **inicere,** icio, iēci, iectum: einflößen, „mit etw. erfüllen".

47 biduo post: zwei Tage später · **uti ... cōnstitueret:** uti *verdeutlicht, daß es sich um einen Wunschsatz in der indirekten Rede handelt, i. D. „doch"* · **iterum** *(Adv.):* erneut.
2 **pridie eius diēi** *(ausführlicher Ausdruck):* einen Tag zuvor · **non retineri, quīn:** nicht zurückgehalten werden zu ...

4 hominibus feris obiecturum existimabat. commodissimum visum est C. Valerium Procillum, C. Valeri Caburi filium, summa virtute et humanitate adulescentem, cuius pater a C. Valerio Flacco civitate donatus erat, et propter fidem et propter linguae Gallicae scientiam, qua multa iam Ariovistus longinqua consuetudine utebatur, et quod in eo peccandi Germanis causa non esset, ad eum mittere et una M. Metium, qui hospitio Ariovisti
5 utebatur. his mandavit, ut, quae diceret Ariovistus, cognoscerent et ad se
6 referrent. quos cum apud se in castris Ariovistus conspexisset, exercitu suo praesente conclamavit: quid ad se venirent? an speculandi causa? conantes dicere prohibuit et in catenas coniecit.

48 Eodem die castra promovit et milibus passuum sex a Caesaris castris sub
2 monte consedit. postridie eius diei praeter castra Caesaris suas copias traduxit et milibus passuum duobus ultra eum castra fecit eo consilio, uti frumento commeatuque, qui ex Sequanis et Haeduis supportaretur, Caesa-
3 rem intercluderet. ex eo die dies continuos quinque Caesar pro castris suas copias produxit et aciem instructam habuit, ut, si vellet Ariovistus proelio
4 contendere, ei potestas non deesset. Ariovistus his omnibus diebus exer-
5 citum castris continuit, equestri proelio cotidie contendit. genus hoc erat pugnae, quo se Germani exercuerant: equitum milia erant sex, totidem numero pedites velocissimi ac fortissimi, quos ex omni copia singuli singu-
6 los suae salutis causa delegerant; cum his in proeliis versabantur, ad hos
7 se equites recipiebant; hi, si quid erat durius, concurrebant; si qui graviore

48 *Nach allen Ereignissen muß Caesar jetzt endlich den Kampf eröffnen.*

3 **ferus:** wild *wie die (ungezähmten) Tiere* · **obicere,** icio, iēci, iectum: vorwerfen, ausliefern.
4 **C. Valĕrius Flaccus** *war Proprätor in Gallien gewesen (83 v. Chr.)* · **aliquem civitate donare:** j-m das Bürgerrecht schenken, *d. h. j-n zum römischen Bürger machen. Vom Spender des Bürgerrechts übernahm Caburius, wie üblich, den römischen Vor- und Gentilnamen, Gaius und Valerius* · **quā multā ...:** qua *meint* scientia *(Kenntnis)* linguae Gallicae *und hängt von* utebatur *ab,* multa *ist prädikativ darauf bezogen („in großem Ausmaß"),* iam *erläutert* multa; *ein zweiter Ablativ zu* utebatur – longinqua consuetudine – *ist durch* Ariovistus *deutlich abgesetzt* · **longinquus:** lang · **et quod** *schließt einen dritten Grund an;* **quod ... esset:** *was zeigt der Konjunktiv an und wie läßt sich das i. D. berücksichtigen?* · **peccare in aliquo:** sich an j-m vergehen, vergreifen; **peccandi** *ist Genitiv-Attribut zu* causa, *steht aber bei* in eo, *dem Objekt zu* peccandi · **ūnā** *(Adv.):* zugleich, „mit ihm" · **hospitio alicūius ūti:** bei j-m Gastrecht genießen. *Was zeigt das Imperfekt?*

5 **cōgnōscere:** „genau zur Kenntnis nehmen".
6 **conclāmare:** laut schreien · **speculari:** spionieren · **catēna:** Kette.
48 castra promovēre: weiter vorrücken · **sub monte:** am Fuße eines Berges.
2 **postrīdiē eius diēi:** am nächsten Tag (nach diesem Tag) · **ultrā eum:** *svw.* hinter ihm · **commeātus,** us: Nachschub · **interclūdere aliqua re:** abschneiden von etwas · **supportare:** herbeischaffen; **supportaretur:** *der Konjunktiv zeigt eine besondere inhaltliche Beziehung des Attributsatzes auf die übergeordnete Mitteilung an – welcher Art ist sie und wie läßt sie sich i. D. ausdrücken?*
3 **aciem īnstrūctam habēre:** das Heer in Schlachtordnung bereithalten · **ut ... non deesset:** *ironisch.*
5 **tótidem:** ebenso viel(e); **totidem numero:** „eine ebenso große Zahl" · **vēlōx,** *gen.* ōcis: schnell · **ex omni cōpia:** *sc.* peditum · **quos ... singuli singulos suae salūtis causa dēlēgerant:** (Infanteristen), die sie sich individuell, jeder einen, zu ihrem Schutz ausgesucht hatten; *vgl. Z 1.*
6 **versari:** sich aufhalten, sich bewegen · **quid:** etwas · **dūrus:** hart.

vulnere accepto equo deciderat, circumsistebant; si quo erat longius prodeundum aut celerius recipiendum, tanta erat horum exercitatione celeritas, ut iubis equorum sublevati cursum adaequarent.

49 Ubi eum castris se tenere Caesar intellexit, ne diutius commeatu prohiberetur, ultra eum locum, quo in loco Germani consederant, circiter passus sescentos ab his, castris idoneum locum delegit acieque triplici instructa
2 ad eum locum venit. primam et secundam aciem in armis esse, tertiam
3 castra munire iussit. hic locus ab hoste circiter passus sescentos, uti dictum est, aberat. eo circiter hominum numero sedecim milia expedita cum omni equitatu Ariovistus misit, quae copiae nostros terrerent et munitione prohiberent.
4 nihilo setius Caesar, ut ante constituerat, duas acies hostem propulsare,
5 tertiam opus perficere iussit. munitis castris duas ibi legiones reliquit et partem auxiliorum, quattuor reliquas legiones in castra maiora reduxit.

50 Proximo die instituto suo Caesar ex castris utrisque copias suas eduxit paulumque a maioribus castris progressus aciem instruxit hostibusque
2 pugnandi potestatem fecit. ubi ne tum quidem eos prodire intellexit, circiter meridiem exercitum in castra reduxit. tum demum Ariovistus partem
3 suarum copiarum, quae castra minora oppugnaret, misit. acriter utrimque usque ad vesperum pugnatum est. solis occasu suas copias Ariovistus multis
4 et inlatis et acceptis vulneribus in castra reduxit. cum ex captivis quaereret

49 *Der Nachschub ist lebenswichtig. Caesar muß Ariovist zum Kampf locken oder zwingen.*

7 **decĭdere:** herabfallen · **circumsistere:** sich herumstellen um... · **quo:** irgendwohin · **prodire:** vorrücken · **recipiendum** *wird hier als -nd-Form zu* s e recipere *verwendet* · **exercitatio:** Übung · **tanta** *steht zur Betonung getrennt von* celeritas, *es läßt* ut ... erwarten · **iuba:** Mähne · **sublevare:** in die Höhe heben *oder* halten · **adaequare aliquid:** 1. etw. angleichen, 2. e-r Sache gleichkommen, etw. erreichen.

49 **ubi eum ... tenēre Caesar intellēxit, ne ... prohiberetur ... delēgit:** *zeitlich-sachliche Abfolge: A.s Verhalten – C. realisiert es – C.s Absicht – C.s Handeln* · **ultrā** + **acc.:** über ... hinaus, entfernt von · **acies triplex:** *vgl. zu* 24,2.
2 **castra mūnire:** ein befestigtes Lager bauen.
3 **sēscenti:** sechshundert · **numero:** an Zahl · **sēdecim:** sechzehn · **s. mīlia hominum:** *svw.* 16 000 Mann · **expedita** *ist auf den –wichtigeren – Zahlbegriff* (milia) *bezogen* · **quae copiae** *faßt ...* milia ... cum ... equitatu *zu-*
sammen · **nostros:** *vgl.* 21 Z 1 · **terrēre:** j-n erschrecken; **terrērent; prohibērent:** *die Konjunktive zeigen einen besonderen inhaltlichen Bezug auf* misit *an – welchen? wie läßt er sich i. D. wiedergeben?*
4 **nihilō sētius:** um nichts weniger, dennoch · **prōpulsare:** weg-, zurückschlagen.
5 **castra maiora:** *das 48,2–3 erwähnte Hauptlager im Unterschied zu dem in Nähe des möglichen Kampfplatzes angelegten Lager.*

50 **institūtum:** Einrichtung, Anordnung; *Caesar hält sich an sein (48,3) eingeführtes Verfahren, das jetzt, sechs Tage später, schon Gewohnheit geworden ist* · **utrisque** (uterque): *kongruent mit* castris · **ex castris utrisque:** *welche sind gemeint?*
2 **prōdire:** vorrücken · **merīdies,** ei *m.:* Mittag · **circiter** + **acc.:** ungefähr um · **tum dēmum:** da endlich · **oppūgnaret:** *vgl. zu* 49,3 terrerent.
3 **utrimque:** auf beiden Seiten · **vesper,** eri *m.:* Abend · **occāsus,** us: Untergang.

Caesar, quamobrem Ariovistus proelio non decertaret, hanc reperiebat causam, quod apud Germanos ea consuetudo esset, ut matres familiae eorum sortibus vaticinationibusque declararent, utrum proelium committi
5 ex usu esset necne; eas ita dicere: non esse fas Germanos superare, si ante novam lunam proelio contendissent.

51 Postridie eius diei Caesar praesidio utrisque castris, quod satis esse visum est, reliquit, alarios omnes in conspectu hostium pro castris minoribus constituit, quod minus multitudine militum legionariorum pro hostium numero valebat, ut ad speciem alariis uteretur; ipse triplici instructa acie
2 usque ad castra hostium accessit. tum demum necessario Germani suas copias castris eduxerunt generatimque constituerunt paribus intervallis – Harudes, Marcomanos, Tribocos, Vangiones, Nemetes, Sedusios, Suebos – omnemque aciem suam raedis et carris circumdederunt, ne qua spes
3 in fuga relinqueretur. eo mulieres imposuerunt, quae ad proelium proficiscentes passis manibus flentes implorabant, ne se in servitutem Romanis traderent.

---

4 **Caesar** *steht nicht am Anfang, denn es geht weiterhin um Ariovists Verhalten, für das C. eine Erklärung sucht. C.s eigene Reaktion folgt 51,1, und hier steht nach der Zeitangabe auch sofort C.s Name* · **proelio decertare:** in einer Schlacht um die Entscheidung kämpfen · **reperiebat:** *Imperfekt:* „er fand nach und nach heraus" · **quod ... esset ...** *erläutert* hanc causam · **eorum:** *Genitiv-Attribut zu* matres familiae · **sortes,** ium *f.*: Losstäbchen, Orakel; *auf den Stäbchen waren Symbole für bestimmte Schicksale oder Ereignisse eingeritzt, man zog oder warf sie* · **vāticinātio:** Weissagung, Prophezeihung · **declārāre:** erklären, zeigen · **utrum ... necne:** ob ... oder nicht · **ex ūsū:** zum Nutzen, nützlich.
5 **fās** *n.*: göttliches Recht; **fās est:** es ist erlaubt · **luna:** Mond.

51 **quod satis esse visum est:** *Objekt zu* reliquit · **ālārii:** die *(leichten)* Flügeltruppen. *So hießen Hilfstruppen (auxilia), weil sie früher einmal zusammen mit römischen Legionssoldaten auf den Flügeln des Heeres aufgestellt waren. Gegensatz:* miles legionarius, *der (schwer gerüstete römische)* Legionssoldat · **pro + abl.:** im Verhältnis zu · **minus multitūdine militum legiōnāriōrum pro hostium numero valēre:** *eine Verbindung zweier Ausdrücke:* multitudine ... pro ... valere *und* minus valere quam ...; *i. D. etwa* „an Zahl der Legionssoldaten gegenüber den Feinden zu schwach sein". *Caesar hatte sechs Legionen mit insgesamt 21 600 Soldaten und ca. 4000 Reiter vor Vesontio stehen; über Ariovists Stärke kann man etwas aus 31,4–10 entnehmen* · **ut ... ūteretur:** *Konsequenz des quod-Satzes* · **ad speciem:** zum Schein, zur Täuschung *(die Germanen sollen die alarii für milites legionarii halten)* · **ūsque ad:** bis zu.
2 **tum dēmum:** erst jetzt · **generātim:** nach Stämmen getrennt · **intervallum:** Zwischenraum, Abstand · **Harūdes** (Harúden), **Marcŏmăni** (Markománnen), **Tribŏci** (Tríboker), **Vangiŏnes** (Vangiónen), **Nĕmĕtes** (Németer), **Sedusii** (Sedusier): *germanische Volksgruppen* · **Suebi:** *37,3* · **circumdare alicui aliquid:** etw. um j-n *oder* etw. herumlegen, -stellen · **raeda:** Reisewagen *(für Personen und Gepäck; ein keltisches Wort)* · **carrus:** Karren · **in fugā** *svw.* in dem Gedanken an Flucht.
3 **eo:** dorthin, *meint die Wagen* · **mulier,** eris: Frau · **passae manūs:** ausgebreitete Hände bzw. Arme *(Gebärde beim Flehen oder Gebet)* · **flēre:** weinen · **implōrāre:** anflehen.

52 Caesar singulis legionibus singulos legatos et quaestorem praefecit, uti eos
2 testes suae quisque virtutis haberet; ipse a dextro cornu, quod eam partem
3 minime firmam hostium esse animadverterat, proelium commisit. ita nostri acriter in hostes signo dato impetum fecerunt itaque hostes repente celeriterque procurrerunt, ut spatium pila in hostes coniciendi non daretur.
4 relictis pilis comminus gladiis pugnatum est. at Germani celeriter ex con-
5 suetudine sua phalange facta impetus gladiorum exceperunt. reperti sunt complures nostri, qui in phalangem insilirent et scuta manibus revellerent
6 et desuper vulnerarent. cum hostium acies a sinistro cornu pulsa atque in fugam coniecta esset, a dextro cornu vehementer multitudine suorum
7 nostram aciem premebant. id cum animadvertisset P. Crassus adulescens, qui equitatui praeerat, quod expeditior erat quam ii, qui inter aciem versabantur, tertiam aciem laborantibus nostris subsidio misit.

53 Ita proelium restitutum est, atque omnes hostes terga verterunt neque prius fugere destiterunt, quam ad flumen Rhenum milia passuum ex eo loco
2 circiter quinque pervenerunt. ibi perpauci aut viribus confisi tranare con-
3 tenderunt aut lintribus inventis sibi salutem reppererunt. in his fuit Ario-

52 *Entscheidung durch die Schlacht.*

52 singulis legiōnibus singulos lēgātos et quaestorem praefēcit: er gab den einzelnen Legaten und dem Quaestor das Kommando über je eine Legion. *Caesar hatte sechs Legionen im Krieg und somit fünf Legaten* • **quaestor:** Quaestor; *vom Volk für ein Jahr gewählter Staatsbeamter, der dem Prokonsul bei der Verwaltung der Provinz assistierte und im Krieg insbesondere verantwortlich war für die Verpflegung und Besoldung der Soldaten, für die Berechnung des Beutewertes und den Verkauf der Beute (zu der auch die versklavten Gefangenen rechnen)* • **tēstis,** is *m.:* Zeuge.
2 **a dextro cornu – eam partem:** *dem rechten Flügel in Caesars Heer entspricht der linke Flügel oder die linke Seite der Gegner* • **a dextro cornu proelium committere:** *i. D.* auf dem *oder* mit dem rechten Flügel den Kampf eröffnen.
3 **procurrere:** vorstürmen • **coniciendi:** Genitiv-Attribut zu spatium.
4 **comminus pūgnāre:** Mann gegen Mann kämpfen • **phălange factā:** *vgl. zu 24,5; gemeint sind wahrscheinlich mehrere Phalangen der einzelnen Stammesverbände.*
5 **complūres nostri:** mehrere unserer Soldaten • **īnsilīre:** in *oder* auf etw. (zu)springen • **scūtum:** Langschild *(ca. 1,30 m hoch)* • **revellere,** velli, vulsum: wegreißen • **desuper:** von oben her • **vulnerare:** *hier ohne Objekt, so daß man i. D. das im Verb steckende Objekt herausbringen muß:* Wunden schlagen *oder* beibringen • **īnsilīrent; revellerent; vulnerārent:** *Konjunktive!* („es fanden sich Leute dazu, zu ...") • **revellerent et ... vulnerārent** *beschreibt zwei gleichzeitige Vorgänge: die römischen Soldaten zerren mit der einen Hand oben an dem Schild eines Gegners und führen mit der anderen das Schwert von oben in den entstehenden Zwischenraum; erst so läßt sich die Phalanx brechen.*
6 **sinister,** tra, trum: links • **a dextro cornu** *meint den rechten Flügel der Germanen, wie das Subjekt in* premeba-nt *zeigt.*
7 **P. Crassus:** Publius Crassus, *ein Sohn des Triumvirs Marcus Licinius Crassus (vgl. S. 5)* • **quod ... erklärt, warum es Crassus ist, der dem 3. Treffen den Einsatzbefehl gibt** • **expedītus:** ungehindert • **aciem** *meint das von Anfang an kämpfende 1. und 2. Treffen,* **tertiam aciem** *das in Reserve stehende dritte Treffen (vgl. zu 24,2).*

53 restituere: erneuern • **desistere:** aufhören.
2 **vīribus** *ist instrumentaler, begründender Ablativ zu* confisi; *i. D.:* „im Vertrauen auf ihre Kräfte" • **trānāre:** hinüberschwimmen • **linter,** tris *f.:* Kahn, Nachen • **salūtem sibi reperīre:** *svw.* eine Rettungsmöglichkeit wahrnehmen *(d. h. sie finden zufällig (invenire) Kähne, dann planmäßig (reperire) – diesen Glücksfund nutzend – ihre Rettung).*

vistus, qui naviculam deligatam ad ripam nactus ea profugit. reliquos
4 omnes equitatu consecuti nostri interfecerunt. duae fuerunt Ariovisti uxores, una Sueba natione, quam domo secum duxerat, altera Norica, regis Voccionis soror, quam in Gallia duxerat a fratre missam: utraque in ea
5 fuga periit; duae filiae: harum altera occisa, altera capta est. C. Valerius Procillus, cum a custodibus in fuga trinis catenis vinctus traheretur, in
6 ipsum Caesarem hostes equitatu persequentem incidit. quae quidem res Caesari non minorem quam ipsa victoria voluptatem attulit, quod hominem honestissimum provinciae Galliae, suum familiarem et hospitem, ereptum ex manibus hostium sibi restitutum videbat neque eius calamitate
7 de tanta voluptate et gratulatione quicquam fortuna deminuerat. is se praesente de se ter sortibus consultum dicebat, utrum igni statim necaretur
8 an in aliud tempus reservaretur; sortium beneficio se esse incolumem. item M. Metius repertus et ad eum reductus est.

54 Hoc proelio trans Rhenum nuntiato Suebi, qui ad ripas Rheni venerant, domum reverti coeperunt. quos ubi, qui proximi Rhenum incolunt, perter-
2 ritos senserunt, insecuti magnum ex his numerum occiderunt. Caesar una aestate duobus maximis bellis confectis maturius paulo, quam tempus anni
3 postulabat, in hiberna in Sequanos exercitum deduxit. hibernis Labienum praeposuit, ipse in citeriorem Galliam ad conventus agendos profectus est.

54 *Die politischen Auswirkungen von Caesars Erfolg. Abschluß des Berichts über das Jahr 58.*

---

3 **nāvicula:** kleines Schiff, Boot · **deligare:** anbinden · **profugere,** fugio, fūgi: das Weite suchen, entfliehen.
4 **uxor,** oris *f.:* (Ehe)frau · **Suēbus:** suebisch · **(Suēbā) nātiōne:** natione *ist eine nicht notwendige Präzisierung (Ablativ des Bezugs)* · **Nōrĭcus:** aus Nórìcum *(der heutigen Steiermark)* · **Voccio,** onis: *Eigenname* · **soror,** oris *f.:* Schwester · **dūxerat:** *sc.* in matrimonium (Ehe) · **perire,** eo, ii: umkommen.
5 **trīni:** je drei; d. h. eine Fesselung in dreifacher Stärke, mit drei übereinandergelegten Ketten · **vincire,** vinxi, vinctum: binden, fesseln · **ipsum:** *Caesar selbst, nicht irgendein römischer Soldat* · **incĭdere,** cīdi *(hineinfallen):* „in die Hände fallen".
6 **honestus:** ehrenhaft · **hospes,** itis *m.:* Gastfreund · **familiāris:** vertraut, Freund · **voluptas:** die *sinnliche und geistige* Freude, Befriedigung · **grātulātio:** die *äußerlich bekundete* Freude · **eripere,** eripio, eripui, ereptum: entreißen · **restituere:** hier svw. wiedergeben · **deminuere aliquid de aliqua re:** etw. um etw. mindern, etw. von etw. nehmen.
7 **cōnsultum** *sc. esse: Objekt zu* dicebat · **dīcebat:** *Imperfekt! Vgl.* **ter:** dreimal · **utrum ... an:** ob ... oder · **statim:** sofort · **necare:** töten · **reservare:** aufbewahren · **sortēs,** ium *f.:* Losstäbchen, Orakel *(vgl. zu 50,4).*

54 **qui ... incolunt:** *Subjekt zu* senserunt. *Zur Sache vgl. zu 37,3* Suebi.
2 **aestas:** Sommer · **mātūrus:** früh · **exercitum in hīberna dēdūcere:** das Heer ins Winterlager führen. *W. unterschieden sich von anderen dadurch, daß hier die Soldaten nicht in Lederzelten schliefen, sondern in festen Hütten wohnten, die mit Fellen und Stroh bedeckt waren. Solche Winterlager lagen in der Umgebung von Städten, aber doch so entfernt, daß der Kontakt zur Zivilbevölkerung erschwert war. Das hier genannte Winterlager lag wohl in der Gegend von Vesontio (vgl. c. 38–39).*
3 **praepōnere:** zum Kommandeur machen · **Labiēnus:** *C.s bedeutendster General* · **Gallia citerior:** das *(von Rom aus gesehen)* diesseitige Gallien *(d. i. diesseits der Alpen: Oberitalien)* · **conventūs agere:** Gerichtstage halten. *Caesar kommt also jetzt zivilen Verpflichtungen seiner Statthalterschaft nach.*

Liber secundus
Referat

Das Jahr 57 beginnt mit der Nachricht an Caesar, die Belger verbündeten sich gegen die Römer *(omnes Belgas ... contra populum Romanum coniurare obsidesque inter se dare);* die Gründe dafür seien folgende: sie fürchteten den Einmarsch der Römer, sobald alle anderen gallischen Gebiete unterworfen seien: sie seien von anderen Galliern aufgehetzt worden; sie wollten die Römer ebensowenig auf die Dauer in Gallien haben wie die Germanen; weiter spiele ihre Wankelmütigkeit eine Rolle, die auf Umsturz aus sei *(mobilitate et levitate animi novis imperiis studebant),* sowie die persönlichen Machtgelüste einiger Führer, die sich durch die römische Konkurrenz behindert sähen.

Caesar läßt in Oberitalien zwei neue Legionen ausheben und marschiert zur belgischen Grenze. Die Schnelligkeit seines Erscheinens überrascht, die belgischen Remer schlagen sich auf Caesars Seite; von ihnen hört er: die Belger stammten größtenteils von den Germanen ab, sie seien vor langer Zeit über den Rhein gekommen und hätten das fruchtbare Land unter Vertreibung der ansässigen Gallier in Besitz genommen; sie seien die einzigen, die die Kimbern und Teutonen seinerzeit abgeschlagen hätten. – Caesar schlägt das belgische Truppenaufgebot und bringt dann Zug um Zug die Suessionen, Bellovaker und Ambianer dazu, Geiseln zu stellen; die Nervier und die Atuatuker werden in schweren Kämpfen besiegt. Caesars General Crassus meldet die Unterwerfung der Küstenvölker Veneter, Uneller, Osismer, Coriosoliten, Sesuvier, Aulerker, Redonen – *omnes eas civitates in dicionem potestatemque populi Romani redactas esse.* Zum Winter werden römische Legionen in ganz Gallien in Winterquartiere gelegt. Caesar versäumt nicht mitzuteilen, daß die Germanenstämme rechts des Rheins von seiner Leistung so beeindruckt waren, daß sie Gesandtschaften schickten und die Stellung von Geiseln und die Unterwerfung unter seinen Befehl versprachen. Er schließt das zweite Buch mit der Feststellung: „Aufgrund von Caesars Berichten wurde (vom Senat) für seine Leistungen ein fünfzehntägiges Dankfest beschlossen, was bis dahin noch keinem zuteil geworden war."

Liber tertius
Referat

56 v. Chr.   Jetzt kann Caesar ganz Gallien für unterworfen halten *(cum ... pacatam Galliam existimaret).* Plötzlich, berichtet Caesar, sei Krieg ausgebrochen. Die mächtigen Veneter an der Atlantikküste hätten sich mit anderen Stämmen verschworen *(inter se coniurant),* die ja für ihren Wankelmut bekannt seien *(ut sunt Gallorum subita et repentina consilia);* sie hätten alle Küstenvölker aufgehetzt: sie sollten doch ihre alte Freiheit bewahren, statt unter römischer Sklaverei zu leben. Die Veneter nehmen etliche römische Offiziere gefangen, die auf Proviantsuche ausgesandt worden waren, und verlangen im Austausch ihre Geiseln zurück. Caesar betont, daß er nun gegen die Veneter Krieg führen muß, obwohl sie durch die geographischen Gegebenheiten, die Vielzahl ihrer Schiffe und ihre nautische Erfahrung im Vorteil sind. Seine Gründe: die widerrechtliche Festnahme der römischen Ritter, die sakrosankte Gesandte gewesen seien; der vertragswidrige Aufstand und Abfall (vgl. S. 9); die Vielzahl der verschworenen Stämme; die mögliche Signalwirkung für andere gallische Stämme – *cum intellegeret omnes fere Gallos novis rebus studere et ad bellum mobiliter celeriter-*

que excitari, omnes autem homines natura libertatis studio incitari et condicionem servitutis odisse (= hassen). – Caesar läßt an der unteren Loire Kriegsschiffe bauen und aus der Provinz Matrosen einstellen. Mit Geschick und Glück kann er die Veneter in einer großen Seeschlacht besiegen. Damit ist auch der Aufstand der Küstenvölker niedergeschlagen. Deren führende Männer läßt Caesar zur Abschreckung teils hinrichten, teils als Sklaven verkaufen.

Krieg gibt es auch bei den Völkern, zu denen Caesar Truppen geschickt hat, um ihre Verbindung mit den Venetern zu verhindern. In der Normandie besiegt Caesars General Sabinus mehrere Stämme, die ihre gegen einen Krieg eingestellten Führer ermordet hatten. In Aquitanien fangen – so Caesar – die Stämme einfach Krieg an, weil der General Crassus mit römischen Truppen ins Land kommt. Auch die Aquitanier werden geschlagen, unterwerfen sich mit wenigen Ausnahmen und stellen Geiseln.

▶ Vergleichen Sie das Gebiet der römischen Provinz mit Caesars Operationsfeldern in Buch II und III, dazu Buch I, c. 1,1.

Liber quartus

55 v. Chr.   Unter dem Druck der Sueben haben die Usipeter und Tenktherer, germanische Stämme, im Gebiet der heutigen deutsch-niederländischen Grenze über den Rhein gewechselt und dringen nun nach Süden vor. Caesar fürchtet, die Ruhe in Gallien könnte gestört, die Gallier selbst könnten zu neuem Widerstand gegen die Römer gereizt werden. Verhandlungen und vorläufige Waffenruhe werden von den Usipetern und Tenktherern zu einem Überraschungsangriff auf Caesars Heer genutzt. Die Verluste bewegen Caesar zu einem harten Vorgehen. Die beiden Germanenstämme werden niedergeschlagen, ein Teil kann fliehen. Viele kommen in den Fluten des Zusammenflusses von Maas und Rhein um. *(nach c. 1–15)*

Bau einer Brücke über den Rhein

16 Germanico bello confecto multis de causis Caesar statuit sibi Rhenum esse transeundum. quarum illa fuit iustissima, quod, cum videret Germanos tam facile impelli, ut in Galliam venirent, suis quoque rebus eos timere voluit, cum intellegerent et posse et audere populi Romani exercitum Rhenum
2 transire. accessit etiam, quod illa pars equitatus Usipetum et Tenctherorum, quam supra commemoravi praedandi frumentandique causa Mosam transisse neque proelio interfuisse, post fugam suorum se trans Rhenum in fines
3 Sugambrorum receperat seque cum his coniunxerat. ad quos cum Caesar nuntios misisset, qui postularent, eos, qui sibi Galliaeque bellum intulissent,
4 sibi dederent, responderunt: populi Romani imperium Rhenum finire; si se invito Germanos in Galliam transire non aequum existimaret, cur sui
5 quicquam esse imperii aut potestatis trans Rhenum postularet? Ubii autem, qui uni ex Transrhenanis ad Caesarem legatos miserant, amicitiam fecerant, obsides dederant, magnopere orabant, ut sibi auxilium ferret, quod graviter
6 ab Suebis premerentur; vel, si id facere occupationibus rei publicae prohiberetur, exercitum modo Rhenum transportaret; id sibi ad auxilium spemque
7 reliqui temporis satis futurum. tantum esse nomen apud eos atque opinionem exercitus Romani Ariovisto pulso et hoc novissimo proelio facto etiam ad ultimas Germanorum nationes, uti opinione et amicitia populi Romani
8 tuti esse possint. navium magnam copiam ad transportandum exercitum pollicebantur.

Abkürzungen und Hinweise: s. S. 112!
16 Germānicus: *Adjektiv zu* **Germāni**; *statt des adjektivischen ist i. D. auch ein Genitiv-Attribut möglich* · **Rhēnus:** *Rhein* · **trānsire:** *überschreiten, übersetzen über* · **iūstus:** *begründet, triftig* · **quod:** *daß* · **facile:** *Adv.* · **impellere:** *bewegen, zu etwas bringen. Ist der Ausdruck der Sachlage angemessen?* · **suis:** *betont vorangestellt, meint die Germanen* · **rebus:** *dat. commodi („für", „um")*.
2 **quod ... coniūnxerat:** *Subjekt(satz) zu* accessit · **Usipetēs,** um; **Tenctheri** *(Karte GH 1);* **supra** *(oben): vgl. den Einführungstext zu c. 16* · **commemorare:** *erwähnen* · **praedari:** *Beute machen* · **frūmentari:** *Getreide holen* · **Mōsa:** *die Maas* · **interesse alicui rei:** *an etw. teilnehmen* · **quam ... interfuisse:** *sog. relativische Verschränkung;* quam *ist der nominale Teil,* transisse, interfuisse *sind die Infinitive eines a.c.i., der Objekt zu* commemoravi *ist; i. D. frei wiederzugeben* · **sui:** *ihre Leute, ihre Stammesgenossen* · **Sugambri:** *Sugambrer, Stamm zwischen Ruhr und Sieg (Suga)*.
3 **pōstularent:** *finaler Konjunktiv* · **sibi** *meint Caesar oder die Römer* · **dēderent:** *von* postularent *abhängiger Wunsch; das verdeutlichende* ut *fehlt hier.*
4 **fīnire aliquid:** *etw. begrenzen, für etw. eine Grenze sein* · **sē invīto:** *gegen seinen Willen (meint Caesar, der in* existimare-t *ausgedrücktes übergeordnetes Subjekt ist)* · **Gallia:** *Gallien* · **aequus:** *erträglich* · **quicquam:** *etwas* · **imperium; potestas** *bezeichnen zwei Aspekte der Herrschaft: die amtliche und militärische und die nicht immer an bestimmte Ämter gebundene politische Macht.*
5 **Ubii:** *Ubier, Stamm zwischen Main und Lahn* · **Trānsrhēnāni:** *die jenseits des Rheins wohnenden, d. h. rechtsrheinischen Völker* · **amīcitia:** *Freundschaftsvertrag* · **opus,** eris *n.: svw. Anstrengung, Nachdruck* · **ōrare:** *in einer Rede um etw. bitten* · **Suebi:** *Karte J 1.*
6 **occupatio:** *Beschäftigung, Aufgabe* · **modo** *bei Wünschen: doch (nur)* · **trānsportare:** *hinüberbringen (worüber? Akk.)* · **reliquum tempus:** *svw. Zukunft.*
7 **tantum esse** *richtet sich in der Endung nach dem nächststehenden Subjekt* nomen, *ist aber auch Prädikat zu* opinionem · **exercitūs:** *Genitiv-Attribut zu* nomen *und* opinionem · **eius:** *Genitiv-Attribut zu* exercitus · **hoc ... proelio:** *vgl. o. den Einführungstext.*
Warum meint C., eine Überquerung des Rheins zu Schiff entspreche nicht dem Ansehen des römischen Volkes? Vgl. o. den Einführungstext und I 8,4.

17 Caesar his de causis, quas commemoravi, Rhenum transire decreverat. sed navibus transire neque satis tutum esse arbitrabatur neque suae neque
2 populi Romani dignitatis esse statuebat. itaque, etsi summa difficultas faciundi pontis proponebatur propter latitudinem, rapiditatem altitudinemque fluminis, tamen id sibi contendendum aut aliter non traducendum
3 exercitum existimabat. rationem pontis hanc instituit: tigna bina sesquipedalia, paulum ab imo praeacuta, dimensa ad altitudinem fluminis intervallo pedum duorum inter se iungebat. haec cum machinationibus immissa
4 in flumen defixerat festuculisque adegerat – non sublicae modo derecte ad perpendiculum, sed prone ac fastigate, ut secundum naturam fluminis pro-
5 cumberent –, his item contraria duo ad eundem modum diiuncta intervallo pedum quadragenum ab inferiore parte contra vim atque impetum fluminis
6 conversa statuebat. haec utraque insuper bipedalibus trabibus immissis, quantum eorum tignorum iunctura distabat, binis utrimque fibulis ab extrema parte distinebantur. quibus disclusis atque in contrariam partem
7 revinctis tanta erat operis firmitudo atque ea rerum natura, ut, quo maior
8 vis aquae se incitavisset, hoc artius inligata tenerentur. haec derecta materia
9 iniecta contexebantur et longuriis cratibusque consternebantur. ac nihilo setius sublicae et ad inferiorem partem fluminis oblique agebantur, quae pro ariete subiectae et cum omni opere coniunctae vim fluminis exciperent,

---

17 **commemorare:** erwähnen · **decernere,** crēvi, crētum: beschließen, (sich) entscheiden · **Caesar decreverat; commemoravi:** *der Schriftsteller Caesar und der Politiker und Feldherr C. erscheinen als zwei Personen* · **Rhenus; transire:** vgl. zu 16,1 · **dīgnitas:** Ansehen, Stellung, Rang · **dīgnitātis est:** es gehört *oder* paßt zum Rang... · **statuere:** der Ansicht sein.
2 **difficultas:** Schwierigkeit · **proponere:** vor Augen stellen; *Passiv svw.* vor Augen stehen · **lātitūdō:** Breite · **rapiditas:** hier svw. reißende Strömung · **contendere:** durchsetzen, mit aller Kraft betreiben · **aliter:** anders, sonst.
▷ **Übersetzung zu §§ 3–10:**
3 Folgende Art des Brückenbaus ordnete er an: Je zwei Balken – eineinhalb Fuß *(ca. 45 cm)* dick, unten ein wenig zugespitzt, in der Länge entsprechend der Flußtiefe abgemessen – verband er in einem Abstand von zwei Fuß *(ca. 60 cm)* miteinander.
4 Diese Pfostenpaare brachte er mit Hilfe von Maschinen *(Kränen, Winden)* in den Fluß, senkte sie dort in den Untergrund ein und rammte sie mit kleinen Rammen fest – und zwar nicht wie einen normalen Brückenpfahl lotrecht, sondern wie Dachbalken geneigt,
5 so daß sie sich in Flußrichtung neigten. Dann machte er stromabwärts in einem Abstand von 40 Fuß *(ca. 12 m)* dieser Pfahlreihe gegenüber eine zweite Pfahlreihe fest. Bei ihr waren wieder immer zwei auf die beschriebene Art miteinander verbunden. Aber diese Reihe war gegen die gewaltig andrängende Strömung
6 geneigt. Jedes Pfostenpaar wurde von oben durch Querbalken von zwei Fuß Dicke – das entspricht dem Abstand der Pfosten –, von außen durch zwei Klammern auf jeder Seite auseinandergehalten. *(Es waren also wohl oben gekreuzte Pfosten; die Klammern hielten sie zusammen, die Querverstrebungen, die in die Pfostengabel eingelassen wurden, hielten sie auseinander und schufen so die Gegenkraft. Vgl. die Abb. S. 63, mit einem etwas anderen*
7 *Rekonstruktionsversuch.)* So wurde jedes Pfostenpaar auseinandergehalten und in der Gegenrichtung zusammengehalten. Daher war das Bauwerk so fest und so angelegt, daß seine Teile, je heftiger die Fluten wüteten, in umso strammerer Verstrebung gehalten wurden. Auf diese Pfostenpaare wurden der Länge nach Balken aufgelegt. So wurden die gegenüberliegenden Pfostenreihen verbunden.
8 Dann wurden Bretter und Flechtwerk auf-
9 gelegt. Damit nicht genug: Pfähle wurden schräg von der Brücke in die stromabwärts gelegene Seite des Flusses geführt; wie ein Rammbock vorgeschoben und mit dem Gesamtbau verbunden, sollten sie helfen, die Gewalt des Stromes aufzufangen.

10 et aliae item supra pontem mediocri spatio, ut, si arborum trunci sive naves deiciendi operis causa essent a barbaris missae, his defensoribus earum rerum vis minueretur neu ponti nocerent.

18 Diebus decem, quibus materia coepta erat comportari, omni opere effecto
2 exercitus traducitur. Caesar ad utramque partem pontis firmo praesidio
3 relicto in fines Sugambrorum contendit. interim a compluribus civitatibus ad eum legati veniunt. quibus pacem atque amicitiam petentibus liberaliter
4 respondet obsidesque ad se adduci iubet. at Sugambri ex eo tempore, quo pons institui coeptus est, fuga comparata hortantibus iis, quos ex Tentcheris atque Usipetibus apud se habebant, finibus suis excesserant suaque omnia exportaverant seque in solitudinem ac silvas abdiderant.

19 Caesar paucos dies in eorum finibus moratus omnibus vicis aedificiisque incensis frumentisque succisis se in fines Ubiorum recepit atque his auxi-
2 lium suum pollicitus, si ab Suebis premerentur, haec ab iis cognovit: Suebos, posteaquam per exploratores pontem fieri comperissent, more suo concilio habito nuntios in omnes partes dimisisse, uti de oppidis demigrarent, liberos, uxores suaque omnia in silvis deponerent atque omnes, qui arma
3 ferre possent, unum in locum convenirent; hunc esse delectum medium fere regionum earum, quas Suebi obtinerent. hic Romanorum adventum exspec-
4 tare atque ibi decertare constituisse. quod ubi Caesar comperit, omnibus his rebus confectis, quarum rerum causa exercitum traducere constituerat, ut Germanis metum iniceret, ut Sugambros ulcisceretur, ut Ubios obsidione liberaret, diebus omnino XVIII trans Rhenum consumptis, satis et ad laudem et ad utilitatem populi Romani perfectum arbitratus se in Galliam recepit pontemque rescidit.

---

10 Andere Pfähle wurden, wiederum schräg, auf der flußaufwärts gelegenen Brückenseite in nicht zu großem Abstand voneinander in den Fluß getrieben; falls die Barbaren Baumstämme oder Schiffe herabschwimmen lassen sollten, um das Bauwerk zum Einsturz zu bringen, sollte durch diese Abwehreinrichtung deren Aufprall gemildert und Schaden an der Brücke vermieden werden.
Die Brücke stand bei Neuwied (Karte H 1).

18 **diebus decem:** *Zeitangabe zu* effecto · **māteria:** Baumaterial, Holz · **comportare:** zusammentragen, -bringen.
2 **ad utramque partem pontis:** an beiden Brückenköpfen · **Sugambri:** *vgl. 16,2.*
3 **līberāliter:** freundlich, großzügig.
4 **tempus:** Zeitpunkt · **ex Tentcheris:** aus dem Stamm der Tenktherer · **sua:** ihre Habe · **exportare:** aus dem Lande bringen, *hier svw.* mitnehmen · **sōlitūdō:** Einsamkeit, Menschenleere · **abdere:** verstecken, verbergen *(i. L. wohin? i. D. wo?).*

19 **vīcus:** Dorf · **aedificium:** Gehöft · **frūmenta** *(n. pl.):* das Getreide *(auf dem Halm)* · **succīdere,** cīdi, cīsum: abschneiden · **Ubii; Suēbī:** *vgl. 16,5.*
2 **posteaquam** = postquam · **comperīre,** comperī, compertum: erfahren · **nūntius:** Botschaft · **uti** = ut · **dēmigrāre:** wegziehen, auswandern · **uxor,** oris: (Ehe-)Frau · **sua:** ihr Besitz · **dēpōnere:** ablegen, unterbringen.
3 **hunc** *meint* locum *§ 2, (als solcher Platz):* dazu · **medium:** Mitte · **obtinērent:** *Konjunktiv der indirekten Rede* · **ibi:** dort, dann · **decertare:** bis zur *oder* um die Entscheidung kämpfen.
4 **ubi:** sobald · **comperit:** Perfekt · **rebus...,** quarum rerum causā *wird im folgenden durch drei* ut*-Sätze erläutert (erg. „nämlich" ...)* · **metum inicere:** Furcht einflößen (metus, us: Furcht) · **ulcīscī aliquem:** an j-m Rache nehmen, gegen j-n einen Vergeltungsschlag führen · **obsidio:** svw. Druck, Umklammerung *(sc. der Sueben, vgl. § 1)* · **līberāre:** befreien · **omnīnō:** insgesamt · **prōficere,** ficio, fēci, fectum: bewirken, erreichen, beitragen · **ūtilitās:** Nutzen, Vorteil *(sc. römischer)* · **rescindere,** scidi, scissum: einreißen.

Caesars Expedition nach Britannien

Die warme Jahreszeit, in der allein Krieg geführt wurde, ist fast vorbei. Trotzdem will Caesar noch nach Britannien übersetzen, um sich ein Bild von der Landschaft und dem Volkscharakter zu machen – Wissen, das ihm für eine eventuelle kriegerische Auseinandersetzung nützlich wäre. Die Britannier hatten nämlich schon mehrfach die Gallier in Kriegen gegen die Römer unterstützt.
Die umfangreichen Vorbereitungen zur Überfahrt werden den Britanniern bekannt. Sie schicken Gesandte zu Caesar und geben das Versprechen ab, Geiseln zu stellen und sich der römischen Herrschaft zu fügen. Caesar entläßt sie mit diplomatischen Worten und schickt den ihm ergebenen Commius mit ihnen nach Britannien. Er soll dort auf eine für Caesar günstige Stimmung hinarbeiten.
Schließlich stehen etwa 80 Lastschiffe für den Transport zweier Legionen, achtzehn Frachtschiffe und weitere Kriegsschiffe zur Abfahrt bereit. Die Heeresteile, die er nicht nach Britannien mitnimmt, hat Caesar in die Küstengebiete verlegt, deren Bevölkerung eine Mahnung zu brauchen scheint, sich nicht gegen die Römer zu erheben. *(nach c. 20–22)*

23 His constitutis rebus nactus idoneam ad navigandum tempestatem tertia fere vigilia naves solvit equitesque in ulteriorem portum progredi et naves
2 conscendere et se sequi iussit. a quibus cum paulo tardius esset administratum, ipse hora diei circiter quarta cum primis navibus Britanniam attigit atque ibi in omnibus collibus expositas hostium copias armatas conspexit.
3 cuius loci haec erat natura atque ita montibus angustis mare continebatur,
4 uti ex locis superioribus in litus telum adigi posset. hunc ad egrediendum nequaquam idoneum locum arbitratus, dum reliquae naves eo convenirent,
5 ad horam nonam in ancoris exspectavit. interim legatis tribunisque militum convocatis et, quae ex Voluseno cognovisset, et, quae fieri vellet, ostendit monuitque, uti rei militaris ratio maximeque ut maritimae res postularent, ut, cum celerem atque instabilem motum haberent, ad nutum et ad tempus
6 omnes res ab iis administrarentur. his dimissis et ventum et aestum uno tempore nactus secundum dato signo et sublatis ancoris circiter milia passuum septem ab eo loco progressus aperto ac plano litore naves constituit.

Abkürzungen und Hinweise: s. S. 112!
23 constituere: anordnen · **nactus:** *von* nancisci · **nāvigare:** zur See fahren · **solvere:** lösen (naves s. *i. D.?*) · **ulterior portus:** der weiter entfernt liegende Hafen; *dort lagen die achtzehn Frachtschiffe, während sich die anderen Schiffe im Hafen bei Caesars Quartier befanden* · **conscendere:** besteigen.
2 **paulo** *(abl. mensurae):* ein wenig · **tardus:** langsam; **tardius:** langsamer, *sc. als notwendig, d. h.:* zu langsam · **administrare:** arbeiten, „operieren" · **Britannia:** Britannien · **expōnere:** aufstellen.
3 **montes angusti** *hier svw.:* bis zum Wasser reichende Berge · **continēre:** umfassen, einschließen · **uti** = ut · **superior,** ius: höher (gelegen) · **lītus,** oris *n.:* Strand · **adigere:** heranbringen (telum a.: *i. D.?*).

4 **nequāquam:** keineswegs · **dum:** bis · **eo:** dorthin · **ad:** bis zu · **ancora:** Anker.
5 **quae ... cognovisset et quae ... vellet:** *Objekt(sätz)e zu* ostendit · **Volusēnus:** *er hatte eine kurze Erkundungsfahrt vor die britannische Küste unternommen (c. 22)* · **rei mīlitāris ratio:** Kriegsführung · **māximē:** besonders · **maritimus:** *Adj. zu* mare · **administrare:** arbeiten, „operieren" · **celer,** *gen.* celeris: schnell · **īnstabilis,** e: schwankend, unsicher · **nūtus,** us: Wink, Befehl · **ad tempus:** sofort, „im Moment" · **administrare:** ausführen.
(§ 5: *Zeichnen Sie zu dem Satz einen Satzbauplan nach dem Kastenschema [I 14 Z 1].*)
6 **ventus:** Wind · **aestus,** us: Strömung, Flut · **secundum** *ist Attribut zu* ventum *und* aestum · **plānus:** eben, flach; *vgl. dagegen § 3.*

24 At barbari consilio Romanorum cognito, praemisso equitatu et essedariis, quo plerumque genere in proeliis uti consuerunt, reliquis copiis subsecuti **2** nostros navibus egredi prohibebant. erat ob has causas summa difficultas, quod naves propter magnitudinem nisi in alto constitui non poterant, militibus autem ignotis locis, impeditis manibus magno et gravi onere armorum pressis simul et de navibus desiliendum et in fluctibus consistendum et cum **3** hostibus erat pugnandum, cum illi aut ex arido aut paulum in aquam progressi omnibus membris expeditis notissimis locis audacter tela conicerent **4** et equos insuefactos incitarent. quibus rebus nostri perterriti atque huius omnino generis pugnae imperiti non eadem alacritate ac studio, quo in pedestribus uti proeliis consuerant, utebantur.

25 Quod ubi Caesar animadvertit, naves longas, quarum et species erat barbaris inusitatior et motus ad usum expeditior, paulum removeri ab onerariis navibus et remis incitari et ad latus apertum hostium constitui atque inde fundis, **2** sagittis, tormentis hostes propelli ac submoveri iussit. quae res magno usui nostris fuit. nam et navium figura et remorum motu et inusitato genere tormentorum permoti barbari constiterunt ac paulum modo pedem ret- **3** tulerunt. at nostris militibus cunctantibus maxime propter altitudinem maris, qui decimae legionis aquilam ferebat, obtestatus deos, ut ea res le-

---

24 **praemisso** *richtet sich in der Endung nach dem nächststehenden* equitatu, *ist aber auch auf* essedariis *zu beziehen* · **essedārius:** Wagenkämpfer · **quo genere** („Truppengattung") *meint die Wagenkämpfer und ist Objekt im Ablativ zu* uti · **subsequi,** secutus sum: nachfolgen · **nostri:** unsere Soldaten.
2 erat: es gab, es entstand · **ob has causas** *wird im quod-Satz genauer ausgeführt* · **nisi ... non:** svw. nur · **altum:** die hohe See, das tiefe Wasser · **mīlitibus:** *Dativ, gibt die handelnde Person zu* desiliendum erat ... *an* · **impeditis manibus:** *Abl.+Präd.; die Soldaten müssen ja vom Wasser aus schon kämpfen und halten daher den Schild und Wurfwaffen kampfbereit in der Hand* · **onus,** eris n.: Last · **pressis:** *Prädikativum zu* militibus, *hebt nicht die Behinderung hervor, sondern, wie schwierig überhaupt ein solcher Sprung ins Wasser unter der hohen Gewichtsbelastung ist* · **desilire:** herabspringen · **flūctus,** us: Flut, Woge · **cōnsistere:** einen Halt finden, aufrecht stehen.
3 āridus: trocken · **membrum:** Glied · **nōtus:** bekannt, vertraut · **audāx,** *Adv.* **audacter:** rücksichtslos, ohne Rücksicht nehmen zu müssen · **insuēfactus:** daran gewöhnt · **incitare** *hier svw.* ins Meer hineinreiten *oder* -treiben.
4 imperītus alicūius rei: mit etw. nicht vertraut, in etw. nicht erfahren · **alacritas:** Begeisterung · **proelium pedestre** svw. Schlacht auf dem Festland.

25 animum advertere = animadvertere · **nāvis longa:** Kriegsschiff *(meist mit drei Reihen Ruderbänken)* · **inūsitātus:** ungebräuchlich, ungewöhnlich; **inūsitātior:** *ein Komparativ ohne bestimmten (genannten) Vergleichspunkt vergleicht mit dem allgemein Üblichen:* svw. relativ *oder* ziemlich ung. · **mōtus ad ūsum:** *svw.* Manövrierfähigkeit · **removēre:** entfernen · **nāvis onerāria:** Lastschiff · **rēmus:** Ruder · **apertus:** offen, ungeschützt · **funda:** Schleuder · **sagitta:** Pfeil · **tormentum:** Wurfmaschine, Geschütz · **propellere:** forttreiben · **submovēre:** vertreiben, zurückdrängen · **nostri:** unsere Soldaten.
2 figūra: Gestalt · **permovēre,** mōvi, mōtum: beunruhigen · **modo:** nur · **pedem referre** (rettuli): zurückweichen.
3 cunctari: zögern · **māximē:** vor allem · **qui ... ferebat:** *(zum Satz expandiertes) Subjekt zu* inquit · **aquila:** Adler *(wichtigstes Feldzeichen jeder römischen Legion; er diente als Erkennungs- und Orientierungszeichen und wurde von einem wegen seines Mutes und seiner Kraft ausgesuchten Soldaten getragen)* · **obtēstari:** zum Zeugen

gioni feliciter eveniret, ‚desilite', inquit, ‚commilitones, nisi vultis aquilam hostibus prodere; ego certe meum rei publicae atque imperatori officium
4 praestitero.' hoc cum voce magna dixisset, se ex navi proiecit atque in ho-
5 stes aquilam ferre coepit. tum nostri cohortati inter se, ne tantum dedecus
6 admitteretur, universi ex navi desiluerunt. hos item ex proximis navibus cum conspexissent, subsecuti hostibus adpropinquaverunt.
26 Pugnatum est ab utrisque acriter. nostri tamen, quod neque ordines servare neque firmiter insistere neque signa subsequi poterant atque alius alia ex navi, quibuscumque signis occurrerat, se adgregabat, magnopere pertur-
2 babantur. hostes vero notis omnibus vadis, ubi ex litore aliquos singulares
3 ex navi egredientes conspexerant, incitatis equis impeditos adoriebantur, plures paucos circumsistebant, alii ab latere aperto in universos tela coni-
4 ciebant. quod cum animadvertisset Caesar, scaphas longarum navium, item speculatoria navigia militibus compleri iussit et, quos laborantes conspexe-
5 rat, his subsidia submittebat. nostri simul in arido constiterunt, suis omnibus consecutis in hostes impetum fecerunt atque eos in fugam dederunt, neque longius prosequi potuerunt, quod equites cursum tenere atque insulam capere non potuerant. hoc unum ad pristinam fortunam Caesari defuit.
27 Hostes proelio superati, simulatque se ex fuga receperunt, statim ad Caesarem legatos de pace miserunt; obsides daturos quaeque imperasset sese
2 facturos polliciti sunt. una cum his legatis Commius Atrebas venit, quem
3 supra demonstraveram a Caesare in Britanniam praemissum. hunc illi e

---

anrufen • **fēlīx,** *gen.* fēlīcis: glücklich, erfolgreich • **ēvenīre:** ausgehen, ausschlagen • **dēsilīre:** hinabspringen • **commīlito, onis** *m.:* Kamerad • **vultis:** *von* velle • **prōdere:** ausliefern • **officium praestāre:** *svw.* seine Pflicht erfüllen.
4 **sē proicere,** icio, iēcī, iectum: herabspringen.
5 **cohortārī:** ermahnen, ermuntern • **dedecus, oris** *n.:* Schande • **admittere:** zulassen • **ūniversus:** ganz, sämtlich.
6 **subsequī aliquem:** j-m nachfolgen.
26 **utrīque:** beide Seiten • **nostrī:** unsere Soldaten • **ōrdinēs servāre:** *svw.* in Reih und Glied bleiben • **firmiter:** mit Kraft, mit Festigkeit • **insistere:** nachdrängen, zusetzen • **subsequī:** folgen • **alius alia ex nāvī:** der eine aus diesem, der andere aus jenem Schiff • **sē adgregāre:** sich anschließen • **magnō opere** (= magnopere): sehr.
2 **lītus, oris** *n.:* Strand • **singulāris, e:** einzeln, vereinzelt.
3 **plūrēs** (*Nominativ; prädikativ auf* hostes circumsistebant *bezogen*): *svw.* mit einer Überzahl • **circumsistere:** umringen • **ab latere apertō:** auf der ungeschützten Flanke *(der Römer)* • **ūniversus:** ganz, sämtlich.
4 **animum advertere** = animadvertere • **scapha:** (Begleit-)Boot • **longa nāvis:** Kriegsschiff • **nāvigium speculātōrium:** Aufklärungsschiff • **submittere:** (zur Unterstützung) schicken • **quōs ... cōnspēxerat,** *durch* his *wieder aufgenommen: (expandiertes) Dativ-Objekt zu* subsidia submittebat.
5 **simul:** sobald • **āridum:** das Trockene, der trockene Boden • **suī:** ihre Leute, ihre Kameraden • **in fugam dare,** dedi, datum: in die Flucht schlagen.
6 **prōsequī:** nachsetzen, verfolgen • **eques:** *vgl.* 23,1–2 • **cursus, us:** Kurs • **prīstinus:** alt(bewährt).
27 **simulatque:** sobald • **sē recipere,** recepi: sich erholen • **dē pāce:** mit der Bitte um (einen) Frieden(svertrag) • **quaeque** = et quae.
2 **Commius:** *vgl.* den Einführungstext zu c. 23 • **Atrebas,** atis: Atrebate; *die Atrebaten waren ein belgischer Stamm, Karte F 1* • **dēmōnstrāveram:** *Caesar tritt hier als Erzähler in der 1. Person und gleichzeitig als Gegenstand der Erzählung* (a Caesare) *auf* • **suprā:** *nämlich in dem oben (S. 67) referierten c. 21.*

navi egressum, cum ad eos oratoris modo Caesaris mandata deferret, com-
4 prehenderant atque in vincula coniecerant. tum proelio facto remiserunt
et in petenda pace eius rei culpam in multitudinem contulerunt et, propter
5 imprudentiam ut ignosceretur, petiverunt. Caesar questus, quod, cum ultro
in continentem legatis missis pacem ab se petissent, bellum sine causa intu-
6 lissent, ignoscere imprudentiae dixit obsidesque imperavit. quorum illi par-
tem statim dederunt, partem ex longinquioribus locis accersitam paucis
7 diebus sese daturos dixerunt. interea suos in agros remigrare iusserunt,
principesque undique convenire et se civitatesque suas Caesari commendare
coeperunt.

Inzwischen nähern sich die vierzehn Frachtschiffe mit den Reitern der britannischen Küste. Ein Sturm treibt sie aber ab, und sie müssen zum Kontinent zurückfahren. Schlimmer ist, daß Caesars vor Anker liegende oder auf den Strand gezogene Schiffe schwer beschädigt werden. Die Soldaten werden unruhig, weil sie keine Möglichkeit zur Rückkehr nach Gallien sehen, in Britannien aber keine Lebensmittelvorräte für eine Überwinterung angelegt sind. Die britannischen Führer wollen diese Notlage ausnutzen und den Krieg wieder aufnehmen. Sie ziehen sich zunächst möglichst unauffällig aus Caesars Lager zurück, die Übergabe der Geiseln stockt. Caesar ahnt, was die Britannier vorhaben; er läßt Getreide heranschaffen und die Schiffe mit dem Holz der völlig unreparierbaren Schiffe und mit vom Festland herbeigeholtem Material reparieren. Schließlich ist die Rückfahrmöglichkeit einigermaßen gesichert. Da wird die 7. Legion beim Getreideholen von den Britanniern überfallen. Caesar kommt ihr mit anderen Abteilungen zu Hilfe, vermeidet aber einen längeren Kampf und läßt die Britannier fliehen. Diese kehren verstärkt zurück, nach einem Gefecht fliehen sie erneut. Nun bitten sie wieder um Frieden. Caesar fordert doppelt so viele Geiseln wie früher, die später aufs Festland geschickt werden sollen, und fährt, bevor Winterstürme eine Überfahrt mit den angeschlagenen Schiffen verhindern, mit seinen Soldaten zum Kontinent zurück. *(nach c. 28–36)*

---

3 **ōrātor:** Redner, Sprecher, Gesandter · **modo alicūius:** wie jemand, als jemand · **mandātum:** Auftrag · **deferre:** überbringen · **vinculum:** Fessel.

4 **eius rei** *meint die widerrechtliche Gefangennahme des Commius* · **culpa:** Schuld · **multitūdo:** Volksmenge · **cōnferre,** tuli, lātum: hinbringen, *hier?* · **imprūdentia:** Unüberlegtheit; **propter imprudentiam** *steht zur Hervorhebung vor statt nach* ut.

5 **queri,** questus sum: sich beklagen, sich beschweren · **ultrō** *(Adv.):* freiwillig · **continens:** Festland · **bellum inferre:** Krieg anfangen, angreifen · **īgnōscere alicui rei:** etw. verzeihen; **ignoscere** *von* dixit *abhängig (statt* se ignoscere) · **imperare:** svw. verlangen.

6 **illi:** *die Britannier oder genauer die britannischen Führer, die auch Subjekt zu* iusserunt § 7 *sind* · **statim:** sofort · **longinquus:** weit entfernt.

7 **interea:** inzwischen · **remigrare:** zurückwandern, zurückkehren · **commendare:** empfehlen, anvertrauen.

Liber quintus
Referat

Zu Beginn des Jahres 54 v. Chr. inspiziert Caesar alle gallischen Winterlager und trifft Vorbereitungen für eine erneute Überfahrt nach Britannien. Zunächst marschiert er aber ins Gebiet der Treverer, weil deren Führer sich nicht zum (römisch beherrschten) gallischen Landtag eingefunden haben. Es gelingt ihm, die Anhängerschaft des römerfreundlichen Treverers Cingetorix zu stärken und den Einfluß des römerfeindlichen Indutiomarus einzuschränken. Wie groß Caesars Macht in Gallien ist, sieht man daran, daß er einfach anordnen kann, daß die meisten der gallischen Führer mit ihm nach Britannien fahren müssen. Er will so verhindern, daß sie seine Abwesenheit zu neuen Aufständen ausnutzen. Nur wenige römertreue Führer dürfen zurückbleiben. Der Haeduer Dumnorix, der kurz vor der Abfahrt fliehen will, wird getötet.
In Britannien wehren sich die Einwohner – Caesar nennt sie sofort *hostes* – gegen Caesars Vorrücken. Es gelingt ihm, den britannischen Stämmen große Verluste zuzufügen und sie zu spalten. Daher gibt ihr Führer Cassivellaunus auf. Mit vielen Geiseln und Gefangenen kehrt Caesar nach Gallien zurück, wohin ihn unerwartete Aufstandsbewegungen rufen. Er muß dort aber die Winterlager wegen Getreidemangels viel weiter auseinanderlegen als sonst. Als die belgischen Eburonen mit ihrem Führer Ambiorix, von dem Treverer Indutiomarus aufgewiegelt, römische Truppen überfallen, können sie fünfzehn Kohorten völlig vernichten. Diese gewaltige Niederlage führt Caesar außer auf die Entfernung zum nächsten Lager auf Uneinigkeit und mangelnde Fähigkeiten der dort eingesetzten Militärs und auch auf perfides Verhalten des Ambiorix zurück. Die Nervier nutzen diese Situation und belagern das römische Winterlager bei Namur. Fast haben sie Erfolg, doch zuletzt gelingt es Caesar noch, mit zwei Legionen das Lager zu entsetzen. Als nächstes versucht der Treverer Indutiomarus, die gallischen Stämme zu einer Erhebung gegen die Römer zu bewegen und bedroht ein römisches Winterlager, das unter dem Kommando des Labienus steht. Aber Labienus setzt eine Kopfprämie auf den Treverer aus, und bei einem überraschenden Ausfall aus dem Lager töten römische Soldaten Indutiomarus. Diese Niederlage und Caesars Verhandlungen mit gallischen Führern sorgen dafür, daß es in Gallien nun zunächst ruhig bleibt.

Liber sextus

Caesar rechnet doch wieder mit einer größeren Aufstandsbewegung in Gallien und läßt Truppen ausheben. Dies geht schnell, zumal Pompeius in Rom sich dafür eingesetzt hat. Caesar sagt: „Durch die Schnelligkeit und durch die Truppen bewies Caesar, was die eingespielte Organisation und die Macht des römischen Volkes vermögen" (VI 1,4). Die Aufstandsbewegung geht von den Treverern aus, die viele gallische und germanische Stämme für ein Bündnis gewinnen. Daher entwickelt Caesar seinen eigenen Kriegsplan. Er unterwirft in einem schnellen Verwüstungsfeldzug die Nervier noch vor dem Wintereinbruch. Im Frühjahr 53 dann marschiert er sofort mit seinen Legionen in das Gebiet der Stämme, die zu einem von ihm einberufenen keltischen Landtag nicht erschienen sind. Bei den Senonen (Karte F 2) ist er so schnell, daß sie keine Gegenmaßnahmen mehr treffen können, sondern nur noch um Gnade bitten. Caesar gewährt sie und läßt sich Geiseln stellen. Auch die Karnuten stellen Geiseln. Die Menapier (Karte FG 1) unterwirft Caesar in einem raschen Feldzug. Nun kann er sich auf die Stämme konzentrieren, die die Kernmacht des Aufstandes bilden: Treverer und Eburonen (Karte GH 2/3).

Die Treverer haben gewaltig gerüstet und erwarten noch Verstärkung durch Germanen. Caesars General Labienus gelingt es, sie noch vor dem Eintreffen der Germanen zu überlisten und zu schlagen; sie kapitulieren. Die anrückenden Germanen ziehen sich daraufhin wieder in ihr Gebiet zurück. Caesar aber unternimmt eine Strafexpedition gegen die Germanen und überschreitet – wieder bei Andernach – ein zweitesmal den Rhein. Die Ubier beweisen ihre Schuldlosigkeit. Als Urheber der Hilfsaktion stellen sich die Sueben heraus. Die Ubier verraten ihm auch, daß die Sueben Truppen an einem bestimmten Ort konzentrieren. Caesar trifft wieder einmal alle Vorbereitungen für einen raschen Krieg. *(nach c. 1–10)*

An dieser Stelle seines Commentarius schiebt C. den folgenden – scheinbar nicht zur unmittelbaren Erzählung gehörenden – Exkurs ein.

Über die Gallier und Germanen

11 Quoniam ad hunc locum perventum est, non alienum esse videtur de Galliae Germaniaeque moribus et, quo differant hae nationes inter sese, proponere.
2 in Gallia non solum in omnibus civitatibus atque in omnibus pagis partibus-
3 que, sed paene etiam in singulis domibus factiones sunt earumque factionum sunt principes, qui summam auctoritatem eorum iudicio habere existimantur, quorum ad arbitrium iudiciumque summa omnium rerum con-
4 siliorumque redeat. idque eius rei causa antiquitus institutum videtur, ne quis ex plebe contra potentiorem auxilii egeret. suos enim quisque opprimi et circumveniri non patitur neque, aliter si faciat, ullam inter suos habet
5 auctoritatem. haec eadem ratio est in summa totius Galliae; namque omnes civitates divisae sunt in duas partes.

Abkürzungen und Hinweise: s. S. 112!

11 locus: Punkt (der Darstellung) · **aliēnus:** unangebracht · **Gallia:** Gallien · **Germania:** Germanien, *vgl. I 31 Z 1* · **mōs:** *vgl. zu I 1,2* · **differre:** sich unterscheiden · **nātio:** Völkergruppe · **sese** = se · **propōnere:** schildern.
2 **civitas:** Staat, Stadt · **pāgus:** Dorf, Bezirk · **pars, partis** *f.:* Gegend, Landstrich · **factio:** Partei, parteiische Gruppierung. *In Rom gab es zu C.s Zeit eine starke Konfrontation zwischen den Popularen und den Optimaten. Die Popularen gehörten ebenso wie die Optimaten den beiden oberen Volksklassen, den Patriziern und den Rittern (equites), an, suchten aber ihre Interessen durchzusetzen, indem sie sich die Gunst der dritten Klasse, der Plebs, sicherten; die Optimaten suchten ihre politische und wirtschaftliche Macht zu behalten. Caesar gehörte zu den Popularen, Pompeius zu den Optimaten.*
3 **prīncipes:** *Prädikatsnomen* · **qui ... existimantur:** *expandiertes Subjekt zu* sunt principes · **iūdicium:** Urteil · **arbitrium:** Ermessen · **summa:** Gesamtheit · **redire ad:** zufallen, zustehen.
4 **antiquitus** *(Adv.):* von altersher · **plēbs, plēbis** *f.:* das einfache Volk · **egēre alicūius rei:** etw. entbehren, ohne etw. sein · **sui:** seine Schutzbefohlenen · **opprimere:** unterdrücken · **circumvenire:** *svw.* in Not bringen · **aliter:** anders.
5 **ratio:** Verhältnis, Verfahren · **summa:** Gesamtheit · **pars:** Teil, Partei.

12 Cum Caesar in Galliam venit, alterīus factionis principes erant Haedui,
2 alterius Sequani. hi, cum per se minus valerent, quod summa auctoritas antiquitus erat in Haeduis magnaeque eorum erant clientelae, Germanos atque Ariovistum sibi adiunxerant eosque ad se magnis iacturis pollicita-
3 tionibusque perduxerant. proeliis vero compluribus factis secundis atque
4 omni nobilitate Haeduorum interfecta tantum potentia antecesserant, ut magnam partem clientium ab Haeduis ad se traducerent obsidesque ab iis principum filios acciperent et publice iurare cogerent nihil se contra Sequanos consilii inituros et partem finitimi agri per vim occupatam posside-
5 rent Galliaeque totius principatum obtinerent. qua necessitate adductus Diviciacus auxilii petendi causa Romam ad senatum profectus infecta re
6 redierat. adventu Caesaris facta commutatione rerum, obsidibus Haeduis redditis, veteribus clientelis restitutis, novis per Caesarem comparatis, quod
7 ii, qui se ad eorum amicitiam adgregarant, meliore condicione atque aequiore imperio se uti videbant, reliquis rebus eorum gratia dignitateque amplificata Sequani principatum dimiserant. in eorum locum Remi successerant; quos quod adaequare apud Caesarem gratia intellegebatur, ii, qui propter veteres inimicitias nullo modo cum Haeduis coniungi poterant, se
8 Remis in clientelam dicabant. hos illi diligenter tuebantur; ita novam et
9 repente collectam auctoritatem tenebant; et eo tum statu res erat, ut longe principes haberentur Haedui, secundum locum dignitatis Remi obtinerent.

---

12 factio: Partei · **Haedui, Sēquani:** *große keltische Stämme (Karte FG 3 und H 3).*
2 per se: aus eigener Kraft, auf sich gestellt · **antiquitus** *(Adv.):* von altersher · **clientēla:** Schutzgemeinschaft, „Satellitensystem", *vgl. S. 9* · **Ariovistus:** *Führer der Sueben, die von C. als germanischer Stamm bezeichnet werden (vgl. I 31 Z 1)* · **aliquem sibi adiungere,** iūnxi, iūnctum *(j-n sich anfügen, d. i.):* j-n zu seinem Partner machen · **iactūra:** Verlust, Opfer · **pollicitātio:** Versprechen · **perdūcere,** dūxi, ductum: hinführen.
3 nōbilitas: Adel, Führungsschicht · **tantum:** so viel · **potentia:** Macht; **potentiā:** *Ablativ!* · **antecēdere,** cessi, cessum: vorangehen, übertreffen.
4 obsides: *Prädikatsakkusativ („als Geiseln")* · **pūblicē:** öffentlich, *d. i.* für ihren Staat · **iūrare:** schwören · **consilium inīre:** etw. planen, unternehmen · **consilii:** *gen. part.* zu nihil · **prīncipātus,** us: Führung, Vormachtstellung.
5 necessitas: Not · **Diviciācus:** *ein führender Haeduer (vgl. I 19)* · **infectā re:** „unverrichteter Dinge", ohne Erfolg.

6 adventu: *nämlich im Jahre 58 beim Antritt seines Prokonsulats* · **commutātio:** (Ver-)Änderung · **reddere,** didi, ditum: zurückgeben · **clientēla:** § 2 · **restituere,** ui, ūtum: wiederherstellen, erneuern · **amīcitia:** Freundschaftsbündnis · **se adgregrare (ad):** sich anschließen (an).
7 melior, ius: besser · **reliquis rebus:** *Abl. der Beziehung (‚limitationis')* · **grātia:** *vgl. S. 9* · **dīgnitas:** Ansehen · **prīncipātus:** § 4 · **dīmittere,** mīsi, missum: verlieren · **Rēmi:** *keltischer Stamm um das heutige Reims* · **quos:** *‚relativischer Anschluß', bildet mit* adaequare *einen a.c.i. zu* intellegebatur · **adaequare:** gleichkommen *(sc. den Haeduern)* · **gratiā:** *abl. limitationis* · **inimīcitia:** Feindschaft · **se alicui in clientēlam dicare:** sich feierlich zu j-s Schutzbefohlenen erklären.
8 diligens: sorgfältig, umsichtig · **tuēri:** schützen, unter seinen Schutz nehmen · **repente** *(Adv.):* unvermutet · **colligere,** lēgi, lēctum: sammeln, gewinnen.
9 et *leitet eine abschließende Zusammenfassung ein:* und so, also · **status,** us: Zustand · **eo statu:** *abl. qualitatis* · **prīnceps:** der erste.

13 In omni Gallia eorum hominum, qui aliquo sunt numero atque honore, genera sunt duo. nam plebes paene servorum habetur loco, quae nihil audet
2 per se, nulli adhibetur consilio. plerique, cum aut aere alieno aut magnitudine tributorum aut iniuria potentiorum premuntur, sese in servitutem
3 dicant. nobilibus in hos eadem omnia sunt iura, quae dominis in servos. sed
4 de his duobus generibus alterum est druidum, alterum equitum. illi rebus divinis intersunt, sacrificia publica ac privata procurant, religiones interpretantur. ad hos magnus adulescentium numerus disciplinae causa con-
5 currit magnoque hi sunt apud eos honore. nam fere de omnibus controversiis publicis privatisque constituunt et, si quod est facinus admissum, si caedes facta, si de hereditate, de finibus controversia est, idem decernunt,
6 praemia poenasque constituunt. si qui aut privatus aut populus eorum decreto non stetit, sacrificiis interdicunt. haec poena apud eos est gravissima.
7 quibus ita est interdictum, hi numero impiorum ac sceleratorum habentur, his omnes decedunt, aditum eorum sermonemque defugiunt, ne quid ex contagione incommodi accipiant, neque his petentibus ius redditur neque
8 honos ullus communicatur. his autem omnibus druidibus praeest unus, qui
9 summam inter eos habet auctoritatem. hoc mortuo aut, si qui ex reliquis excellit dignitate, succedit aut, si sunt plures pares, suffragio druidum adle-
10 gitur; nonnumquam etiam armis de principatu contendunt. hi certo anni

---

13 **numerus:** Rang, Geltung · **plēbes,** is *f.:* das einfache Volk · **nam:** *C. begründet zunächst, warum er nicht – wie ein Römer erwarten konnte – von drei Klassen oder Gruppen spricht (vgl. 11,2 factio)* · **alicūius loco habēri:** wie jemand behandelt werden · **per se:** von sich aus, aus eigener Kraft · **adhibēre:** heranziehen, zulassen.

2 **plerīque:** die meisten · **aes aliēnum:** Schulden · **tribūtum:** Steuer · **sese** = se · **se in servitūtem alicūius dīcare:** sich förmlich zu j-s Sklaven erklären, sich unter j-s Herrschaft stellen · **dominus:** Herr.

3 **de:** von · **drúides,** um: die Druiden, *die Priesterkaste der Kelten. Die Römer selbst hatten Priester vielerlei Art entsprechend den verschiedenen römischen Göttern; der höchste Priester war der Pontifex Maximus, der einem Kollegium verschiedener Priester vorstand und die Staatsaufsicht über den Kult hatte.*

4 **rēs divīnae:** Götterdienst · **interesse alicui rei:** *svw.* für etw. verantwortlich sein · **sacrificium:** Opfer · **pūblicus:** öffentlich, im Namen des Staates · **privātus:** privat, für private Anliegen · **procūrare aliquid:** für etw. sorgen, zuständig sein · **religio:** religiöser Brauch, religiöse Vorschrift · **interpretari:** erklären, auslegen · **disciplīna:** Unterricht, Lehre.

5 **contrōversia:** Streitigkeit · **cōnstituere:** entscheiden, festsetzen · **facinus,** oris *n.:* Tat, Verbrechen · **admittere,** mīsi, missum: zulassen, begehen · **hērēditas:** Erbschaft · **īdem:** *Nominativ Plural* · **decernere:** einen Beschluß fassen, ein Urteil fällen · **poena:** Strafe.

6 **aut – aut:** entweder – oder · **privātus:** Privatmann, Einzelperson · **decrētum:** Entscheidung, Beschluß · **stare aliqua re** (steti, statum): sich an etw. halten, einer Sache nachkommen · **interdīcere alicui aliqua re:** j-n von etw. ausschließen, j-m etw. verbieten; *also:*

7 **mihi interdīcitur:** ich werde ausgeschlossen · **numero alicūius haberi:** gezählt werden unter, angesehen werden als · **impius:** gottlos · **scelerātus:** Verbrecher · **decēdere:** ausweichen · **sermo,** onis *m.:* Gespräch · **defugere:** „aus dem Weg gehen" · **contāgio:** Berührung · **incommodum:** Nachteil · **iūs reddere:** Recht sprechen; *die Geächteten sind also von der Gerichtsbarkeit grundsätzlich ausgeschlossen* · **honōs** = honor (Ehrenamt) · **commūnicare:** verteilen.

9 **hōc mortuo:** *Abl. + Präd.* · **excellere:** herausragen · **dīgnitas:** Ansehen · **succēdere:** nachfolgen · **plūres:** mehr *(als der eine genannte)* · **suffrāgium:** Abstimmung · **adlegere:** wählen · **nonnumquam:** manchmal · **prīncipātus,** us: erster Rang, Vorrangstellung.

tempore in finibus Carnutum, quae regio totius Galliae media habetur, considunt in loco consecrato. huc omnes undique, qui controversias habent,
11 conveniunt eorumque decretis iudiciisque parent. disciplina in Britannia
12 reperta atque inde in Galliam translata existimatur, et nunc, qui diligentius eam rem cognoscere volunt, plerumque illo discendi causa proficiscuntur.
14 Druides a bello abesse consuerunt neque tributa una cum reliquis pendunt.
2 militiae vacationem omniumque rerum habent immunitatem. tantis excitati praemiis et sua sponte multi in disciplinam conveniunt et a parentibus
3 propinquisque mittuntur. magnum ibi numerum versuum ediscere dicuntur. itaque annos nonnulli vicenos in disciplina permanent. neque fas esse existimant ea litteris mandare, cum in reliquis fere rebus, publicis privatisque
4 rationibus, Graecis utantur litteris. id mihi duabus de causis instituisse videntur, quod neque in vulgus disciplinam efferri velint neque eos, qui discunt, litteris confisos minus memoriae studere, quod fere plerisque accidit, ut praesidio litterarum diligentiam in perdiscendo ac memoriam remittant.
5 in primis hoc volunt persuadere non interire animas, sed ab aliis post mortem transire ad alios, atque hoc maxime ad virtutem excitari putant metu
6 mortis neglecto. multa praeterea de sideribus atque eorum motu, de mundi ac terrarum magnitudine, de rerum natura, de deorum immortalium vi ac potestate disputant et iuventuti tradunt.
15 Alterum genus est equitum. hi, cum est usus atque aliquod bellum incidit – quod ante Caesaris adventum quotannis fere accidere solebat, uti aut ipsi

10 **Cárnutes, um:** *keltischer Stamm um das heutige Orléans (vgl. Chartres), Karte E 2/3* · **haberi:** angesehen werden als, gelten · **cōnsecrare:** für göttlich erklären, weihen · **parēre:** gehorchen.
11 **reperire,** repperi, repertum: entdecken, (er)-finden · **Britannia:** Britannien · **trānsferre,** tuli, lātum: hinüberbringen · **nunc:** jetzt · **diligēns:** sorgfältig, genau · **illō:** dorthin · **dīscere:** lernen.
14 **tribūtum:** Steuer · **pendere:** zahlen · **mīlitia:** Kriegsdienst · **vacātio:** Befreiung, Freisein · **immūnitas:** *das Freisein von Leistungen, d. i.* svw. Privilegien.
2 **excitare:** anreizen · **suā sponte:** aus eigenem Willen, freiwillig · **disciplīna:** Unterricht, Lehre · **parentes,** um: Eltern.
3 **versus,** us: Vers; *die Verse oder Lehrgedichte enthielten das Wissen der Druiden* · **ēdiscere:** auswendig lernen · **vicēnī:** je(weils) zwanzig · **permanēre:** bleiben, ausharren · **fās** (*n.*) **est:** es ist (nach göttlichem Gesetz) erlaubt · **ea** *meint den Inhalt der Verse, das Gelernte* · **mandare:** anvertrauen · **pūblicus; prīvātus:** *vgl. zu 13,4* · **ratio:** Geschäft, Angelegenheit · **Graecus:** griechisch.

4 **vulgus,** i *n.:* Menge, breite Masse · **efferre:** heraustragen, bekannt machen · **dīscere:** lernen · **cōnfīsos:** *von* confidere · **memoriae studēre:** *svw.* das Gedächtnis ausbilden · **plerique:** die meisten · **accidit alicui:** es passiert j-m · **perdīscere:** gründlich, auswendig lernen · **remittere:** *svw.* erschlaffen lassen.
5 **in prīmīs:** vor allem · **hōc persuadēre:** davon überzeugen · **interire:** untergehen, umkommen · **anima:** Seele *(als Sitz der Lebenskraft)* · **hōc:** dadurch ·**maximē:** besonders · **excitare:** § 2 · **metus,** us: Furcht.
6 **sīdus,** eris *n.:* Stern, Gestirn · **mundus:** Welt(all) · **rerum natūra:** *das Werden der Dinge, d. i. die Natur* · **deus:** Gott · **immortālis:** unsterblich · **vīs** (Gewalt) **ac potestas** (Macht) *meint Besitz von Gewalt und Fähigkeit, sie spüren zu lassen* · **disputare:** (Erörterungen) vortragen · **iuventus,** tutis: Jugend.
15 **ūsus est:** es ergibt sich die Notwendigkeit, es liegt Bedarf vor · **incidere:** sich ereignen, eintreten · **quotannis** *(Adv.):* jedes Jahr · **accidere:** geschehen · **solēre:** gewohnt sein, pflegen · **uti** = ut; *der ut-Satz erläutert den quod-Satz, der seinerseits schon Erläuterung des cum-Satzes bzw. von* aliquod bellum incidit *war* ·

2 iniurias inferrent aut inlatas propulsarent –, omnes in bello versantur, atque eorum ut quisque est genere copiisque amplissimus, ita plurimos circum se ambactos clientesque habet. hanc unam gratiam potentiamque noverunt.

16 Natio est omnis Gallorum admodum dedita religionibus, atque ob eam causam, qui sunt adfecti gravioribus morbis quique in proeliis periculisque versantur, aut pro victimis homines immolant aut se immolaturos vovent,
3 administrisque ad ea sacrificia druidibus utuntur, quod, pro vita hominis nisi hominis vita reddatur, non posse aliter deorum immortalium numen placari arbitrantur, publiceque eiusdem generis habent instituta sacrificia.
4 alii immani magnitudine simulacra habent, quorum contexta viminibus membra vivis hominibus complent; quibus succensis circumventi flamma
5 exanimantur homines. supplicia eorum, qui in furto aut in latrocinio aut aliqua noxia sint comprehensi, gratiora dis immortalibus esse arbitrantur. sed cum eius generis copia deficit, etiam ad innocentium supplicia descendunt.

17 Deorum maxime Mercurium colunt. huius sunt plurima simulacra, hunc omnium inventorem artium ferunt, hunc viarum atque itinerum ducem, hunc ad quaestus pecuniae mercaturasque habere vim maximam arbitran-

---

aut – aut: entweder – oder • **propulsare:** abwehren • **versari:** sich aufhalten, sich befinden.

2 **eorum:** *gen. part. zu* quisque • **amplus:** groß, bedeutend • **circum + acc.:** um ... herum • **ut ... amplissimus, ita plurimos ...** *(wie am r. – so ... die meisten):* je reicher ..., desto mehr ... • **ambactus:** Gefolgsmann, Höriger *(keltisches Wort)* • **potentia:** Macht • **nōvisse:** kennen.

16 **admodum** *(Adv.):* in hohem Maße • **dēditus:** hingegeben • **religio:** *svw.* religiöses Gefühl.

2 **qui sunt ... quique ... versantur:** *zwei expandierte Subjekte zu* immolant, vovent, utuntur • **afficere** (aliquem aliqua re): (j-m etw.) antun; *Passiv:* befallen werden *o. ä.* • **morbus:** Krankheit • **versari:** sich befinden • **victima:** Opfertier • **immolare:** opfern • **vovēre:** geloben • **administer,** stri: Beistand, Helfer • **sacrificium:** Opfer • **drúides,** um: *vgl. zu 13,3.*

3 **pro vīta hominis** *steht hervorgehoben vor* nisi • **reddere:** zurückgeben, zum Ausgleich geben • **aliter:** anders • **dei immortālēs:** die unsterblichen Götter • **numen,** inis *n.:* (göttlicher) Wille *(der sich nach einer urtümlichen Vorstellung im Nicken – nuere – mit dem Haupt zeigt)* • **placare:** versöhnen • **pūblicē:** in staatlichen Angelegenheiten.

4 **immānis,** e: ungeheuer (groß) • **simulācrum:** Stand-, Götterbild • **contexere,** texui, textum: zusammenflechten • **vīmen,** inis *n.:* Flechtwerk, (Weiden-)Rute • **membrum:** Glied • **vīvus:** lebend(ig) • **complēre:** (an)füllen • **quibus** *meint* simulacra • **succendere,** cendi, cēnsum: (von unten) anzünden • **flamma:** Flamme, Feuer • **exanimare** *(des Atems berauben):* töten • **homines:** *betonte Schlußstellung.*

5 **supplicium:** Hinrichtung • **fūrtum:** Diebstahl • **latrōcinium:** Raub(zug) • **noxia:** Vergehen • **di** (= dei) **immortālēs:** § 3 • **copia:** *wie paßt dieser Ausdruck für das Verfahren der Kelten?* • **innocēns:** unschuldig • **descendere ad:** sich einlassen auf, sich versteigen zu.

17 **māximē:** besonders • **Mercurius:** Merkur, *in der griechisch-römischen Religion Sohn Jupiters, Götterbote, der den Menschen die Pläne Jupiters mitteilt oder erläutert, Gott der Rede, des Handels und der Schlauheit. C. setzt mit ihm wohl den keltischen Gott Teutates gleich* • **colere:** verehren • **plūrimi,** ae, a: die meisten, sehr viele • **simulācrum:** Standbild • **inventor:** Erfinder, Urheber • **ars,** artis *f.:* Kunst, Handwerk • **ferre:** *svw.* rühmen als • **via:** Weg, Straße • **iter:** Weg, Marsch *(M. zeigt also den richtigen Weg und schützt die Reise darauf)* • **quaestus,** us: Erwerb • **mercātūra:** Handel(sgeschäft) *(wie Mercurius verwandt mit merx: Ware)* • **māximus:** der größte •

2 tur. post hunc Apollinem et Martem et Iovem et Minervam. de his eandem fere quam reliquae gentes habent opinionem: Apollinem morbos depellere, Minervam operum atque artificiorum initia tradere, Iovem imperium
3 caelestium tenere, Martem bella regere. huic, cum proelio dimicare constituerunt, ea, quae bello ceperint, plerumque devovent; cum superaverunt,
4 animalia capta immolant reliquasque res in unum locum conferunt. multis in civitatibus harum rerum extructos tumulos locis consecratis conspicari
5 licet; neque saepe accidit, ut neglecta quispiam religione aut capta apud se occultare aut posita tollere auderet, gravissimumque ei rei supplicium cum cruciatu constitutum est.

18 Galli se omnes ab Dite patre prognatos praedicant idque ab druidibus pro-
2 ditum dicunt. ob eam causam spatia omnis temporis non numero dierum, sed noctium finiunt; dies natales et mensum et annorum initia sic observant,
3 ut noctem dies subsequatur. in reliquis vitae institutis hoc fere ab reliquis differunt, quod suos liberos, nisi cum adoleverunt, ut munus militiae sustinere possint, palam ad se adire non patiuntur filiumque puerili aetate in publico in conspectu patris adsistere turpe ducunt.

---

post hunc sc. colunt · **Apollo,** inis: *Apoll galt bei den Griechen und Römern als Sohn Jupiters und war Gott der Wahrsagung und Heilkunst, der Musik und der Dichtung sowie allgemein – durch Gleichsetzung mit dem Sonnengott – der strahlend schöne, ewig jugendliche Gott. C. setzt Apoll wohl mit dem keltischen Gott Belenos gleich* · **Mars,** Martis: *der römische Mars war der Gott des Krieges. C. setzt ihn mit dem keltischen Esus gleich* · **Iuppiter,** Iovis: *Jupiter galt den Römern – wie den Griechen Zeus – als höchster Gott, Herrscher über Himmel, Donner und Blitz, Beherrscher von Staat, Familie, Haus und Besitz. C. setzt ihn mit dem keltischen Taranis gleich* · **Minerva** *galt den Römern – wie Athene den Griechen – als Tochter des Jupiter und Göttin der Weisheit, der Wissenschaften und handwerklich-technischen Fähigkeiten. Welche keltische Göttin ihr entspricht, ist nicht sicher.*
2 **gēns,** gentis *f.:* Volk(sstamm) · **morbus:** Krankheit · **depellere:** vertreiben · **opus:** *svw.* Handwerk · **artificium:** Kunst, technische Fertigkeit · **caelestis:** himmlisch, der Himmlische · **regere:** lenken, beherrschen.
3 **dimicare:** kämpfen · **devovēre:** geloben, versprechen · **superare:** siegreich sein · **animal,** is *n.:* Lebewesen.
4 **exstruere,** strūxi, strūctum: in die Höhe bauen, aufschichten · **cumulus:** Haufen · **cōnsecrare:** heiligen, weihen · **cōnspicari:** zu Gesicht bekommen, erblicken.
5 **neglegere,** lēxi, lēctum: mißachten · **religio:** religiöse Bindung, religiöse Vorschrift · **quispiam:** jemand · **pōnere,** posui, positum: (als Weihegeschenk) niederlegen, weihen · **supplicium:** Hinrichtung, Todesstrafe · **cruciātus,** us: Marter, Folter(ung).

18 **Dīs,** Dītis *oder* **Dīspater:** *römischer Nachtgott, Herr der unsichtbaren Unterwelt; dagegen ist Iuppiter (aus Iov-pater) Taggott, Herr der sichtbaren Oberwelt. C. setzt Dispater mit dem keltischen Gott Cernunnos gleich. Zu Caesars Zeit war der Kult des Dispater in Rom wenig bedeutend* · **prognātus:** entstanden, abstammend · **praedicare:** behaupten, rühmen · **druides,** um: *vgl. zu 13,3.*
2 **finire:** festsetzen, bestimmen · **dies nātālis:** Geburtstag · **mēnsis,** is *m.:* Monat · **observare:** beobachten, einhalten *(i. D. freier zu übersetzen)* · **noctem dies:** *Vertauschung der normalen Abfolge Subjekt-Objekt, um den Gegensatz zum üblichen Verfahren zu betonen* · **subsequi:** (nach)folgen.
3 **institūtum:** Einrichtung, Gewohnheit · **differre:** sich unterscheiden · **adolēscere,** olēvi, ultum: heranwachsen, erwachsen werden · **mūnus,** eris *n.:* Aufgabe · **militia:** Kriegsdienst · **palam** *(Adv.):* öffentlich, vor aller Augen · **puerīlis aetas:** Kindesalter · **in pūblico:** in der Öffentlichkeit · **cōnspectus,** us: Gesichtskreis, Blickfeld · **adsistere:** hintreten, dastehen · **turpis,** e: schimpflich · **dūcere:** meinen, halten für.

19 Viri, quantas pecunias ab uxoribus dotis nomine acceperunt, tantas ex suis
2 bonis aestimatione facta cum dotibus communicant. huius omnis pecuniae coniunctim ratio habetur fructusque servantur; uter eorum vita superarit,
3 ad eum pars utriusque cum fructibus superiorum temporum pervenit. viri in uxores sicuti in liberos vitae necisque habent potestatem, et cum pater familiae inlustriore loco natus decessit, eius propinqui conveniunt et de morte, si res in suspicionem venit, de uxoribus in servilem modum quaestionem habent et, si compertum est, igni atque omnibus tormentis excruciatas
4 interficiunt. funera sunt pro cultu Gallorum magnifica et sumptuosa; omniaque, quae vivis cordi fuisse arbitrantur, in ignem inferunt, etiam animalia, ac paulo supra hanc memoriam servi et clientes, quos ab iis dilectos esse constabat, iustis funeribus confectis una cremabantur.

20 Quae civitates commodius suam rem publicam administrare existimantur, habent legibus sanctum, si quis quid de re publica a finitimis rumore ac fama acceperit, uti ad magistratum deferat neve cum quo alio communicet,
2 quod saepe homines temerarios atque imperitos falsis rumoribus terreri et ad facinus impelli et de summis rebus consilium capere cognitum est.
3 magistratus, quae visa sunt, occultant, quae esse ex usu iudicaverunt, multitudini produnt. de re publica nisi per concilium loqui non conceditur.

---

19 **vir**, i: Mann · **quantus**: wieviel *(interrogativ und relativ)* · **uxor**, is: (Ehe-)Frau · **dōs**, dōtis *f.:* Mitgift · **nōmine**: svw. als · **bona** *(n. pl.):* Vermögen, Gut · **aestimātio**: Schätzung, Taxierung · **commūnicare**: vereinigen.
2 **coniūnctim**: gemeinschaftlich · **ratio**: Rechnung · **frūctus**, us: Ertrag, Zins · **uter**: wer (von zweien) *(interrogativ und relativ)* · **superior**, ius: früher, vergangen.
3 **sīcuti**: so wie · **nex**, necis *f.:* Tod · **inlūstris** *(erleuchtet):* hochstehend · **decēdere**, cessi, cessum: svw. sterben · **de morte** „über die Todesumstände" *steht als Gegenstand des Verhörs voran,* **de uxoribus** *nennt die verhörte Person ·* **in servīlem modum**: nach Sklavenart, *d. i. mit der Folter, die in Rom bei Verhören von Sklaven zugelassen war ·* **quaestio**: Untersuchung, Verhör · **si compertum est** (comperire, comperi, compertum: in Erfahrung bringen): svw. beim Vorliegen eines Beweises *(Gegensatz zu* suspicio*) ·* **tormentum**: Folter, Marter · **excruciare**: martern.
4 **fūnus**, eris *n.:* Bestattung, Leichenbegängnis *(in Rom bei reichen Familien sehr prächtig ausgestattet; die Portraits verstorbener Vorfahren wurden beim Leichenzug mitgeführt, der Tote erschien als Glied in der Kette berühmter und wichtiger Personen; bisweilen gab es sogar Theateraufführungen zur Feier des Toten) ·* **cultus**, us: Lebensweise · **māgnificus**: prächtig · **sūmptuōsus**: aufwendig ·

vīvus: lebend · **cordi esse** (cor, cordis *n.:* Herz): am Herzen liegen, teuer sein · **animal**, is *n.:* Lebewesen · **in ignem**: *C. berücksichtigt als Römer nur die Feuerbestattung, jedoch war bei den Kelten auch die Erdbestattung (mit entsprechenden Grabbeigaben) verbreitet ·* **paulō supra hanc memoriam**: svw. kurz vor unserer Zeit · **servus**: Sklave · **dīligere**, lēxi, lēctum: lieben, schätzen · **quos dīlēctos esse**: *Subjekt (a. c. i.) zu* constabat, *i. D. ‚Gewichtsverschiebung' (zwischen über- und untergeordnetem Element) ·* **iūstus**: gesetzmäßig; *prädikativ:* nach den Vorschriften · **cremare**: verbrennen.

20 **quae cīvitātes**: die Völker, die ... · **commodus**: zweckmäßig · **administrare**: verwalten · **sancire**, sānxi, sānctum: (unter religiösen Weihen) festsetzen · **rūmor**: Gerede, Gerücht · **fāma**: Hörensagen, Gerücht *(auch über Wahres) ·* **utī** = ut · **commūnicare cum aliquo**: j-m mitteilen.
2 **temerārius**: unbesonnen · **imperītus**: unerfahren · **falsus**: falsch, unbegründet · **terrēre aliquem**: j-n erschrecken · **facinus**, oris *n.:* Tat, Aktion · **impellere**: bewegen, verleiten · **summus**: svw. wichtig(st) · **cōnsilium capere**: einen Beschluß fassen.
3 **viderī**: gut scheinen · **ex ūsū esse**: nützlich sein · **multitūdō**: (Volks-)Menge · **prōdere**: weitergeben, mitteilen · **nisi ... non**: svw. nur · **loquī**: reden.

21 Germani multum ab hac consuetudine differunt. nam neque druides habent,
2 qui rebus divinis praesint, neque sacrificiis student. deorum numero eos
solos ducunt, quos cernunt et quorum aperte opibus iuvantur, Solem et
3 Vulcanum et Lunam; reliquos ne fama quidem acceperunt. vita omnis in
venationibus atque in studiis rei militaris consistit; a parvulis labori ac
4 duritiae student. qui diutissime impuberes permanserunt, maximam inter
suos ferunt laudem; hoc ali staturam, ali vires nervosque confirmari putant.
5 intra annum vero vicesimum feminae notitiam habuisse in turpissimis
habent rebus. cuius rei nulla est occultatio, quod et promiscue in fluminibus
perluuntur et pellibus aut parvis renonum tegimentis utuntur, magna corporis parte nuda.
22 Agri culturae non student, maiorque pars eorum victus in lacte, caseo, carne
2 consistit. neque quisquam agri modum certum aut fines habet proprios, sed
magistratus ac principes in annos singulos gentibus cognationibusque hominum quique una coierunt, quantum et quo loco visum est, agri adtribuunt
3 atque anno post alio transire cogunt. eius rei multas adferunt causas: ne
adsidua consuetudine capti studium belli gerendi agri cultura commutent;
ne latos fines parare studeant potentioresque humiliores possessionibus
expellant; ne accuratius ad frigora atque aestus vitandos aedificent; ne qua

---

21 **Germāni:** *vgl. I 31 Z 2* · **multum** *(Adv.):* viel, sehr · **cōnsuētūdine** *sc.* vitae · **differre:** sich unterscheiden · **druides,** um: *vgl. zu 13,3* · **res dīvīnae:** Götterdienst · **sacrificium:** Opfer.
2 **deus:** Gott · **sōlus:** einzig, allein · **cernere:** deutlich *(mit den Sinnen)* wahrnehmen · **apertus:** offen(bar) zu Tage tretend · **opes,** *f. pl.:* Hilfen, Eingreifen · **iuvare:** unterstützen · **Sōl,** is *m.:* Sonnengott *(den die Römer schon früh in einem Tempel auf dem Quirinal verehrten, später oft mit Apollo gleichsetzten)* · **Vulcānus** *war für die Römer – wie Hephaistos für die Griechen – der Gott des Feuers, der in den Göttermythen die Waffen für die Götter schmiedet* · **Lūna:** *Mondgöttin, von den Römern früh in einem Tempel auf dem Aventin verehrt, später oft mit Diana, der Göttin der Jagd und des Zaubers, gleichgesetzt* · **fāma:** Hörensagen.
3 **vēnātio:** Jagd · **res mīlitāris:** Kriegsdienst · **cōnsistere:** bestehen · **a parvulis:** von klein auf · **dūritia:** Härte, Abhärtung.
4 **impūbes,** *gen.* eris: unerwachsen, *d. h. hier:* ohne geschlechtliche Betätigung · **māximus:** der größte · **sui:** *svw.* Altersgenossen, Volksgenossen · **alere:** entwickeln, fördern · **statūra:** Größe, Gestalt · **vīres,** ium, *f. pl.:* Kräfte · **nervī,** orum: Muskeln.
5 **intra annum vīcēsimum:** vor dem 20. Lebensjahr · **fēmina:** Frau · **nōtitia:** Kenntnis, *d. i. hier:* Umgang · **turpis,** e: schimpflich · **cūius rei** nimmt feminae *wieder auf, meint die weiblichen Geschlechtsmerkmale und ihre Attraktivität und zeigt somit die gesteigerte Schwierigkeit der Enthaltsamkeit* · **occultatio:** Verbergen, Verheimlichung · **prōmīscuē:** gemeinschaftlich · **perluere:** abspülen, *Passiv:* baden · **pellis,** is *f.:* Fell, Pelz · **rēno,** onis *m.:* Pelz *(keltisches Wort)* · **tegimentum:** Decke, Bedeckung · **nūdus:** nackt.

22 **agri cultūra:** Ackerbau · **māior:** größer · **vīctus,** us: Nahrung · **lac,** lactis *n.:* Milch · **cáseus:** Käse · **caro,** carnis *f.:* Fleisch · **consistere:** bestehen.
2 **modus:** Maß, Quantum · **proprius:** eigen · **singuli,** orum: einzeln, je ein · **gēns,** ntis *f.:* Geschlecht, Familie · **cōgnātio:** Verwandtschaft, Sippe · **qui unā coiērunt:** Gemeinschaft · **vidēri:** gut scheinen · **agri:** *gen. part.* · **attribuere:** zuteilen · **anno post:** ein Jahr später · **aliō:** anderswohin.
3 **adferunt:** *die Führer sprechen für alle* · **adsiduus:** ansässig, beständig · **commūtāre aliqua re:** mit etw. vertauschen · **lātus:** breit, weit · **humilis:** niedrig · **possessio:** Besitzung · **accūrātus:** sorgfältig, ausführlich; *der Komparativ ohne ausdrücklichen Vergleichspunkt gibt allgemein eine zu hohe Stufe an* · **frīgus,** oris *n.:* Kälte; *der Plural zeigt die Häufigkeit oder Dauer* · **aestus,** us: Hitze · **vītare:** meiden · **aedificare:** bauen ·

oriatur pecuniae cupiditas, qua ex re factiones dissensionesque nascuntur;
4 ut animi aequitate plebem contineant, cum suas quisque opes cum potentissimis aequari videat.

23 Civitatibus maxima laus est, quam latissime circum se vastatis finibus soli-
2 tudines habere. hoc proprium virtutis existimant, expulsos agris finitimos
3 cedere neque quemquam prope se audere consistere. simul hoc se fore
4 tutiores arbitrantur, repentinae incursionis timore sublato. cum bellum civitas aut inlatum defendit aut infert, magistratus, qui ei bello praesint et
5 vitae necisque habeant potestatem, deliguntur. in pace nullus est communis magistratus, sed principes regionum atque pagorum inter suos ius dicunt
6 controversiasque minuunt. latrocinia nullam habent infamiam, quae extra fines cuiusque civitatis fiunt, atque ea iuventutis exercendae ac desidiae
7 minuendae causa fieri praedicant. atque ubi quis ex principibus in concilio dixit se ducem fore, qui sequi velint, profiteantur, consurgunt ii, qui et causam et hominem probant, suumque auxilium pollicentur atque a multi-
8 tudine conlaudantur; qui ex his secuti non sunt, in desertorum ac prodito-
9 rum numero ducuntur, omniumque his rerum postea fides derogatur. hospitem violare fas non putant; qui quacumque de causa ad eos venerunt, ab iniuria prohibent sanctosque habent, hisque omnium domus patent victusque communicatur.

24 Ac fuit antea tempus, cum Germanos Galli virtute superarent, ultro bella inferrent, propter hominum multitudinem agrique inopiam trans Rhenum
2 colonias mitterent. itaque ea, quae fertilissima Germaniae sunt, loca circum Hercyniam silvam, quam Eratostheni et quibusdam Graecis fama notam

---

cupiditas: Begierde, Begehrlichkeit · **factio:** Partei · **dissēnsio:** Uneinigkeit, Spaltung.
4 **animi aequitas:** *svw.* Zufriedenheit, Genügsamkeit · **plēbs**, is *f.:* die breite Masse · **continēre:** zusammenhalten · **opes**, um *f. pl.:* Besitz · **aequare:** gleichmachen.

23 māximus: der größte · **quam lātissimē:** so weit wie möglich · **circum + acc.:** um ... herum · **vāstare:** verwüsten, veröden · **sōlitudo:** Einöde, Menschenleere.
2 **proprium alicūius:** Eigentümlichkeit von, Zeichen für.
3 **fore:** *Infinitiv Futur zu esse* · **repentīnus:** plötzlich · **incursio:** Einfall, Überfall · **sublato:** *von* tollere.
4 **nex**, necis *f.:* Tod · **potestas:** Macht.
5 **pāgus:** Gau, Bezirk · **sui:** Volksgenossen · **contrōversia:** Streitigkeit.
6 **latrōcinium:** Raubzug · **infāmia:** übler Ruf, Schande · **extrā + acc.:** außerhalb · **fieri:** *Passiv zu facere* · **iuventūs**, utis *f.:* Jugend · **dēsidia:** Müßiggang, Untätigkeit · **praedicare:** laut erklären, hervorheben.
7 **fore:** § 3 · **qui sequi velint:** *expandiertes Subjekt zu* profiteantur · **profiteri:** öffentlich erklären, sich zu j-m bekennen; *der Konjunktiv bezeichnet einen von* dixit *abhängigen Wunsch* · **cōnsurgere:** aufstehen · **causa:** Sache · **conlaudare:** loben.
8 **desertor:** fahnenflüchtig, Deserteur · **prōditor:** Verräter · **(in) numero desertorum ... dūci:** *svw.* als D. ... angesehen werden · **derogare:** entziehen.
9 **hospēs**, itis: Fremder, *der unbekannt und möglicherweise gefährlich und somit von vornherein freundlich zu behandeln war als* Gastfreund · **violare:** mißhandeln, Gewalt antun · **fās est:** es ist (göttliches) Recht, es ist erlaubt · **prohibēre a:** schützen vor · **sānctus:** unantastbar, unverletzlich · **victus**, us: Nahrung · **commūnicare alicui:** mit j-m teilen.

24 ac: und · **antea:** vorher · **ultrō:** von sich aus, sogar · **colōniam mittere:** eine Kolonie, d. h. Siedler schicken.
2 **fertilis**, e: fruchtbar · **circum + acc.:** um ... herum · **Hercynia silva:** das herkynische Waldgebirge *(Gesamtname für die Gebirge vom Schwarzwald bis zu den Karpathen)* · **quam** *ist Akkusativ*, notam esse *Infinitiv eines a. c. i. zu* video · **Eratosthenēs**, is *aus Zypern (ca. 275–*

esse video – quam illi Orcyniam appellant –, Volcae Tectosages occupa-
3 verunt atque ibi consederunt; quae gens ad hoc tempus his sedibus sese
4 continet summamque habet iustitiae et bellicae laudis opinionem. nunc
quoniam in eadem inopia egestate patientia qua Germani permanent, eodem
5 victu et cultu corporis utuntur, Gallis autem provinciarum propinquitas
et transmarinarum rerum notitia multa ad copiam atque usum largitur,
6 paulatim adsuefacti superari multisque victi proeliis ne se quidem ipsi cum
illis virtute comparant.

Caesar rückt nicht weiter gegen die Sueben vor, weil er befürchtet, in Versorgungsschwierigkeiten zu geraten – ein Getreideraub war ja wegen des geringen Ackerbaus der Germanen schlecht möglich. Er läßt aber am Rheinufer eine Befestigung errichten und Truppen stationieren – als ständige Mahnung für die Germanen.
Auf gallischem Gebiet nimmt er sodann den Kampf gegen Ambiorix und die Eburonen wieder auf. Die Eburonen werden von Caesars Reiterei überrascht und zersprengt, Ambiorix kann mit Müh und Not entkommen. Die weitere Kriegsführung gestaltet sich schwierig, weil sich die Eburonen nun überall in kleinen Trupps in den Wäldern verborgen halten. Eine dementsprechende Aufsplitterung seines Heeres hält aber Caesar für zu gefährlich. Also fordert er die Nachbarstämme auf, das Eburonenland zu plündern: „In den Wäldern sollte lieber das Leben von Galliern als ein (römischer) Legionssoldat in Gefahr kommen" (34,8). Die Gallier kommen Caesars Aufforderung in großer Zahl nach. Nun überqueren aber auch die germanischen Sugambrer den Rhein, machen Beute im Eburonenland und rücken gegen Atuatuca vor, wo der römische Troß liegt. Da mehrere Kohorten zum Getreideholen ausgeschwärmt sind, ist das Lager schwach geschützt und kann nur mit Mühe gehalten werden. Den zurückkehrenden Kohorten gelingt der Durchbruch ins Lager, aber viele Soldaten fallen. Doch dann ziehen sich die Sugambrer wieder auf die andere Rheinseite zurück. Als Caesar verspätet mit seinen Legionen im Lager anlangt, bedauert er, daß sein ausdrücklicher Befehl, das Lager nicht vor seiner Ankunft zu verlassen, nicht befolgt wurde, tröstet sich aber damit, daß die Sugambrer immerhin erwünschterweise eburonisches Gebiet verwüstet haben. Caesar setzt diese Verwüstung mit den eigenen Leuten fort. Aber Ambiorix kann er nicht fassen.
Zum Winteranfang ist Gallien wieder ruhig. Überall sind sorgfältig Legionen stationiert. Caesar kann nach Oberitalien (Gallia cisalpina) reisen, um dort wie üblich seinen Aufgaben als oberster Richter nachzukommen. *(nach c. 25–44)*

---

194 v. Chr.) war ein vielseitiger Autor; er schrieb ein berühmtes geographisches Werk mit mathematischen, physikalischen und ethnographischen Ausführungen • **quīdam:** mancher • **nōtus:** bekannt • **Orcynius:** orkynisch • **Volcae Tectósages:** Volker-Tektosägen, großer keltischer Stamm, teils um Toulouse, teils in Süddeutschland • **gēns,** ntis *f.:* Stamm.
3 **sēdēs,** is *f.:* Wohnsitz • **se continēre:** sich halten • **iūstitia:** Gerechtigkeit • **bellicus:** Adjektiv zu bellum •
4 **nunc:** jetzt • **egestās:** (bittere) Armut • **patientia:** Erdulden, Entsagung • **permanēre:** verharren • **victus, us:** Nahrung • **cultus corporis:** svw. Kleidung • **propinquitas:** Nähe • **trānsmarīnae res:** überseeische Erzeugnisse (d. i. importierte Luxuswaren) • **largīri:** reichlich geben • **paulātim:** allmählich • **adsuēfacere,** facio, fēci, factum: gewöhnen.

Liber septimus

52 v. Chr.   Schon sechs Jahre ist der römische Prokonsul Caesar in Gallien tätig. Er hat inzwischen auch die bisher freien gallischen Stämme unterworfen und zu Teilen des Imperium Romanum gemacht. Bis nach Britannien und zu germanischen Stämmen auf der rechten Rheinseite ist er vorgestoßen. Weil die einzelnen gallischen Stämme politisch zerstritten und in Kriegstechnik und Kriegsplanung den Römern unterlegen sind, hat Caesar alle Aufstände niederwerfen können, zuletzt den der Eburonen im heutigen Belgien.

Der Krieg gegen Vercingetorix

1 Quieta Gallia Caesar, ut constituerat, in Italiam ad conventus agendos proficiscitur. ibi cognoscit de P. Clodii caede, de senatusque consulto certior factus, ut omnes iuniores Italiae coniurarent, dilectum tota provincia habere
2 instituit. eae res in Galliam Transalpinam celeriter perferuntur. addunt ipsi et adfingunt rumoribus Galli, quod res poscere videbatur: retineri urbano motu Caesarem neque in tantis dissensionibus ad exercitum venire posse.
3 hac impulsi occasione, qui iam ante se populi Romani imperio subiectos
4 dolerent, liberius atque audacius de bello consilia inire incipiunt. indictis

Abkürzungen und Hinweise: s. S. 112!

1 quiētus: ruhig · **conventūs agere:** Gerichtstage halten *(eine der zivilen Aufgaben in der Provinzverwaltung)* · **cōgnōscere de aliquā re:** von etw. erfahren · **P. Clodius Pulcher** *und T. Annius Milo terrorisierten jeder mit bewaffneten Banden Rom und versuchten so, im Senat ihnen nicht genehme politische Entscheidungen zu verhindern. Clodius stand der „Volkspartei" (populares) nahe (Caesar hatte ihm zum Volkstribunat des Jahres 58 verholfen), Milo stand auf seiten der Senatorenpartei (optimates). Die Ermordung des Clodius durch Milo gegen Ende des Jahres 53 führte zu großen Unruhen in Rom und schließlich zur Übertragung diktatorischer Gewalt auf Pompeius* · **senātūs consultum** (...ut): Senatsbeschluß (daß... *o.ä.*) · **iunior,** *gen.* oris: jüngerer Mann *von 20–40 Jahren* · **coniūrare:** gemeinsam den Fahneneid schwören; *normalerweise wurde jeder Soldat einzeln vereidigt* · **dilēctus,** us: Aushebung · **totā provinciā:** *lokaler Ablativ* · **instituit:** *C. folgt also dem senatus consultum.*

2 **transalpīnus:** *von Rom aus* jenseits der Alpen gelegen · **adfingere:** hinzudichten · **rumoribus:** *Ablativ!* · **pōscere:** (er)fordern · **urbānus:** *Adj. zu* urbs · **dissēnsio:** Meinungsverschiedenheit, politische Spannung.

3 **impellere,** puli, pulsum: bewegen, verleiten · **ante** *als Adv.:* vorher · **subicere,** icio, iēci, iectum: unterwerfen · **dolēre:** schmerzlich empfinden, bedauern · **se ... subiectos:** *Objekt (a. c. i.) zu* dolerent; **qui ... dolerent:** *Subjekt des gesamten Satzes, der Konjunktiv zeigt einen besonderen inhaltlichen Bezug auf das übergeordnete Prädikat* c. inire incipiunt *an* · **līber:** frei · **audāx,** *gen.* acis: ohne Rücksichtnahme, bedenkenlos.

4 **concilium indīcere:** eine Versammlung einberufen; **indictis ... principes ... consiliis:** indictis *steht als Folge des Vorigen am Satzanfang („also beriefen sie ..."); da die*

VII 1,5–2

inter se principes Galliae conciliis silvestribus ac remotis locis queruntur de
5 Acconis morte; hunc casum ad ipsos recidere posse demonstrant; miserantur communem Galliae fortunam; omnibus pollicitationibus ac praemiis deposcunt, qui belli initium faciant et sui capitis periculo Galliam in liberta-
6 tem vindicent. in primis rationem esse habendam dicunt, priusquam eorum
7 clandestina consilia efferantur, ut Caesar ab exercitu intercludatur. id esse facile, quod neque legiones audeant absente imperatore ex hibernis egredi
8 neque imperator sine praesidio ad legiones pervenire possit. postremo in acie praestare interfici, quam non veterem belli gloriam libertatemque, quam a maioribus acceperint, recuperare.

2 His rebus agitatis profitentur Carnutes se nullum periculum communis salutis causa recusare, principesque ex omnibus bellum facturos pollicentur et,
2 quoniam in praesentia obsidibus cavere inter se non possint, ne res efferatur, at iure iurando ac fide sanciatur, petunt – conlatis militaribus signis, quo more eorum gravissima caerimonia continetur –, ne facto initio belli ab reli-
3 quis deserantur. tum conlaudatis Carnutibus dato iure iurando ab omnibus, qui aderant, tempore eius rei constituto a concilio disceditur.

---

principes *auch (logisches) Subjekt zu* indictis sind, *stehen sie zwischen den beiden Gliedern des Abl. + Präd.* • **silvestris, e:** *Adj. zu* silva • **remōtus:** versteckt, abgelegen • **queri:** (sich be)klagen • **Acco, ōnis:** *Acco, der Führer der aufständischen Senonen und Carnuten, war auf Caesars Befehl nach einem Schauprozeß zu Tode gepeitscht und enthauptet worden. C., der diese Strafe als* more maiorum supplicium *beschreibt (VI 44,2), verfuhr dann so grausam, wenn er mit diplomatischer Milde nichts mehr erreichen konnte.*
5 **ipsos:** *die* principes • **recĭdere ad aliquem:** auf j-n zurückfallen, j-n treffen • **miserari:** beklagen • **pollicitatio:** Versprechung • **depōscere:** dringend verlangen (nach etw.) • **qui...faciant et...vindicent:** *Objekt zu* deposcunt; *Konjunktive!* • **sui capitis periculo:** unter Gefahr für ihr eigenes Leben *(eine Kritik C.s?),* selbst unter Lebensgefahr • **aliquem in libertatem vindicare:** für j-n die Freiheit fordern, j-n befreien.
6 **in primis:** vor allem • **rationem habere, ut:** darauf achten, daß • **interclūdere ab aliqua re:** von etw. abschneiden • **clandestīnus:** heimlich • **priusquam...efferantur:** *formal vom* ut-*Satz abhängiger Temporalsatz, aber als zentraler Punkt der gallischen Sorgen (Konjunktiv!) vorangestellt* • **eorum** (ihre), *d. i.* principum, *steht statt des Reflexivums, weil das formal übergeordnete Subjekt* Caesar *ist.*
7 **sine praesidio:** *svw.* ohne militärische Bedeckung. *Die Gallier gehen davon aus, daß Caesar alle seine Soldaten im diesseitigen Gallien (Oberitalien) für die Senatsaushebung zur Verfügung stellt, im jenseitigen Gallien aber keinem Stamm mehr trauen kann.*
8 **praestare:** besser sein; *Subjekt ist* in acie interfici • **gloria:** Ruhm • **maiores, um:** Vorfahren • **recuperare:** wiedergewinnen.

2 **agitare:** lange *oder* grünlich behandeln • **profitēri, fessus sum:** offen erklären • **Cárnutes, um:** keltischer Stamm an der Loire, *Karte E 2/3* • **recūsare aliquid:** sich gegen etw. sträuben, etw. scheuen • **princeps ex:** der erste von...
2 **in praesentiā:** im Augenblick, zur Zeit • **obsidibus inter se cavēre:** „einander durch Geiseln Garantien geben" *(wofür, ist nicht gesagt, aber aus* ne... deserantur *zu entnehmen)* • **ne...efferatur** gibt das Motiv an, dessentwegen die Karnuten auf die Geiselstellung verzichten wollen • **ius iurandum ac fides:** *svw.* Treueschwur, ,doppelgliedriger Ausdruck' *(vgl. zu I 39,1)* • **sancīre:** (feierlich) festsetzen *oder* bekräftigen • **sanciatur:** *von* petunt *abh. Wunsch, durch* at *(so doch, wenigstens) dem* quoniam-*Satz entgegengesetzt* • **caerimōnia:** religiöse Zeremonie • **continēri aliqua re:** in etw. bestehen • **deserere:** im Stich lassen • **collatis...signis...ne... deserantur:** Art und Inhalt von iure iurando... sanciatur, *wirkungsvoll an den Satzschluß gestellt; den Karnuten lag viel daran, weil sie schon zweimal in ihrem Widerstand gegen Caesar allein gelassen worden waren.*
▷ **1–2:** Zeichnen Sie hierzu einen Satzbauplan nach dem Kastenschema, vgl. I 14 Z 1.
3 **conlaudatis:** von allen Stämmen zusammen.

VII 3–4,3

3 Ubi ea dies venit, Carnutes Cotuato et Conconnetodumno ducibus, desperatis hominibus, Cenabum signo dato concurrunt civesque Romanos, qui negotiandi causa ibi constiterant, in his C. Fufium Citam, honestum equitem Romanum, qui rei frumentariae iussu Caesaris praeerat, interficiunt bona-
2 que eorum diripiunt. celeriter ad omnes Galliae civitates fama perfertur. nam ubicumque maior atque inlustrior incidit res, clamore per agros regionesque significant; hinc alii deinceps excipiunt et proximis tradunt; ut tum
3 accidit. nam, quae Cenabi oriente sole gesta essent, ante primam confectam vigiliam in finibus Arvernorum audita sunt, quod spatium est milium passuum circiter centum sexaginta.
4 Simili ratione ibi Vercingetorix, Celtilli filius, Arvernus, summae potentiae adulescens, cuius pater principatum totius Galliae obtinuerat et ob eam causam, quod regnum adpetebat, a civitate erat interfectus, convocatis suis
2 clientibus facile incendit. cognito eius consilio ad arma concurritur. prohibetur a Gobannitione, patruo suo, reliquisque principibus, qui hanc temp-
3 tandam fortunam non existimabant; expellitur ex oppido Gergovia. non

3 **Cotuatus, Conconnetodumnus:** *Eigennamen* · **despēratus homo:** *verwegener Kerl, „Desperado"* · **Cénabum:** *die Hauptstadt der Karnuten (das heutige Orléans), Karte F 3; hier Zielakkusativ* · **negōtiari:** *handeln, Geschäfte machen;* **negotiandi causā:** *svw. „als Geschäftsleute"* · **cōnsistere:** *sich niederlassen* · **Gaius Fufius Cita:** *Eigenname* · **honestus:** *angesehen* · **rei frūmentāriae praeesse:** *für die Getreideversorgung verantwortlich sein, Proviantmeister sein* · **bona** *(n. pl.): Eigentum, Hab und Gut* · **diripere:** *plündern.*
2 **celeriter:** *Stellung!* · **fāma:** *die Kunde (hiervon)* · **illūstris:** *hervorstechend, bedeutend* · **incidit:** *svw.* accidit · **quae:** *svw.* aliquae · **clamore significant:** *dieses Nachrichtenübermittlungssystem arbeitete mit Posten, die in regelmäßigen Abständen, möglichst auf (natürlichen oder künstlichen) Erhebungen, aufgestellt waren* · **deinceps:** *nacheinander* · **agros regionesque ... alii ... proximis:** *verschiedene Stationen* · **excipiunt, tradunt:** *das Objekt (die Nachricht) ist nicht genannt, weil es hier nur auf den Mechanismus der Nachrichtenübermittlung ankommt* · **ut:** *relativischer Anschluß: so; C. geht jetzt auf den speziellen Fall ein.*
3 **Cenabi:** *Lokativ* · **oriente sōle:** *bei Sonnenaufgang* · **ante prīmam cōnfectam vigiliam:** *vor Ablauf der ersten Nachtwache, d. i. vor 21 Uhr* · **Arverni:** *keltisches Volk in der heutigen Auvergne, Karte F 4* · **gesta essent:** *konzessiver Konjunktiv, der unterstreicht, wie unerwartet schnell die Nachricht vorwärts dringt* · **milium passuum circiter centum sexaginta:** *ungefähr 160 Meilen (= 240 km).*

4 **ibi:** *d. i.* in finibus Arvernorum · **Vercingetorīx, īgis; Celtillus:** *Eigennamen* · **summae potentiae:** *Genitivattribut, i. D.: adj. Attribut* · **pater:** *d. i.* Celtillus · **prīncipatum obtinēre:** *svw.* an der Spitze stehen · **rēgnum:** *seit der Vertreibung des Tarquinius Superbus und dem Beginn der Republik (504 v. Chr.) ist den meisten Römern eine Königsherrschaft verhaßt* · **adpetere aliquid:** *nach etw. streben* · **cīvitas:** *Kollektivbegriff, i. D.* Mitbürger, Stammesgenossen · **facile:** *Adv.* · **incendere:** *als Objekt ist* clientes *zu denken.* **simili rātione** *(auf ähnliche Weise) soll die Aktionen des Vercingetorix bei den Arvernern mit denen des Cotuatus und Conconnetodumnus bei den Karnuten auf eine Stufe stellen. Worin besteht die Ähnlichkeit?*
2 **concurritur:** *darauf liegt das Gewicht, während das Subjekt (*clientes *oder schon mehr?) vernachlässigt wird* · **prohibētur:** *sc.* Vercingetorix · **Gobannitio, onis:** *Eigenname* · **patruus:** *Onkel (väterlicherseits)* · **temptandam fortūnam** *(sc. esse): Objekt (a. c. i.) zu* non existimabant, *die -nd-Form erhält hier die Bedeutung des „Müssens" oder „Nicht-Dürfens"* · **hanc** *(prädikativ): in dieser Weise* · **Gergovia:** *Hauptstadt der Arverner; bis hierhin war also das Aufstandssignal gedrungen (3,3).*

desistit tamen atque in agris habet dilectum egentium ac perditorum. hac coacta manu, quoscumque adit ex civitate, ad suam sententiam perducit;
4 hortatur, ut communis libertatis causa arma capiant, magnisque coactis copiis adversarios suos, a quibus paulo ante erat eiectus, expellit ex civitate.
5 rex ab suis appellatur. dimittit quoque versus legationes; obtestatur, ut in
6 fide maneant. celeriter sibi Senones, Parisios, Pictones, Cadurcos, Turonos, Aulercos, Lemovices, Andes reliquosque omnes, qui Oceanum attingunt,
7 adiungit; omnium consensu ad eum defertur imperium. qua oblata potestate omnibus his civitatibus obsides imperat, certum numerum militum
8 ad se celeriter adduci iubet, armorum quantum quaeque civitas domi quod-
9 que ante tempus efficiat, constituit; in primis equitatui studet. summae diligentiae summam imperii severitatem addit; magnitudine supplicii dubitan-
10 tes cogit. nam maiore commisso delicto igni atque omnibus tormentis necat, leviore de causa auribus desectis aut singulis effossis oculis domum remittit, ut sint reliquis documento et magnitudine poenae perterreant alios.

Vercingetorix bekommt mit seinem grausamen Regiment schnell ein Heer zusammen. Auch die Biturigen (ein großer Stamm an der Loire mit der Hauptstadt Avaricum–Karte F 3) schließen sich ihm an, als er mit seinen Truppen bei ihnen auftaucht. Als Caesar von diesen Kriegsvorbereitungen erfährt, reist er sofort aus der Provinz Gallia cisalpina (in Norditalien) in die Provinz Gallia ulterior (jenseits der Alpen). Dort aber weiß er zunächst nicht, wie er weiter zu seinen Legionen kommen kann, die in den besetzten gallischen Gebieten stehen. Denn er selbst ist ohne großen Truppenschutz, und den gallischen Stämmen traut er nicht.

---

3 **desistere:** aufhören, aufgeben · **dilēctus,** us: Aushebung · **egēns,** gen. ntis: svw. „Hungerleider"; **perditus:** svw. „verkrachte Existenz"; *wie passen die beiden Wörter zu* dilectus? · **hac coacta manu:** eingebettete Mitteilung (Abl.+Präd.) – *logisches Verhältnis zu* ad suam sententiam perducit? · **quicumque:** svw. alle, die · **quoscumque adit e. c.:** *Objekt zu* perducit · **perducere:** hinführen.
4 **adversārius:** Gegner, Widersacher · **paulo ante:** kurz zuvor · **eicere,** icio, ieci, iectum: hinauswerfen, vertreiben · **civitas** hier svw. Land.
5 **rēx:** *vgl. zu* regnum § 1 · **sui:** seine Leute, seine Anhänger · **quōque versus** *(wohin auch immer gewendet):* überallhin · **obtestari:** beschwören · **in fide manēre:** (dem Eid) treu bleiben.
6 **Sénones, Parīsii, Píctones, Cadurci, Túroni, Aulerci, Lemovīces, Andes:** *verschiedene keltische Stämme (vgl. heutige Ortsnamen: Sens, Paris, Poitou, Quercy, Tours, Limoges, Angers). Was zeigt die Aufzählung und wie wirkt sie?* · **Oceanus:** der (atlantische) Ozean · **qui O. attingunt:** svw. Küstenvölker · **cōnsēn**sus, us: Übereinstimmung, Einwilligung.
7 **oblāta:** *von* offerre: anbieten, übertragen · **imperare alicui aliquid:** von j-m etw. verlangen.
8 **armorum quantum ... quodque ante tempus:** wieviel Waffen (und) bis zu welchem Zeitpunkt · **in prīmis:** vor allem · **studēre alicui rei:** Wert auf etw. legen, einer Sache seine Aufmerksamkeit widmen.
9 **severitas:** Strenge · **addere:** hinzufügen; *hier?* · **supplicium:** Strafe.
10 **delictum:** Fehler, Übertretung · **d.committere:** e-n F. begehen, verüben · **tormentum:** Folter · **necare:** (grausam) töten, ermorden *(dagegen ist* interficere *wertfrei). Objekt ist das sinngemäße Subjekt von* commisso delicto, *etwa:* „Delinquenten" · **auris,** is *f.:* Ohr · **desecare,** secui, sectum: abschneiden · **oculus:** Auge · **effodere,** fodio, fōdi, fossum: ausstechen · **documento esse:** ein (warnendes) Beispiel sein · **poena:** Strafe.
▷ **(9 severitas, diligentia:** *Vergleichen Sie dazu I 32 Z 1 und I 40 Z 1a–b.)*

VII 5–11 (Referat)

Ein anderes Problem schiebt sich aber noch davor: Als sich weitere gallische Stämme Vercingetorix und den Arvernern angeschlossen haben, darunter die zum römischen Provinzgebiet gehörigen Rutener, bereitet der Cadurcer Lucterius, dem Vercingetorix einen Teil seiner Streitkräfte überlassen hat, einen Überfall auf die römische Provinz und ihre Hauptstadt Narbo (Narbonne) vor. Caesar widmet sich daher zunächst der Verteidigung der Provinz, macht den Einwohnern von Narbo Mut, bildet aus den in der Provinz stationierten Truppen Schutzkommandos an den Grenzen und in Narbo und verlegt weitere Truppen aus beiden gallischen Provinzen zu den Helviern (Karte G 4) an der Grenze zu den Arvernern. Lucterius zieht sich vor den römischen Truppen zurück, und so kann sich Caesar schnell zu den Einheiten bei den Helviern begeben. Durch 1,80 m hohen Schnee bahnen sich seine Truppen einen Weg über die Cevennen (Karte FG 4) zu den Arvernern. Diese hatten sich hinter der Gebirgswand völlig sicher gefühlt. Jetzt rufen sie voll Schrecken Vercingetorix mit den Truppen aus dem Gebiet der Biturigen zurück, damit er ihr Eigentum schütze.

Während Vercingetorix dadurch gebunden ist, reist Caesar in aller Eile mit einem Reiterkommando durch das Gebiet der mit Rom verbündeten Haeduer, von denen er noch am wenigsten Gefahr erwartet, und erreicht zwei seiner Legionen im Winterquartier bei den Lingonen (Karte G 3). Dorthin läßt er nun seine acht anderen Legionen kommen.

Damit ist der gallische Plan, Caesar von seinen Legionen abzuschneiden, zunichte. Vercingetorix zieht nun mit seinen Truppen gegen Gorgobina (eine heute nicht genau lokalisierbare Stadt). Dort hatte Caesar einst die mit den Haeduern verbundenen Bojer angesiedelt (b. G. I 28,5). Der Untergang dieser Stadt hätte als Zeichen dafür angesehen werden können, daß Caesar mit ihm verbündete gallische Stämme nicht schützen könne, und sicherlich zum Anschluß weiterer Stämme an Vercingetorix geführt. Daher marschiert Caesar trotz zu erwartender winterlicher Versorgungsschwierigkeiten in Richtung auf das Gebiet der Bojer. Dabei gelingt es ihm, die senonische Stadt Vellaunodunum zu besetzen (Karte F 2); Cenabum (Orléans), wo die Aufstandsbewegung mit der Ermordung römischer Kaufleute begonnen hatte (3,1), wird geplündert und eingeäschert. Nun ist das Hinterland gesichert, die Versorgungslage durch Plünderungen gebessert, die Stimmung der Soldaten durch Geschenke aus der Beute gut.

Caesar überschreitet die Loire und kommt mit seinem Heer zu den Biturigen, die Vercingetorix verlassen hatte, als er zur Belagerung Gorgobinas auszog.
(nach c. 5–11)

12 Vercingetorix, ubi de Caesaris adventu cognovit, oppugnatione desistit atque obviam Caesari proficiscitur. ille oppidum Biturigum positum in via Noviodunum oppugnare instituerat. quo ex oppido cum legati ad eum venissent oratum, ut sibi ignosceret suaeque vitae consuleret, ut celeritate reliquas res conficeret, qua pleraque erat consecutus, arma conferri, equos produci, obsides dari iubet. parte iam obsidum tradita, cum reliqua administrarentur, centurionibus et paucis militibus intromissis, qui arma iumentaque conquirerent, equitatus hostium procul visus est, qui agmen Vercingetorigis antecesserat. quem simulatque oppidani conspexerunt atque in spem auxilii venerunt, clamore sublato arma capere, portas claudere, murum complere coeperunt. centuriones in oppido, cum ex significatione Gallorum novi aliquid ab iis iniri consilii intellexissent, gladiis destrictis portas occupaverunt suosque omnes incolumes receperunt.

13 Caesar ex castris equitatum educi iubet proeliumque equestre committit; laborantibus iam suis Germanos equites circiter CCCC submittit, quos ab initio secum habere instituerat. eorum impetum Galli sustinere non potuerunt atque in fugam coniecti multis amissis se ad agmen receperunt. quibus profligatis rursus oppidani perterriti comprehensos eos, quorum opera plebem concitatam existimabant, ad Caesarem perduxerunt seseque ei dediderunt.

---

12 **cōgnōscere de aliqua re:** von etw. erfahren · **desistere aliqua re:** von etw. ablassen, etw. aufgeben · **obviam** *(Adv.)*: entgegen.

2 **Biturīges, um:** *keltischer Stamm, Karte D 4* · **Noviodūnum:** *häufiger Stadtname (keltisch dunum = befestigte Anhöhe; vgl. town, Zaun, Stadtname Daun (Eifel))*.

3 **quo ex oppido:** *als relativischer Anschluß vor cum gestellt* · **ōrare:** bitten; **oratum:** *Supinum I* · **sibi; suae:** *die Gesandten sprechen für alle Einwohner* · **īgnōscere:** verzeihen · **celeritas:** *Subst. zu celer* · **ut ... conficeret:** *Angabe des Motivs für das übergeordnete iubet (zeitlich-lineare Anordnung der Satzglieder)* · **prodūcere:** hier svw. aus der Stadt herausführen.

4 **reliqua** *(n. pl.)*: das Übrige *(also Waffen, Pferde und weitere Geiseln)* · **intrōmittere:** hineinschicken · **iūmentum** *(vgl. iugum)*: Zugtier, Lasttier *(auch Pferde wurden so genutzt)* · **conquīrere:** (ein)sammeln · **antecēdere,** cessi, cessum: vorangehen, vorauseilen.

▷ **tradita ... administrarentur ... intromissis ... visus est:** *zeitlich-lineare Abfolge der Satzglieder; erklären Sie die Wahl der Tempora!*

5 **quem:** *relativischer Anschluß, Objekt zu conspexerunt* · **simulatque:** sobald · **oppidānus:** Städter, Einwohner *einer Stadt* · **in spem venire:** sich Hoffnung machen · **clamorem sufferre:** ein Geschrei erheben · **claudere:** schließen · **mūrum complēre:** die Stadtmauer besetzen.

6 **significatio** *(das Zeichengeben)*: hier svw. Verhalten · **cōnsilium inire:** *vgl. zu 1,3* · **aliquid novi consilii** *(gen. part.)*: irgendein neuer Plan; novi *steht betont voran* · **gladium destringere,** strinxi, strictum: das Schwert zücken · **sui:** ihre Leute · **recipere:** *hier svw. reducere.*

13 **Caesar:** *eine Art Themaangabe; c. 13 schildert seine Reaktion wie c. 12 die des Vercingetorix; vgl. auch c. 14* · **proelium equestre:** Kavalleriegefecht · **labōrare:** svw. in Schwierigkeiten sein · **sui:** ihre Leute *(vgl. auch I 21 Z 1)*. **Germāni equites:** *erstes Zeugnis für eine germanische Reitertruppe in einem römischen Heer; wann Caesar sie gebildet hat (vielleicht nach einer kriegerischen Auseinandersetzung mit den Germanen), teilt er nirgends mit* · **submittere:** zu Hilfe schicken · **ab initio:** von Anfang an *(bei der Schilderung seines Aufbruchs in Boisches Gebiet (10,4) hatte C. sie nicht ausdrücklich erwähnt)*.

2 **in fugam conicere,** icio, iēci, iectum: zur Flucht zwingen · **quibus:** *relativischer Anschluß; nominaler Teil eines Abl. + Präd.* · **profligare:** überwältigen, schlagen · **rūrsus** *(Adv.)*: wieder · **opera:** hier i. D.? · **concitare:** aufwiegeln, in Aufruhr bringen.

▷ **profligatis ... perterriti ... comprehensos ... perduxerunt ...:** *zeitlich-lineare Abfolge; jede Verbalinformation ist in die jeweils folgende eingebettet (vgl. I 8 Z 2)*.

3 quibus rebus confectis Caesar ad oppidum Avaricum, quod erat maximum munitissimumque in finibus Biturigum atque agri fertilissima regione, profectus est, quod eo oppido recepto civitatem Biturigum se in potestatem redacturum confidebat.

14 Vercingetorix tot continuis incommodis Vellaunoduni, Cenabi, Novioduni
2 acceptis suos ad concilium convocat. docet longe alia ratione esse bellum gerendum atque antea gestum sit; omnibus modis huic rei studendum, ut
3 pabulatione et commeatu Romani prohibeantur. id esse facile, quod equita-
4 tu ipsi abundent et quod anni tempore subleventur. pabulum secari non posse; necessario dispersos hostes ex aedificiis petere; hos omnes cotidie
5 ab equitibus deleri posse. praeterea salutis causa rei familiaris commoda neglegenda; vicos atque aedificia incendi oportere hoc spatio ab
6 hostibus quoque versus, quo pabulandi causa adire posse videantur. harum ipsis rerum copiam suppetere, quod, quorum in finibus bellum geratur,
7 eorum opibus subleventur; Romanos aut inopiam non laturos aut magno
8 cum periculo longius a castris processuros; neque interesse, ipsosne inter-
9 ficiant impedimentisne exuant, quibus amissis bellum geri non possit. prae-

---

3 **Avăricum:** *Hauptstadt der Biturigen (das heutige Bourges, Karte F 3)* · **munītus:** befestigt · **fertilis, e:** fruchtbar, reich *(woran? gen.)* · **agri fertillissima regione** *(abl. qual.) ist wie maximum munitissimumque Prädikatsnomen; i. D. frei wiedergeben!* · **recipere:** erobern, (wieder) an sich bringen · **in potestatem redigere,** redēgi,, redāctum: wieder in seine Gewalt bekommen.

14 **Vercingetorix:** *vgl. zu 13,1 Caesar* · **tot:** so viele · **continuus:** ununterbrochen (aufeinanderfolgend) · **incommodum:** Unannehmlichkeit, d. i. Niederlage · **Vellaunoduni...:** Lokative · **sui:** seine Stammesgenossen *(d. h. entsandte Vertreter).*

2 **alius atque:** anders als · **huic rei:** *Stellvertreter für den ut-Satz (ähnlich i. D.:* dafür ..., daß) · **pābulātio:** Grünfutterversorgung · **commeātus, us:** Proviantnachschub.

3 **ipsi** *meint die Gallier* · **abundare aliqua re:** an etw. Überfluß haben, etw. reichlich haben · **anni tempus:** *es war wahrscheinlich März* · **sublevare:** unterstützen.

4 **pābulum:** Grünfutter · **secāre:** schneiden · **dispergere,** spersī, spersum: zerstreuen; *Pass.:* sich (in kleine Gruppen) aufteilen, sich zersplittern · **aedificium:** Gehöft · **petere:** *hier svw.* sich besorgen; *Objekt ist* pabulum · **delēre** (zerstören): *ein starker Ausdruck, wenn das Objekt e. Person ist; i. D.:* vertilgen, ausrotten.

5 **rēs familiāris:** Besitz · **commodum:** Vorteil, Interesse · **commoda neglegenda:** a. c. i. in der indirekten Rede; die -nd-Form erhält als Prädikat die Bedeutung des Müssens · **vicus:** Dorf · **vicos atque aedificia incendi:** *Subjekt (a. c. i) zu* oportere · **oportere:** *Infinitiv zu* oportet es ist notwendig · **hoc spatio ab hostibus quŏque versus, quo ... adire posse videantur** *(in dem Raum – von den Feinden in alle Richtungen –, wohin ..., d. h.):* in einem solchen Umkreis um die Feinde, den sie wahrscheinlich ... erreichen könnten · **pābulari:** Futter holen.

6 **ipsis** *meint die Gallier im Gegensatz zu den Römern* · **suppetere:** (reichlich) zur Verfügung stehen · **harum rerum:** *was muß dieser übertreibende Plural hier meinen?* · **opes, um** *f. pl.:* Reichtum, Hilfsquellen · **sublevare:** unterstützen · **quorum** *(Attribut zu* finibus) *... geratur wird duxch* eorum *(Attribut zu* opibus) *wiederaufgenommen. Wo wird gerade Krieg geführt? Wie soll man sich die Behauptung des Vercingetorix in der Realität vorstellen? Vgl. auch § 9 und c. 15.*

7 **Romanos:** *Gegensatz zu* ipsis (§ 6) · **lāturus:** *Partizip Futur zu* ferre · **longius** *(Adv.):* weiter; **longius ... processuros:** *eine Steigerung zu* ex aedificiis petere *(§ 4), also der Gefährdung durch Zersplitterung.*

8 **interest** *mit abhängigem Fragesatz, hier* -ne...-ne: es macht einen Unterschied, ob ... oder ob ... · **exuere aliquem aliqua re:** j-n um etw. bringen · **interficere – impedimenta exuere:** *zwei Arten, den Sieg zu versuchen; zur zweiten, die Planung und Lenkung voraussetzt, will Vercingetorix seine Gallier gerade bringen.*

terea oppida incendi oportere, quae non munitione et loci natura ab omni sint periculo tuta, ne suis sint ad detractandam militiam receptacula neu
10 Romanis proposita ad copiam commeatus praedamque tollendam. haec si gravia aut acerba videantur, multo illa gravius aestimari debere liberos, coniuges in servitutem abstrahi, ipsos interfici; quae sit necesse accidere victis.

15 Omnium consensu hac sententia probata uno die amplius XX urbes Biturigum incenduntur. hoc idem fit in reliquis civitatibus. in omnibus partibus incendia conspiciuntur. quae etsi magno cum dolore omnes ferebant, tamen hoc sibi solacii proponebant, quod se prope explorata victoria celeriter amissa recuperaturos confidebant. deliberatur de Avarico in communi concilio,
4 incendi placeat an defendi. procumbunt omnibus Gallis ad pedes Bituriges, ne pulcherrimam prope Galliae totius urbem, quae et praesidio et ornamen-
5 to sit civitati, suis manibus succendere cogerentur; facile se loci natura defensuros dicunt, quod prope ex omnibus partibus flumine et palude circum-
6 data unum habeat et perangustum aditum. datur petentibus venia dissua-

---

9 **praeterea:** darüber hinaus · **loci natūra:** natürliche Lage · **ab omni** *ist durch „Sperrung" von* periculo *betont („vor wirklich jeder...")* · **suis** *meint die Landsleute des Vercingetorix; das Reflexivum steht mit Bezug auf den Sprecher* · **mīlitiam detractāre:** den Kriegsdienst verweigern, sich vor dem K. drücken · **receptāculum:** Zufluchtsort, Schlupfwinkel · **neu** (und nicht) *dient zur verneinten Fortführung eines ne-Satzes* · **proposita** (von proponere „einladend hinstellen"): *auf* oppida *bezogenes Prädikat(snomen)* · **commeatūs:** Genitivattribut zu copiam · **tollere:** wegnehmen, holen.

10 **haec ... illa:** *Vercingetorix stellt einer harten Alternative (§§ 5–9, besonders 9) eine noch härtere (abstrahi, interfici) gegenüber* · **acerbus:** bitter · **aestimare:** ansehen als, einschätzen · **coniunx,** iugis: Ehefrau · **abstrahere:** fortschleppen · **quae:** *relativischer Anschluß, umschreibt* abstrahi *und* interfici; *es ist der nominale Teil des von* necesse *ist abhängigen a. c. i.* · **victis:** *die betonte Schlußstellung macht deutlich, daß* victis *nicht nur Dativobjekt zu* accidere *ist, sondern zugleich prädikativen Charakter hat (i. D. etwa: „wenn sie...")*.

15 **cōnsēnsus,** us: Übereinstimmung · **sententia:** Vorschlag, Antrag · **amplius** *(Adv.): svw.* mehr als · **urbes:** *quantitative Steigerung gegenüber* oppida *(14,9)*.

2 **hoc idem:** genau das gleiche · **quae** *meint die Verbrennung* · **hoc sibi sōlācii propōnere,** **quod:** sich damit trösten, daß · **ferebant; propōnebant:** *Imperfekt; i. D.?* · **prope:** nahe, fast · **explōrāre:** „ausmachen" *(d. h. genau ermitteln und garantieren)* · **recuperare:** wieder bekommen, wiedergewinnen · **celeriter** *ist zur Betonung von* recuperaturos *getrennt* · **se ... recuperaturos:** *die beiden Glieder des a. c. i. rahmen die eingebettete Information ein*.

3 **delīberare:** erwägen, beratschlagen, *hier mit indirektem Fragesatz, der nur durch den Konjunktiv bezeichnet wird (i. D. „ob")* · **an** *leitet den zweiten Teil einer Wahlfrage ein:* oder · **placet:** es wird beschlossen · **delīberatur ... in communi concilio:** *C. berichtet jetzt von einem Ausnahmefall innerhalb der Versammlung, nachdem er vorher wirkungsvoll die sofortige Ausführung der generellen Beschlüsse geschildert hat*.

4 **procumbere alicui ad pedes:** sich j-m zu Füßen werfen; *der nachfolgende ne-Satz gibt das Ziel dieser Geste an (i. D. etwa „auf Knien darum bitten, (daß) ...")* · **prope:** nahe, fast · **suis** *ist betont vorangestellt; i. D.?* · **succendere:** anzünden, an etw. Feuer legen.

5 **defēnsuros:** sc. urbem · **circumdare,** dedi, datum: umgeben; **circúmdata:** *auf* urbs *(in* habea-t*) bezogene eingebettete Information* · **perangustus:** sehr schmal · **et:** *hier svw.* „noch dazu".

6 **venia:** Erlaubnis · **petentibus:** *Dativobjekt mit prädikativem Bezug auf* datur venia – *welchem?* · **primo** *weckt eine Erwartung, die durch* post *gelöst wird („Konnektoren')* ·

dente primo Vercingetorige, post concedente et precibus ipsorum et misericordia vulgi. defensores oppido idonei deliguntur.
16 Vercingetorix minoribus Caesarem itineribus subsequitur et locum castris deligit paludibus silvisque munitum ab Avarico longe milia passuum XVI.
2 ibi per certos exploratores in singula diei tempora, quae ad Avaricum ge-
3 rerentur, cognoscebat et, quid fieri vellet, imperabat. omnes nostras pabulationes frumentationesque observabat, dispersosque, cum longius necessario procederent, adoriebatur magnoque incommodo adficiebat, etsi, quantum ratione provideri poterat, ab nostris occurrebatur, ut incertis temporibus diversisque itineribus iretur.
17 Castris ad eam partem oppidi positis Caesar, quae intermissa a flumine et a palude aditum, ut supra diximus, angustum habebat, aggerem apparare, vineas agere, turres duas constituere coepit; nam circumvallare loci natura

---

dissuadēre: abraten, dagegen sein · **preces,** um *f. pl.:* die Bitten · **defēnsor,** oris *m.:* Verteidiger (*pl. svw.* Besatzung) · **oppido:** *dativus finalis;* C. verwendet das bescheidenere Wort (nicht urbs).

16 subsequi: nachfolgen, hinter j-m herziehen · **minoribus itineribus:** *der Komparativ steht ohne ausdrücklichen Vergleichspunkt, daher i. D.:* in relativ kleinen Tagesmärschen, relativ langsam; *V. war schon in Caesars Nähe, wie c. 12,4 gezeigt hat; C. hebt hervor, daß sich V. nicht etwa darum bemüht, ihn schon vor Avaricum zu stoppen oder gar vor ihm die Gegend von Avaricum zu besetzen (im Gegensatz zu seiner eigenen Schnelligkeit, die C. in entscheidenden Situationen betont – vgl. o. 12,3, auch I 7,1 oder I 37,5)* · **longē ab:** hier *svw.* in einer Entfernung von · **milia passuum sedecim:** sechzehn Meilen (= 24 km).

2 **certi explōrātōres in singula diēi tempora** (*für die einzelnen Tageszeiten eingeteilte Späher*): „regelmäßige Patrouillen" · **quae ... gererentur:** *Objekt zu* cognoscebat, *i. D. auf ein Substantiv reduzierbar* · **quid fieri vellet:** *Objekt zu* imperabat · **cōgnōscebat; imperabat:** *Imperfekt! i. D.? Zusammenhang der beiden Tätigkeiten?*

3 **pābulatio:** das Futterholen; **frūmentatio:** das Getreideholen; *der Plural bezeichnet die einzelnen* „Ausmärsche nach Futter und Getreide" · **observare:** beobachten *(Tempus!)* · **dispersus:** (in kleine Gruppen) zersplittert · **longius:** *adverbiale Bestimmung zu* procederent, *zur Betonung von diesem Wort durch* necessario („notgedrungen") *gesperrt. Vgl. 14,7!* · **procēderent:** *der Konjunktiv zeigt an, daß mehr als ein nur zeitlicher Bezug zu* adoriebatur *vorliegt – welcher?* · **quantum**

(Relativpronomen): soweit · **provideri:** *Infinitiv Passiv!* · **nostri:** unsere Leute · **occurrere:** hier *svw.* vorbeugen · **ut ... iretur:** *i. L. sieht man die Folge der Vorbeugungsmaßnahme (konsekutives ut), i. D. den Inhalt und die Methode („in der Weise, daß ...")* · **incertus:** hier etwa *svw.* wechselnd; **diversus:** verschieden; *Vercingetorix sollen Beobachtung und Planung erschwert werden.*

17 suprā *(Adv.):* oben (nämlich 15,5) · **intermissa** (hier etwa ausgelassen, freigelassen): *auf* quae *bezogene, in* aditum angustum habebat *eingebettete Information; inhaltlicher Bezug?* · **agger,** eris *m.: (aggerere:* aufschütten): *Belagerungsdamm, umfangreiche, mit Holzverstrebungen zusammengehaltene Erdaufschüttung, die es ermöglichte, auf sanft ansteigender Bahn verschiedene Belagerungsgeräte wie z. B. Türme* (turres), *in denen sich unten ein Rammbock, oben Soldaten mit Angriffsgeschützen befanden, an die feindliche Mauer heranzuführen. C. sagt c. 24, daß der Damm vor Avaricum in 25 Tagen gebaut wurde und ca. 100 m breit und 24 m hoch gewesen sei; die Mauer von Avaricum wird auf 9 m Höhe geschätzt; außerdem mußten Bodensenken überwunden werden* · **apparare:** herbeischaffen, herstellen · **vīneae** (Weinlauben): *mit diesem Wort für Unterstände in Weingärten bezeichnete man im römischen Militär Schutzdächer, Holzgerüste von ca. 4,80 m Länge, 2,10 Breite und 2,40 Höhe, die ein Bretterdach hatten und zum Schutz gegen Brandpfeile mit nassen Fellen und Säcken verkleidet waren; unter einer Vielzahl solcher Hütten schoben sich die römischen Soldaten zum Angriff an die Mauer heran oder schützten sich beim Dammbau* · **turres constituere:**

2 prohibebat. de re frumentaria Boios atque Haeduos adhortari non destitit; quorum alteri, quod nullo studio agebant, non multum adiuvabant, alteri non magnis facultatibus, quod civitas erat exigua et infirma, celeriter, quod
3 habuerunt, consumpserunt. summa difficultate rei frumentariae adfecto exercitu tenuitate Boiorum, indiligentia Haeduorum, incendiis aedificiorum, usque eo, ut complures dies frumento milites caruerint et pecore ex longinquioribus vicis adacto extremam famem sustentarent, nulla tamen ex iis vox
4 est audita populi Romani maiestate et superioribus victoriis indigna. quin etiam, Caesar cum in opere singulas legiones appellaret et, si acerbius inopiam ferrent, se dimissurum oppugnationem diceret, universi ab eo, ne id
5 faceret, petebant: sic se complures annos illo imperante meruisse, ut nul-
6 lam ignominiam acciperent, numquam infecta re discederent: hoc se igno-
7 miniae loco laturos, si inceptam oppugnationem reliquissent; praestare omnes perferre acerbitates, quam non civibus Romanis, qui Cenabi perfidia

---

Türme errichten; *sie wurden dann an die feindliche Mauer herangerollt* · **circumvallare:** mit einem Wall (ringsum) einschließen *(ein solcher Wall hatte ähnliche Funktion wie Damm und Türme zusammen)* · **habebat; prohibebat:** *Imperfekt!*

2 **rēs frūmentāria:** Verpflegung(snachschub) · **adhortari,** atus sum: antreiben, mahnen · **dēsistere,** stiti: aufhören · **alteri ... alteri:** die einen – die anderen; *erst aus § 3 ergibt sich, daß das erste* alteri *die Haeduer, das zweite die Bojer meint* · **Boii,** orum: *vgl. o. S. 86* · **Haedui,** orum: *mächtiger, lange mit den Römern verbündeter keltischer Stamm zwischen Loire und Saône* · **agebant:** *sc.* rem frumentariam · **adiuvabant:** *Tempus! Die Haeduer hatten hierin schon früher versagt (vgl. I 16)* · **facultas:** Fähigkeit; Mittel *(engl. facility);* **facultatibus:** *instrumental-kausaler Ablativ* · **exiguus:** klein, unbedeutend · **quod habuerunt:** *Objekt zu* consumpserunt · **cōnsūmpserunt:** *das Perfekt schildert ein einmaliges Ereignis der Vergangenheit; i. D. also nicht: „sie zehrten ihre Habe schnell auf" (denn das wäre immer so gewesen), sondern: „sie hatten ihren (kleinen) Vorrat (durch Lieferungen an Caesar) schnell verbraucht."*

3 **difficultate adfici:** *svw.* in Not geraten, unter Mangel leiden · **tenuitas:** Magerkeit; Armut · **indīligentia:** Nachlässigkeit, Interesselosigkeit · **ūsque eo, ut:** so weit, daß; so sehr, daß · **complūres,** ium: mehrere · **carēre aliqua re:** etw. nicht haben · **longinquus:** weit entfernt, entlegen · **adigere,** ēgi, āctum: herantreiben · **famēs,** is *f.:* Hunger · **sustentāre:** aushalten, ertragen · **pecore...adacto:** *in* sustentarent *eingebettete Information; Gegensatz!* · **māiestas:** Größe, Würde · **superior,** oris: früher · **indīgnus aliqua re:** e-r Sache unwürdig.

§ 3 *Erschließungshilfe:* difficultate ... adfecto *ist Prädikat zu* exercitu *(Abl.+Präd); es wird durch* tenuitate, indiligentia, incendiis *begründet – mit der Steigerung* usque eo, ut... sustentarent; *die Verbalinformation* adfecto (exercitu) *ist eingebettet in die Hauptinformation* vox est audita – *in welchem Sinne sie auf diese bezogen ist, zeigt* tamen.

4 **quīn etiam:** ja ... sogar *(auf* petebant *bezogen)* · **opus** *hier svw.* Schanzarbeit, Angriffsvorbereitung · **aliquid acerbius fero:** mir fällt etw. zu schwer, ich halte etw. nicht mehr aus · **dimittere** *hier:* aufgeben · **ūniversi:** *prädikativ:* alle ohne Ausnahme, einhellig.

5 **illo** *meint Caesar; C. verwendet das Demonstrativpronomen der dritten Person, weil er als Autor zu seinen Lesern über einen Dritten, den Feldherrn Caesar, spricht* · **imperare:** das Kommando führen, Feldherr sein · **īgnōminia:** Schande, Schimpf · **numquam:** nie(mals) · **infectā rē:** unverrichteter Dinge, erfolglos · **sīc merēre, ut non** *(sich in der Art bewähren, daß nicht...):* „dienen, ohne zu...".

6 **īgnōminiae loco ferre:** als Schmach empfinden · **hoc:** *Platzhalter für den si-Satz* · **reliquissent:** *das Plusquamperfekt steht zur genauen Angabe der Vorzeitigkeit zum Futur* laturos.

7 **praestāre:** *Infinitiv zu* praestat *(„es sei besser")* · **acerbitas:** Bitterkeit, Härte · **Cenabi:** *vgl. zu 3,1; Lokativ* · **perfidia:** Treulosigkeit, Hinterhältigkeit (Perfidie) ·

8 Gallorum interissent, parentarent. haec eadem centurionibus tribunisque militum mandabant, ut per eos ad Caesarem deferrentur.
18 Cum iam muro turres adpropinquassent, ex captivis Caesar cognovit Vercingetorigem consumpto pabulo castra movisse propius Avaricum atque ipsum cum equitatu expeditisque, qui inter equites proeliari consuessent, insidiandi causa eo profectum, quo nostros postero die pabulatum venturos
2 arbitraretur. quibus rebus cognitis media nocte silentio profectus ad hostium
3 castra mane pervenit. illi celeriter per exploratores adventu Caesaris cognito carros impedimentaque sua in artiores silvas abdiderunt, copias omnes
4 in loco edito atque aperto instruxerunt. qua re nuntiata Caesar celeriter sarcinas conferri, arma expediri iussit.
19 Collis erat leviter ab infimo acclivis. hunc ex omnibus fere partibus palus
2 difficilis atque impedita cingebat non latior pedibus quinquaginta. hoc se colle interruptis pontibus Galli fiducia loci continebant generatimque distri-

---

interire: umkommen · **parentare:** *(Eltern -parentes- oder anderen geschätzten Personen)* ein Totenopfer bringen, d. h. ihren Tod durch den anderer rächen. Das Rachemotiv kann nicht nur die Einäscherung Cenabums *(VII 11, vgl. S. 86)*, sondern überhaupt den Kampf gegen die Gallier begründen. *(Vgl. I 12 Z 1a und 2).*

8 **haec éadem:** genau das gleiche, ganz dasselbe; Objekt zu mandabant, Subjekt zu deferrentur · **tribūnus militum:** Militärtribun *(vgl. zu I 39,2)* · **per eos:** etwa: „auch über sie", d. h. auch die engeren Vorgesetzten sollen ihre Kampfbereitschaft kennen und C. soll sie noch einmal ganz offiziell zur Kenntnis nehmen. Ihr Eifer wird noch durch das Imperfekt unterstrichen.

18 turres: *vgl. zu 17,1 agger* · **adpropinquare:** sich nähern, nahe kommen · **pābulum:** Grünfutter · **propius aliquid:** näher an etw. heran · **ipsum:** *Vercingetorix im Gegensatz zu castra* · **proeliari:** fechten, kämpfen · **cōnsuessent:** *Konjunktiv: C. referiert die Angaben der captivi* · **insidiari:** im Hinterhalt liegen · **profectum:** *von proficisci* · **eō – quō** *korrespondieren:* dorthin – wohin · **pābulatum:** zum Futterholen *(Supinum I)* · **quo nostros... venturos arbitraretur:** *das einleitende Relativpronomen gehört zum a.c.i., nicht zum diesem übergeordneten Prädikat arbitraretur (sog. relativische Verschränkung); i. D. empfiehlt es sich, das i. L. übergeordnete Prädikat unterzuordnen:* „wohin seiner Meinung nach ... kämen" *(sog. ‚Gewichtsverschiebung').*

2 **silentium:** Schweigen, Stille · **māne** *(Adv.):* am frühen Morgen.

3 **explōrātor:** Kundschafter; *Plural svw.* Spähtrupp, Aufklärungspatrouille · **carrus:** Lastwagen · **artus:** eng; **artiores silvae:** *svw.* „Dickicht der Wälder" · **in silvas abdere,** abdidi, abditum: in den Wäldern verstecken *(i. L.: „wohin", i. D.: „wo")* · **illi** *(die Gallier) steht als logisches Subjekt der eingebetteten Information* adventu ... cognito *vor dieser: sie haben sich ihr Wissen durch die Entsendung von Spähtrupps selbst besorgt* · **locus ēditus:** *svw.* Anhöhe · **apertus:** offen, zugänglich, einsehbar · **carros ... abdiderunt, copias ... instruxerunt:** *unverbundene (‚asyndetische') Gegenüberstellung.*

4 **sárcina, ae** *f.:* Marschgepäck *(des einzelnen Soldaten)* · **conferre** *hier:* sammeln *(nämlich vor dem Kampf ablegen)* · **arma expedire:** sich kampfbereit machen *(wörtlich: das Kriegsgerät in Bereitschaft bringen, d. i. den Helmbusch als Erkennungszeichen auf den Helm stecken, den Helm aufsetzen, den Schild aus der Trageschlaufe holen, die Angriffswaffen – Schwert, Wurfspeer – bereithalten).*

19 collis *nimmt* locus editus *(18,3) wieder auf* · **acclivis, e:** (sanft) ansteigend · **erat ... acclivis:** *Hilfsverbum und Prädikatsnomen umschließen die genaueren Erläuterungen zu diesem* · **ex omnibus fere partibus** *(woher?):* auf fast allen Seiten · **cingere:** umschließen · **difficilis, e:** „schwer passierbar" · **impedītus:** „unzugänglich, an kaum einer Stelle zugänglich".

2 **pōns:** Steg *über den Sumpf* · **interrumpere,** rūpi, ruptum: unterbrechen, abbrechen · **fidūcia:** Vertrauen · **continēre aliquem aliqua re:** j-n in etw. eingeschlossen halten · **hoc se colle:** *se meint die Gallier; was bildet die*

buti in civitates omnia vada ac saltus eius paludis certis custodiis obtinebant,
3 sic animo parati, ut, si eam paludem Romani perrumpere conarentur, haesitantes premerent ex loco superiore, ut, qui propinquitatem loci videret, paratos prope aequo Marte ad dimicandum existimaret, qui iniquitatem
4 condicionis perspiceret, inani simulatione sese ostentare cognosceret. indignantes milites Caesar, quod conspectum suum hostes ferre possent tantulo spatio interiecto, et signum proelii exposcentes edocet, quanto detri-
5 mento et quot virorum fortium morte necesse sit constare victoriam; quos cum sic animo paratos videat, ut nullum pro sua laude periculum recusent,

---

Wortstellung ab? · **distribuere,** bui, butum: verteilen · **generātim in cīvitates:** *in Abteilungen entsprechend ihrer Stammeszugehörigkeit (d. h. jeweils die Einwohner einer Stadt)* · **saltus,** us: *svw. (mit Bäumen oder Büschen) bewachsene Fläche; dort bildet der Sumpf am ehesten seichtere Stellen* · **certis custodiis obtinere:** mit regelmäßig abwechselnden Wachtposten (custodia, ae *f.*) besetzt halten („kontrollieren").

3 **animo paratus:** *svw.* entschlossen · **sīc** *verweist vor auf* **ut** (...premerent): *dazu..., daß...; dazu..., zu...* · **perrumpere,** rupi, ruptum: hindurchbrechen, sich mit Aufbietung aller Kräfte einen Weg hindurch bahnen · **haesitare:** stecken bleiben; **haesitantes:** *Objekt (sc. Romanos) und zugleich Prädikativum („wenn sie...")* · **premere:** hier *svw.* überfallen · **ut ... existimaret** (... cognosceret) *nennt die Folge, die sich aus* continebant / obtinebant *ergibt, und enthält zugleich einen Gegensatz zur eingebetteten Information* parati...ut...premerent · **propinquitas:** Nähe · **locus** *meint den Standort der Gallier* · **paratos:** *sc.* Gallos · **prope:** nahe, fast · **Mars,** Martis: *der römische Kriegsgott;* **aequo Marte** *(Abl.+Präd.):* unter gleicher Gunst des Mars, d. h. mit gleichen Siegeschancen. *Der Name des Gottes steht hier abgeblaßt für die mit ihm verbundene Sache, das Kriegsglück: ‚Metonymie' (= Wortvertauschung)* · **iniquitas:** Ungleichheit · **simulatio:** Verstellung, Täuschung; **inānis simulatio:** *Vorspiegelung falscher Tatsachen (die eine Erwartung wecken, die nicht erfüllt wird)* · **ostentare:** den Blicken darbieten · **qui ... viderer; qui ... perspiceret:** *Subjektsätze im ut-Satz; sie haben den Konjunktiv, um eine besondere inhaltliche Beziehung zu den jeweiligen Prädikaten* existimaret *und* cognosceret *auszudrücken, die ihrerseits ‚asyndetisch' (ohne Konjunktion) einander gegenübergestellt sind. Versuchen Sie eine entsprechende Wiedergabe i. D.!*

▷ **2–3** *Erschließungshinweis: Stellen Sie linear die einzelnen Verbalinformationen fest und erschließen Sie, ob sie übergeordnet oder untergeordnet bzw. eingebettet sind. Vgl. I 8 Z 1. – Stellen Sie den Satz in einem Satzbauplan nach dem Kastenschema (vgl. I 14 Z 1) dar.*

4 **indīgnari:** empört sein, für unzumutbar halten · **indignantes:** *die Reaktion der Soldaten (die im quod-Satz genauer begründet wird) entspricht der von den Galliern erwünschten primitiven Reaktion* (qui ... videret ... existimaret) · **Caesar:** *wiewohl es noch um die Reaktion der Soldaten geht (bis* exposcentes)*, nennt C. seinen Namen (Subjekt!) schon hier;* suum *im quod-Satz bezieht sich also auch auf ihn: Caesar kommt möglichen falschen Reaktionen seiner Soldaten zuvor* · **tantulus:** so klein, so gering · **intericere,** icio, iēci, iectum: dazwischensetzen; *Passiv:* dazwischenliegen · **expōscere,** popōsci aliquid: dringend nach etw. verlangen, auf etw. drängen · **edocēre:** genau lehren · **dētrīmentum:** Verlust, Opfer · **cōnstare** aliqua re *(abl. pretii):* etwas kosten · **quot:** wie viele · **quanto ... victoriam:** *abh. Fragesatz, daher Konjunktiv; jedoch ist dem Prädikat ein a.c.i.* (constare victoriam) *untergeordnet, und die Fragepronomina sind Teile adverbialer Bestimmungen* (detrimento; virorum morte) *zum Infinitiv des a.c.i. (‚relativische Verschränkung'); i. D. empfiehlt sich die Wiedergabe mit ‚Gewichtsverschiebung' (vgl. zu 18,1* quo ... arbitraretur).

5 **quos** *(relativischer Anschluß) meint* milites · **quos ... videat ... se ... condemnari debere:** *indirekte Rede* · **cum ... videat:** *Überlagerung mehrerer inhaltlicher Bezüge zum übergeordneten Prädikat* condemnari debere; *i. D. läßt sich jeweils nur ein Bezug explizit (ausdrücklich) machen* · **sīc** *korrespondiert mit* **ut** · **sua:** *d. i. Caesars* · **recūsare aliquid:** etw. ablehnen, sich gegen etw. sträuben ·

summae se iniquitatis condemnari debere, nisi eorum vitam sua salute ha-
6 beat cariorem. sic milites consolatus eodem die reducit in castra reliquaque, quae ad oppugnationem oppidi pertinebant, administrare instituit.
20 Vercingetorix, cum ad suos redisset, proditionis insimulatus, quod castra propius Romanos movisset, quod cum omni equitatu discessisset, quod sine imperio tantas copias reliquisset, quod eius discessu Romani tanta oppor-
2 tunitate et celeritate venissent; non haec omnia fortuito aut sine consilio accidere potuisse; regnum illum Galliae malle Caesaris concessu quam ipso-
3 rum habere beneficio. tali modo accusatus ad haec respondit: quod castra movisset, factum inopia pabuli etiam ipsis hortantibus; quod propius Romanos accessisset, persuasum loci opportunitate, qui se ipse sine munitione
4 defenderet; equitum vero operam neque in loco palustri desiderari debuisse
5 et illic fuisse utilem, quo sint profecti. summam imperii se consulto nulli discedentem tradidisse, ne is multitudinis studio ad dimicandum impelleretur; cui rei propter animi mollitiem studere omnes videret, quod diutius laborem

---

iniquitas: Ungerechtigkeit, Egoismus · **condemnare aliquem alicūius rei:** j-n einer Sache für schuldig befinden, j-n wegen etw. verurteilen · **salūs,** utis (Wohlergehen) *meint hier im Gegensatz zu* vita *mehr als das körperliche Wohlbefinden: C.'s ungebrochenes Renommée als ewiger Sieger;* **eōrum vītam suā salūte** *(abl. comparationis): betonte Nebeneinanderstellung* · **aliquid cārum habeo:** ich habe etw. lieb, mir ist etw. teuer.

6 **cōnsōlari:** beschwichtigen, ermutigen · **milites** *ist Objekt sowohl zu* consolatus *als auch zu* reducit, *d. h. ‚apó koinoú' (griechisch: svw. „in doppelter Beziehung") verwendet* · **administrare:** besorgen.

20 **sui:** seine Stammesgenossen, seine Landsleute · **prōditio:** Verrat · **īnsimulare:** verdächtigen, beschuldigen · **propius aliquid:** näher an etw. heran · **sine imperio:** *i. D. nennen wir lieber die Person:* „ohne Befehlshaber" · **discessus,** us: *Subst. zu* discedere · **opportūnitās:** günstige Gelegenheit · **celeritas:** Schnelligkeit · **quod... quod... quod... quod:** ‚*Anapher' (Stilfigur der Wiederholung; vgl. I 14 A 3, im Beiheft)* · **mōvisset** *usw.:* Konjunktiv, *denn C. berichtet von den Behauptungen anderer.*

2 **non,** *in betonter Anfangsstellung, gehört zu* fortuito *und* sine consilio · **fortuitō** *(Adv.):* zufällig · **fortuito, sine cōnsiliō:** ‚*doppelgliedriger Ausdruck' (vgl. zu I 18,8* favere et cupere); *der Verdacht des Verrats wird durch das Ausschalten äußerer Gründe verstärkt* · **illum** *meint Vercingetorix* · **Galliae:** *Genitivattribut zu* regnum · **mālle:** lieber wollen ·

concessus, us: Zugeständnis, Bewilligung · **ipsorum** *meint die gallischen Führer im Gegensatz zu Caesar.*

3 **tālis,** e: solch (ein) · **factum** *sc.* esse *(Infinitiv Perfekt zu* fieri): *unpersönlicher Ausdruck als a.c.i. (indirekte Rede!)* · **quod** *am Anfang eines Satzes gibt einen allgemeinen Bezugspunkt an:* (was das betrifft,) daß... *(‚faktisches quod')* · **inopiā pābuli:** *vgl. 18,1! Vercingetorix nimmt damit zum ersten Punkt der Vorwürfe Stellung – wie gliedert sich seine Rede weiterhin?* · **etiam:** auch, sogar · **persuasum** (*sc.* id sibi esse): *etwa* „so sei er dazu verlockt worden".

4 **vēro:** allerdings, gerade aber · **palūstris,** e: sumpfig · **desīderare:** ersehnen, vermissen · **illīc:** dort, *korrespondiert mit* **quo.**

5 **summa imperii:** Oberbefehl · **cōnsulto** *(Adv.):* absichtlich · **nūlli:** *Dativ* · **discēdentem trādidisse:** *das Prädikativum steht direkt beim übergeordneten Verb, auf das sich* consulto *und* nulli *beziehen – es handelt sich um einen einheitlichen Vorgang* · **is:** der, *sc.* dem Vercingetorix sonst den Oberbefehl übergeben hätte · **impellere,** puli, pulsum: treiben, verleiten · **cui rei** *meint* dimicare *und ist relativischer Anschluß; daher steht die Hauptaussage nicht im a.c.i., sondern als Konjunktiv der indirekten Rede* (videret); ‚*relativische Verschränkung', i. D. ‚Gewichtsverschiebung'* · **animi mollities,** ei *f.:* „Weichheit des Denkens", *d. i.* Mangel an Ausdauer, fehlende Konsequenz. *(Wie behandelte C. seine Truppen in einer ähnlichen Situation (19,4–5)?*

6 ferre non possent. Romani si casu intervenerint, fortunae, si alicuius indicio vocati, huic habendam gratiam, quod et paucitatem eorum ex loco superiore cognoscere et virtutem despicere potuerint, qui dimicare non ausi
7 turpiter se in castra receperint. imperium se a Caesare per proditionem nullum desiderare, quod habere victoria posset, quae iam esset sibi atque omnibus Gallis explorata; quin etiam ipsis remitteret, si sibi magis honorem
8 tribuere quam ab se salutem accipere videantur. ‚haec ut intellegatis', inquit,
9 ‚a me sincere pronuntiari, audite Romanos milites.' producit servos, quos in pabulatione paucis ante diebus exceperat et fame vinculisque excruciaverat.
10 hi iam ante edocti, quae interrogati pronuntiarent, milites se esse legionarios dicunt; fame atque inopia adductos clam ex castris exisse, si quid frumenti
11 aut pecoris in agris reperire possent; simili omnem exercitum inopia premi nec iam vires sufficere cuiusquam nec ferre operis laborem posse; itaque statuisse imperatorem, si nihil in oppugnatione oppidi profecisset, triduo
12 exercitum deducere. ‚haec', inquit, ‚a me', Vercingetorix, ‚beneficia habetis, quem proditionis insimulatis; cuius opera sine vestro sanguine tantum exer-

---

6 **intervenire,** vēni, ventum: dazwischenkommen, erscheinen · **intervenerint:** *Potentialis, dem sich die Konjunktive im* quod- *und im* qui-*Satz angleichen* · **fortūna:** Zufall, Glück; *die Schicksals- oder Glücksgöttin Fortuna wurde von den Römern relativ stark verehrt* · **gratiam habēre:** dankbar sein · **paucitas:** geringe Anzahl · **despicere,** spēxi, spectum: auf etw. herabsehen, etw. verachten · **non ausi** *(von* audere*):* in receperint *eingebettete Information* · **turpis,** e: schimpflich · **qui ... receperint** *ist Genitivattribut zu* virtutem; *es erhält aber durch den Verzicht auf vorausgehendes* eorum *und durch den – freilich auch durch die indirekte Rede gegebenen – Konjunktiv ein größeres (kausales) Eigengewicht.*
7 **imperium** „oberste Gewalt" *umschreibt* regnum (§ 2), *ohne so eindeutig zu sein; es steht als neue Themaangabe am Satzanfang (statt bei* nullum) · **desīderare:** begehren · **quod ... posset:** *Attribut(satz) zu* imperium, *der zugleich eine Begründung gibt* · **victoriā:** *abl. instr.* · **sibi:** *meint Vercingetorix* · **explōrare:** genau feststellen *(und garantieren),* „ausmachen" · **quīn etiam:** ja sogar · **vidērī** *mit Infinitiv:* glauben, den Eindruck haben, ... · **remittere:** wiedergeben, zurückgeben; **remitteret** *(sc.* imperium*): Konjunktiv statt a.c.i., weil bei* quin *die ursprüngliche Fragefunktion (,,wie nicht") berücksichtigt bleibt* · **remitteret; videantur:** *Vermischung von Irrealis und Potentialis* · **sibī; sē:** *meinen Vercingetorix.*
8 **haec** *bildet mit* pronuntiari *einen a.c.i. Der theatralische Schluß der Rede wird in direkter Form wiedergegeben; in indirekter Wiedergabe ist eine Sklavenaussage eingeschoben* · **sincērus:** aufrichtig · **pronūntiare:** berichten, aussagen.
9 **prōdūcere:** vorführen · **pābulatio:** das Futterholen · **servi:** *im Heer waren Sklaven vor allem zur Bedienung der höheren Offiziere und zur Arbeit im Troß eingesetzt* · **paucis ante diēbus:** wenige Tage zuvor · **excipere:** ergreifen · **famēs,** is *f.:* Hunger · **vinculum:** Fessel · **excruciare** *(crux: Kreuz):* martern, aufs Blut peinigen.
10 **ante:** vorher · **edocēre,** docui, doctum: genau belehren, genau unterweisen · **interrogati:** Prädikativum · **mīles legiōnārius:** Legionssoldat. C. *verwendet den vollen Ausdruck und ‚sperrt' ihn durch* se esse, *um die Lüge, es gehe um Römer, besonders hervorzuheben* · **exisse:** *sc.* se · **si ... possent:** *die Zielangabe steht als abh. Fragesatz (ob), weil die Erreichung des Ziels sehr fraglich ist.*
11 **simili ... inopiā** *umrahmt* omnem exercitum, *wodurch der Inhalt in einer Art abbildender Wortstellung (vgl.* 19,2 hoc se colle) *unterstrichen wird* · **sufficere:** ausreichen, genügen · **ferre** *sc.* exercitum *oder* quemquam · **imperatōrem** *meint Caesar* · **proficere,** ficio, fēci, fectum: weiterkommen, ausrichten · **triduum:** drei Tage.
12 **inquit – Vercingetorix:** *indem der Hauptsatz mehrfach unterbrochen wird, unterstreicht C. jedes Wort darin und hebt das prahlerische Pathos hervor* · **sanguis,** inis *m.:* Blut ·

citum victorem fame paene consumptum videtis; quem turpiter se ex hac fuga recipientem ne qua civitas suis finibus recipiat, a me provisum est.'

21 Conclamat omnis multitudo et suo more armis concrepat, quod facere in eo consuerunt, cuius orationem approbant; summum esse Vercingetorigem ducem, nec de eius fide dubitandum, nec maiore ratione bellum administrari
2 posse. statuunt, ut X milia hominum delecta ex omnibus copiis in oppidum
3 submittantur, nec solis Biturigibus communem salutem committendam censent, quod paene in eo, si id oppidum retinuissent, summam victoriae constare intellegebant.

22 Singulari militum nostrorum virtuti consilia cuiusque modi Gallorum occurrebant, ut est summae genus sollertiae atque ad omnia imitanda et efficienda,
2 quae a quoque traduntur, aptissimum. nam et laqueis falces avertebant, quas cum destinaverant, tormentis introrsus reducebant, et aggerem cuniculis subtrahebant eo scientius, quod apud eos magnae sunt ferrariae atque
3 omne genus cuniculorum notum atque usitatum est. totum autem murum ex

---

victor: siegreich · **quem... cūius:** *über eine Person mehrere Aussagen in Relativsätzen hintereinander zu machen, ist hymnischer Stil (vgl. noch heute Litaneien)* · **quem** *(relativischer Anschluß)* meint exercitum · **ex hac fuga** *nimmt* exercitum deducere *wieder auf* · **providēre, ut (ne):** dafür sorgen, daß (daß nicht) · **recipientem:** *in* recipiat *eingebettete Information (Prädikativum)* · **a mē prōvīsum est:** *wirkungsvolle Schlußstellung.*

▷ **Zu c. 20:** *Wo werden Vercingetorix' Argumente in der vorangegangenen Darstellung bestätigt? Wo bringt er Argumente, die aus dem bisher Gesagten nicht bekannt sind?*

21 conclāmāre: laut rufen, brüllen; *dies wird bezeichnenderweise als erste Reaktion auf die Rede des Vercingetorix mitgeteilt* · **concrepare,** crepui: dröhnen, klirren · **approbare aliquid:** einer Sache zustimmen · **summum... ducem:** *das Prädikatsnomen ist durch Subjekt* (V.) *und Hilfsverb wirkungsvoll ‚gesperrt'* · **dubitandum:** sc. esse.

2 **submittere:** (heimlich) schicken.

3 **Biturīges:** *Karte D 4* · **committere:** anvertrauen, „in die Hände geben"; *zur Sache vgl.* 15,6 · **cōnstare in aliqua re:** in etw. bestehen, auf etw. beruhen · **summa victoriae:** der entscheidende Sieg, die Entscheidung des Krieges · **in eo:** darin, *Platzhalter für den si-Satz; worin der entscheidende Sieg besteht, ist als Kondizionalsatz, d. h. als eine noch nicht eingetroffene Voraussetzung, formuliert; i. D. muß diese vorangestellt werden* · **intellegebant:** *Imperfekt: ein das übergeordnete historische Präsens* censent *begleitender und noch nicht abgeschlossener Vorgang – i. D?*

22 occurrere: entgegenlaufen, zuvorkommen · **virtuti... consilia:** virtus (Tüchtigkeit) *bezeichnet geistig-seelische und körperliche Aktivität,* consilia *nur geistige* · **ut:** *gemäß seiner ursprünglichen Funktion als Relativpronomen kann* ut *(wie* cum*) eine Mitteilung zu einer anderen in irgendeine nicht näher bezeichnete Beziehung setzen; i. D. kann man hier einen freieren erklärenden oder begründenden Anschluß wählen (z. B. „ist doch dieser Menschenschlag...")* · **summae** *ist zur Betonung durch das Subjekt* genus *von seinem Bezugswort ‚gesperrt'* · **sollertia:** Erfindungsgeist, Geschicklichkeit · **imitari:** nachahmen · **trādere:** *Gegensatz zu* imitari · **aptus:** geschickt.

2 **laqueus:** Schlinge *aus einem Strick* · **falx,** falcis *f.*: Sichel, Brechhaken; *wahrscheinlich an langen Stangen befestigt, dienten sie dazu, Steine aus dem Mauerwerk zu reißen* · **avertere:** abwenden, wegziehen; **avertebant** sc. a muro; *wie, wird im folgenden Attributsatz näher erklärt* · **destinare:** anbinden, festbinden · **quas:** *Objekt zu* destinaverant *und* reducebant; *‚apó koinoú' (vgl. zu 19,6* milites*)* · **tormentum** *(von* torquēre *drehen)*: Winde, *eine Art Flaschenzug, bei dem das Seilende um ein Rad gewickelt ist* · **intrōrsus:** einwärts, nach innen *(d. h. über die Mauer in die Stadt)* · **agger:** *vgl. zu* 17,1! · **cunīculus:** 1) Kaninchen; 2) der unterirdische Gang, Stollen, Mine · **subtrahere:** von unten her entfernen, *d. i. hier:* unterminieren und zum Einsturz bringen · **eo scientius, quod:** umso sachkundiger, als · **ferrāria:** Erzgrube · **nōtus:** bekannt · **ūsitatus:** gebräuchlich, gewöhnlich.

4 omni parte turribus contabulaverant atque has coriis intexerant. tum crebris diurnis nocturnisque eruptionibus aut aggeri ignem inferebant aut milites occupatos in opere adoriebantur, et nostrarum turrium altitudinem, quan-
5 tum has cotidianus agger expresserat, commissis suarum turrium malis adaequabant et apertos cuniculos praeusta et praeacuta materia et pice fervefacta et maximi ponderis saxis morabantur moenibusque adpropinquare prohibebant.

Die Gallier verteidigen Avaricum ohne Rücksicht auf ihr Leben. Es gelingt ihnen, Caesars Belagerungsdamm in Brand zu stecken, aber einen bleibenden Erfolg erringen sie nicht. Daher beschließen die Krieger, in der Nacht aus Avaricum zu fliehen und sich ins Lager des Vercingetorix zu retten. Frauen und Kinder sollen in der Stadt zurückbleiben; sie sehen Sklaverei und Tod vor sich und beschwören die Krieger zu bleiben. Dabei geht es so laut zu, daß die Römer aufmerksam werden. Die Gallier lassen daher notgedrungen von ihrem Fluchtplan ab.
Am folgenden Tag kommt ein schweres Unwetter auf. Dies nutzt Caesar, seine erneuerten Belagerungsgeräte an die Stadtmauer heranzubringen und diese gegen nur geringen Widerstand vollständig zu besetzen. Nun sehen sich die Gallier von allen Seiten eingezingelt und versuchen in Panik zu fliehen. Die römischen Soldaten richten ein gewaltiges Blutbad an, weil – so Caesar – die Strapazen der langen Belagerung und die Erinnerung an das Pogrom in Cenabum (c. 3) sie sehr aggressiv gemacht haben. Von 40 000 Menschen sollen kaum 800 entkommen sein.

3 **ex omnī parte:** svw. überall · **contabulare:** mit Brettern belegen · **turribus contabulare:** mit Holztürmen aufstocken · **corium:** Fell, Leder(haut) · **integere, tēxi, tēctum:** bedecken, überziehen; vgl. zu 17,1 vinea!
4 **tum** dient hier der Fortführung einer Aufzählung · **diurnus:** Adj. zu dies · **nocturnus:** Adj. zu nox · **īgnem inferre alicui rei:** Feuer an etw. legen; zur Beschaffenheit des Damms vgl. zu 17,1 · **exprimere,** pressi, pressum: heraus-, empordrücken · **quantum hās cotidiānus agger expresserat:** „so weit, wie das täglich neu gebaute Dammstück sie emporgeschoben hatte", wodurch die Türme ein höheres Niveau erreichten; vgl. zu 17,1! · **adaequare:** gleichkommen, erreichen · **mālus:** Stamm, Balken.
5 **committere:** zusammenfügen, verbinden (nämlich durch weitere Bretterstockwerke, da die Eckbalken die bisher gebauten Stockwerke weit überragten) · **aperti cuniculi:** der Ausdruck ist unklar, seine Erklärung umstritten. Möglich ist folgendes: Die langsam in die Höhe gewachsene und unten schon an den Stadtberg herangetriebene Angriffsrampe mußte im letzten Teil von oben mit Erdreich und Baumaterial aufgeschüttet werden, um die Verbindung zur Höhe der Stadtmauer herzustellen. Das Schüttmaterial wurde durch gedeckte Gänge auf der Rampe nach oben gebracht. Die Gänge endeten in versetzt aufeinander errichteten Hütten, deren letzte über das Ende des Dammes hinausragte. Die Hütten waren also „offene Minengänge" und wegen ihrer leichten Bauweise und der Nähe zum Mauerkranz besonders leicht in der im Text angegebenen Weise angreifbar.

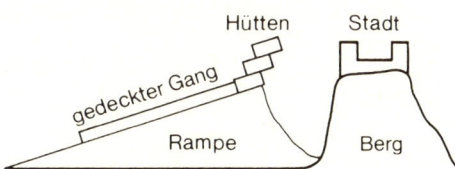

praeūstus: vorn gebrannt, d. h. glühend gemacht oder gehärtet · **praeacūtus:** vorn zugespitzt · **mātĕria:** das Bauholz, d. i. die Balken, die Pfähle · **pix,** picis f.: Pech, Teer · **fervefacere,** facio, fēci, factum: siedend machen · **saxum:** Felsblock, großer Stein · **pondus,** ponderis n.: Gewicht · **māximi ponderis:** gen. qualitatis zu saxis · **morabantur:** im Weiterbau · **adpropinquare:** herankommen, sich nähern.

Die Flüchtlinge fängt Vercingetorix, um Verwirrung im Lager zu vermeiden, auf dem Wege ab und teilt sie gruppenweise ihren Stammesverbänden im Lager zu. *(nach c. 23–28)*

29 Postero die concilio convocato consolatus cohortatusque est, ne se admodum animo demitterent neve perturbarentur incommodo. non virtute neque in acie vicisse Romanos, sed artificio quodam et scientia oppugnationis, cuius rei fuerint ipsi imperiti. errare, si qui in bello omnes secundos rerum proventus exspectent. sibi numquam placuisse Avaricum defendi, cuius rei testes ipsos haberet, sed factum imprudentia Biturigum et nimia obsequentia reliquorum, uti hoc incommodum acciperetur. id tamen se celeriter maioribus commodis sanaturum. nam, quae ab reliquis Gallis civitates dissentirent, has sua diligentia adiuncturum atque unum consilium totius Galliae effecturum, cuius consensui ne orbis quidem terrarum possit obsistere; idque se prope iam effectum habere. interea aequum esse ab iis communis salutis causa impetrari, ut castra munire instituerent, quo facilius repentinos hostium impetus sustinere possent.

30 Fuit haec oratio non ingrata Gallis, et maxime quod ipse animo non defecerat tanto accepto incommodo neque in occultum abdiderat et conspectum multitudinis fugerat, plusque animo providere et praesentire existimabatur, quod re integra primo incendendum Avaricum, post deserendum censuerat. itaque, ut reliquorum imperatorum res adversae auctoritatem minuunt, sic huius ex contrario dignitas incommodo accepto in dies augebatur. simul in spem veniebant eius adfirmatione de reliquis adiungendis civitatibus; primumque eo tempore Galli castra munire instituerunt, et sic

---

29 **cōnsōlari:** trösten · **cohortari:** Mut machen, anfeuern · **admodum** *(Adv.):* völlig, ganz · **se animo demittere:** den Mut sinken lassen · **incommodum:** Unannehmlichkeit, *schönfärbende Umschreibung für* Niederlage.

2 (**non virtute:** *vgl. zu I 13,6 und I 40,8*) · **artificium:** technisches Können, Kunstgriff · **imperītus alicūius rei:** in etw. unerfahren.

3 **errare:** sich irren · **qui:** (irgend)welche; *in qui steckt auch das Subjekt zu errare* · **proventus, us:** Fortgang, Erfolg.

4 **ipsos** *meint die anwesenden Gallier* · **numquam:** nie · **mihi placet,** placuit: es ist mir recht · **tēstis, is** *m.:* Zeuge · **factum** (*sc.* esse), **ut(i):** *Perfekt zu* fieri, ut: geschehen, daß · **nimius:** allzu groß · **imprūdentia:** Unvorsichtigkeit, Unverstand · **obsequentia:** Nachgiebigkeit.

5 **commodum:** Vorteil, Erfolg · **sānare:** heilen, wieder gutmachen.

6 **quae ... cīvitates, has ...:** die Stämme ..., die ... · **dissentire,** sēnsi, sēnsum (ab aliquo): nicht übereinstimmen, uneinig sein (mit j-m) · **adiungere,** iūnxi, iunctum: anfügen, (für sich) gewinnen · **cōnsēnsus, us:** Übereinstimmung, Einhelligkeit · **orbis terrarum:** der Erdkreis, die ganze Welt · **obsistere:** sich widersetzen · **prope:** fast.

7 **īnstituere:** *hier svw.* anfangen · **castra mūnīre:** das Lager sichern *mit Wall, Graben und Palisaden; die Römer machten das an jedem neuen Lagerplatz, die meisten gallischen Stämme sicherten sich nicht so* · **quo facilius** (*wodurch leichter*): damit ... leichter.

30 **ingrātus:** unangenehm; **nōn ingrātum esse:** *svw.* mit Zustimmung aufgenommen werden · **et māxime:** vor allem · **abdere** (*sc.* se), abdidi, abditum: sich verbergen (*i. L. „wohin"*).

2 **plūs:** mehr · **praesentire,** sēnsi, sēnsum: im voraus spüren, ahnen · **re integra** *(Abl.+ Präd.):* im ursprünglichen Zustand, *d. h.* vor allen Niederlagen.

3 **ex contrāriō:** im Gegenteil · **dīgnitas:** Ansehen · **in dies:** von Tag zu Tag.

4 **in spem venire de aliqua re:** „sich viel von etw. versprechen" · **affirmatio:** Versicherung, Beteuerung · **prīmum:** *die tägliche Siche-*

erant animo consternati homines insueti laboris, ut omnia, quae imperarentur, sibi patienda et perferenda existimarent.

31 Nec minus, quam est pollicitus, Vercingetorix animo laborabat, ut reliquas civitates adiungeret, atque earum principes donis pollicitationibusque ad-
2 liciebat. huic rei idoneos homines deligebat, quorum quisque aut oratione
3 subdola aut amicitia facillime capi posset. qui Avarico expugnato refuge-
4 rant, armandos vestiendosque curat; simul, ut deminutae copiae redintegrarentur, imperat certum numerum militum civitatibus, quem et quam ante diem in castra adduci velit, sagittariosque omnes, quorum erat permagnus in Gallia numerus, conquiri et ad se mitti iubet. his rebus celeriter id, quod
5 Avarici deperierat, expletur. interim Teutomatus, Olloviconis filius, rex Nitiobrogum, cuius pater ab senatu nostro amicus erat appellatus, cum magno equitum suorum numero et, quos ex Aquitania conduxerat, ad eum pervenit.

Caesar läßt sein Heer in Avaricum überwintern, das mit allen Vorräten bestens ausgestattet ist. Im Frühjahr 51 will er den Krieg gegen Vercingetorix wieder aufnehmen. Aber innenpolitische Auseinandersetzungen bei den mit Rom verbündeten Haeduern veranlassen ihn, zuerst in deren Gebiet zu reisen. Er stellt für die Haeduer eine mächtige Autorität dar und will diese Funktion keinesfalls an Vercingetorix abgeben. Bei den Haeduern streiten Convictoclavis und Cotus um die Stammesführung. Caesar spricht Convictoclavis die Macht zu, der von den haeduischen Priestern zum Führer gewählt worden war, während Cotus nur von seinem eigenen Familienclan zum Führer propagiert wurde; er entscheidet damit nach alten Rechtsprinzipien der Haeduer. Dann fordert er von den Haeduern Truppen zur Unterstützung und läßt seine Legionen auf verschiedenen Wegen gegen Vercingetorix vorrücken. Dieser hat sich bei Gergovia, der Hauptstadt der Arverner (Karte F 4), verschanzt. Unterdessen verschwört sich Con-

---

rung des Lagerplatzes war bei den Galliern bis dahin nicht üblich gewesen • **animo cōnsternare:** bestürzen, außer Fassung bringen • **insuētus alicūius rei:** an etw. nicht gewöhnt.

31 animo labōrabat: er arbeitete mit Entschlossenheit daraufhin ...; *der Zusatz* animo *und das Imperfekt zeigen, daß V. diesen Plan schon lange verfolgt* • **adiungere:** anfügen, (für sich) gewinnen • **pollicitatio:** Versprechen, Versprechung *(warum sagt C. nicht genauer, was V. verspricht?)* • **allicere,** licio, lexi, lectum: anlocken, an sich ziehen.
2 **subdolus:** hinterlistig, trügerisch • **quisque** *meint die* principes, **quorum** *meint die* idonei homines *und ist Genitivattribut zu* oratione *und* amicitiā.
3 **qui...refugerant:** *Objekt zu* curat • **vestire:** bekleiden.
4 **deminuere,** minui, minūtum: verringern, schwächen • **redintegrare:** ganz wiederherstellen, wieder ergänzen • **imperat:** hierzu gehört zunächst das Objekt certum numerum; *dieses wird dann genauer in einem abh. Fragesatz erläutert, denn für jeden Stamm kann etwas anderes gelten* • **sagittārius:** Bogenschütze • **permāgnus:** sehr groß. *Die Römer kämpften nicht mit dem Bogen; C. betont die neue Gefahr auch noch durch* omnes • **conquīrere:** sammeln • **de-per-ire,** ii, iturus: umkommen, verlorengehen • **explēre:** ausfüllen, wieder ersetzen.
5 **Teutómatus; Ollóvico:** *Eigennamen* • **Nitióbroges,** um: *keltischer Stamm an der Garonne, Karte E 4* • **amīcus:** *vgl. zu I 35,2!* • **suus:** eigen • **Aquitānia:** *der zwischen der Garonne und den Pyrenäen liegende Teil Galliens* • **condūcere:** 1. zusammenziehen, 2. dingen, in Sold nehmen; **quos condūxerat:** *expandiertes Genitivattribut,* suorum *gleichgestellt.*

victoclavis, von den Arvernern (so berichtet Caesar) mit Geld bestochen, zusammen mit einigen jungen Haeduern gegen Caesar. Er will die Haeduer auf die gallische Seite bringen. Zunächst stellt er die für Caesar aufgebrachten 10 000 Mann unter das Kommando des Litaviccus, des Anführers seiner jungen Mitverschworenen. Dreißig Meilen vor Gergovia bewegt Litaviccus mit einer aufpeitschenden Rede die Truppen, nicht Caesar, sondern das gallische Heer zu unterstützen; er spiegelt seinen Leuten vor, die Römer hätten viele haeduische Führer und Soldaten hinrichten lassen. Der Haeduer Eporedorix, der einen politischen Umschwung in seinem Land verhindern will, unterrichtet Caesar von diesen Vorgängen. Caesar stoppt daraufhin mit einigen Legionen den Heerzug der Haeduer und zeigt ihnen die angeblich getöteten haeduischen Führer. Da entscheidet sich das haeduische Heer für Caesar, Litaviccus flieht nach Gergovia.

Bei den Haeduern hatte Convictoclavis die römerfeindliche Stimmung geschürt, so daß es zu zahlreichen Ausschreitungen gegen dort ansässige Römer gekommen war. Als nun bekannt wird, daß sich das haeduische Heer in Caesars Hand befindet, beginnen die Haeduer ein Doppelspiel. Einerseits schicken sie Gesandte zu Caesar und spiegeln Reue vor. Andererseits bauen sie die Verbindung mit anderen gallischen Stämmen aus. Caesar führt dies auf die Habsucht der Haeduer zurück, die die erbeuteten römischen Vermögen behalten wollten. Er geht auf das Spiel der Haeduer ein, weil er eine Möglichkeit sucht, einer Einkreisung durch die Gallier bei Gergovia zu entgehen und alle seine Legionen in Gallien wieder zu vereinigen, ohne einen Abmarsch von Gergovia wie eine Flucht oder Angstreaktion aussehen zu lassen. Er kann den Galliern einige Schlappen beibringen; als er die offene Feldschlacht auf einem für ihn günstigen Gelände anbietet, nimmt Vercingetorix sie nicht an. Darauf beginnt Caesar den Marsch ins Gebiet der Haeduer, ohne daß ihm Vercingetorix folgt. Viridomarus und Eporedorix wollen vorauseilen, um ihr Volk von einem Abfall zurückzuhalten. Caesar hält sie nicht auf, obwohl er kaum an einen Erfolg ihrer Aktion glaubt, stellt ihnen aber noch einmal die römischen Verdienste um die Haeduer vor Augen. Als die beiden erfahren, daß Litaviccus und Convictoclavis die Verbindung mit den übrigen Galliern schon sehr weit getrieben haben, schlagen sie sich auf deren Seite. In Noviodunum lassen sie römische Kaufleute töten, beschlagnahmen römisches Eigentum und zerstören die dort lagernden römischen Getreidevorräte. Caesar eilt daraufhin in Gewaltmärschen zur Loire und kann sie in einer allerdings ziemlich tiefen Furt durchqueren. Er gelangt ins Gebiet der Senonen (Karte F 2). Sein Ziel ist, seine Legionen mit denen seines Legaten Labienus zu vereinigen. Labienus steht mit vier Legionen vor Lutecia (Paris). Es gelingt ihm, sich ohne größere Verluste einer feindlichen Übermacht zu entziehen und mit allen Truppen zu Caesar zu stoßen. Caesars gallische Legionen sind nun alle in einem Gebiet konzentriert. *(nach c. 32–62)*

63 Defectione Haeduorum cognita bellum augetur. legationes in omnes partes circummittuntur; quantum gratia, auctoritate, pecunia valent, ad sollicitan-
3 das civitates nituntur; nacti obsides, quos Caesar apud eos deposuerat,
4 horum supplicio dubitantes territant. petunt a Vercingetorige Haedui, ut ad se veniat rationesque belli gerendi communicet; re impetrata contendunt, ut
5 ipsis summa imperii tradatur. re in controversiam deducta totius Galliae
6 concilium Bibracte indicitur. conveniunt undique frequentes. multitudinis suffragiis res permittitur; ad unum omnes Vercingetorigem probant impera-
7 torem. ab hoc concilio Remi, Lingones, Treveri afuerunt, illi, quod amicitiam Romanorum sequebantur, Treveri, quod aberant longius et a Germanis premebantur, quae fuit causa, quare toto abessent bello et neutris auxilia
8 mitterent. magno dolore Haedui ferunt se deiectos principatu, queruntur fortunae commutationem et Caesaris in se indulgentiam requirunt neque
9 tamen suscepto bello suum consilium ab reliquis separare audent. inviti summae spei adulescentes Eporedorix et Viridomarus Vercingetorigi parent.
64 Ille imperat reliquis civitatibus obsides; denique ei rei constituit diem; huc
2 omnes equites, XV milia numero, celeriter convenire iubet. peditatu, quem antea habuerit, se fore contentum dicit neque fortunam temptaturum aut acie dimicaturum, sed, quoniam abundet equitatu, perfacile esse factu fru-
3 mentationibus pabulationibusque Romanos prohibere; aequo modo animo sua ipsi frumenta corrumpant aedificiaque incendant, qua rei familiaris
4 iactura perpetuum imperium libertatemque se consequi videant. his consti-

---

63 defectio: Abfall · **circummittere**: überall umherschicken · **nītī**: sich auf etw. stützen, „etw. aufbieten".
 2 depōnere: in Verwahrung geben · **dubitare**: zögern · **territare** *(Intensivum zu terrēre)*: in großen Schrecken versetzen.
 3 commūnicare: gemeinsam beraten · **ipsis**: den Haeduern · **summa imperii**: Oberbefehl.
 5 contrōversia: Streit · **Bibracte**, is *n.*: Hauptstadt der Haeduer *(auf dem heutigen Mont Beuvray), Karte G 3; Bibracte ist hier Zielakkusativ* · **concilium indīcere**: einen Landtag einberufen · **frequēns**: zahlreich · **suffrāgium**: Stimme, Abstimmung · **permittere**: überlassen, anvertrauen · **ad ūnum omnes**: alle ohne Ausnahme.
 7 **Rēmi**: *belgischer Stamm um Reims, Karte FG 2* · **Lingones**, um: *keltischer Stamm, Karte CD 3* · **Trēveri**: *keltischer Stamm um Trier* · **quae**: *meint* a Germanis premi · **neutri**: keine von beiden Seiten.
 8 deicere aliqua re: aus etw. verdrängen · **principatus**, us: führende Stellung, Führungsrolle · **queri**: beklagen · **commūtatio**: Wechsel, Veränderung · **indulgentia**: Güte, liebevolle Behandlung · **requīrere**: vermissen · **sēparare**: trennen.
 9 invītus: unwillig · **summae spei**: *Genitivattribut zu* adulescentes, *i. D. adjektivisches Attribut*: vielversprechend, hoffnungsfroh; *möglicherweise – nach ihrem Treuebruch gegenüber Caesar – ironisch gemeint.*

64 obsides imperare: Geiseln verlangen · **hūc**: hierher, *entspricht* ad se, ad sua castra *(C. formuliert so, als sei er selbst im Lager des Vercingetorix)* · **numero**: an der Zahl.
 2 peditātus, us: Fußvolk, Infanterie · **habuerit**: *Konjunktiv, da eine Behauptung des Vercingetorix* · **contentus aliqua re**: mit etw. zufrieden · **fore**: *Infinitiv Futur zu* esse · **fortūnam temptare**: das Schicksal herausfordern · **acie dimicare**: in offener Feldschlacht kämpfen · **abundare aliqua re**: Überfluß an etw. haben · **perfacilis, e**: sehr leicht · **factū** *(sog. Supinum II)*: zu tun, *übergenauer Zusatz* · **frūmentatio** (Getreideholen), **pābulatio** (Futterholen): die Besorgung von Getreide u. Futter.
 3 aequus animus: Gelassenheit, Gleichmut · **modo** *(bei Aufforderungen)*: (doch) nur · **ipsi** *hebt durch Bedeutung und Stellung die Größe der Forderung des Vercingetorix hervor* · **frūmenta**, orum *n. pl.*: das Getreide auf dem Felde *(vgl. zu I 16,2)* · **corrumpere**: vernichten; **corrumpant; incendant**: *Konjunktiv: Wunsch* · **aedificium**: Gebäude · **iactūra**: Verlust · **qua rei familiaris iactura** *nimmt den Inhalt des übergeordneten Satzes wieder auf.*

VII 64,5–65

tutis rebus Haeduis Segusiavisque, qui sunt finitimi provinciae, decem milia
5 peditum imperat; huc addit equites octingentos. his praeficit fratrem Eporedo-
6 rigis, bellumque inferre Allobrogibus iubet. altera ex parte Gabalos proximosque pagos Arvernorum in Helvios, item Rutenos Cadurcosque ad fines
7 Volcarum Arcomicorum depopulandos mittit. nihilo minus clandestinis nuntiis legationibusque Allobroges sollicitat, quorum mentes nondum a
8 superiore bello resedisse sperabat. horum principibus pecunias, civitati autem imperium totius provinciae pollicetur.

65 Ad hos omnes casus provisa erant praesidia cohortium duarum et viginti, quae ex ipsa coacta provincia ab L. Caesare legato ad omnes partes oppone-
2 bantur. Helvii sua sponte cum finitimis proelio congressi pelluntur et C. Valerio Domnotauro, Caburi filio, principe civitatis, compluribusque aliis
3 interfectis intra oppida murosque compelluntur. Allobroges crebris ad Rhodanum dispositis praesidiis magna cum cura et diligentia suos fines
4 tuentur. Caesar, quod hostes equitatu superiores esse intellegebat et interclusis omnibus itineribus nulla re ex provincia atque Italia sublevari poterat, trans Rhenum in Germaniam mittit ad eas civitates, quas superioribus annis pacaverat, equitesque ab his arcessit et levis armaturae pedites,
5 qui inter eos proeliari consuerant. eorum adventu, quod minus idoneis equis utebantur, a tribunis militum reliquisque equitibus Romanis atque evocatis equos sumit Germanisque distribuit.

---

4 **4–6:** *Die im folgenden genannten keltischen Stämme wohnen zwischen dem Gebiet der Arverner (Stamm des Vercingetorix) und der römischen Provinz, und zwar, von N nach S: die* **Segusiāvi** *als nächste Nachbarn der zur Provinz gehörenden* **Allóbroges**, *die* **Gábali** *als Nachbarn der zur Provinz gehörenden* **Hélvii**, *die* **Cadúrci** *und die* **Rutēni** *als Nachbarn der zur Provinz gehörenden* **Volcae Arecómici** *(Volker-Arekomiker). Vgl. die Karte, G 4 / F 4 / F 5* · **hūc:** *Wiederaufnahme („Anophora") von* decem milia peditum · **octingenti:** achthundert.
5 **Eporedorix, igis:** *angesehener Haeduer, s. S. 100.*
6 **altera ex parte:** auf der anderen Seite · **pāgus:** Volksteil · **depopulari:** plündern, verwüsten.
7 **nihilominus** *(um nichts weniger):* genauso, ebensosehr · **clandestīnus:** heimlich · **sollicitare:** aufwiegeln · **mēns, mentis** *f.:* Seele *als Sitz von Denken und Empfinden* · **nōndum:** noch nicht · **superior, ius:** (zeitlich) früher; **superius bellum** *meint einen Krieg des Jahres 61 v. Chr. (vgl. zu I 6,2 nuper)* · **resīdere, sēdi, sessum:** sich niederlassen, ruhig werden.

65 **hos omnes casus** *umschreibt die 64,4–8 genannten drei Gruppen von Feinden* · **prōvincia:** *d. i. Gallia Narbonensis* · **Lucius Caesar:** *Vetter C.s, Konsul des Jahres 64 v. Chr., also*

älter als C. · **oppōnere:** entgegenstellen, einsetzen gegen; **opponebantur:** *Imperfekt: den Gefahren muß stets neu und variabel begegnet werden (vgl.* ad omnes partes*).*
2 **Helvii:** *vgl. 64,4* · **suā sponte:** auf eigene Faust · **fīnitimi** *meint* Gabaler *und* Arverner · **proelio:** *abl. instr.* · **congredi,** gredior, gressus sum: aneinandergeraten · **C. Valerius Domnotaurus:** *Bruder des C. Valerius Procillus, den C. besonders schätzte (vgl. I 47,4 und I 53,6)* · **compellere:** treiben, jagen.
3 **Allóbroges,** um: *vgl. 64,4* · **Rhódanus:** *die Rhone* · **dispōnere:** verteilen, (überall) aufstellen · **tuēri:** schützen.
4 **superior, ius:** *hier svw.* überlegen · **interclūdere,** clūsi, clūsum: abschneiden, (den Weg) verlegen · **sublevare:** unterstützen · **mittit:** *sc.* nuntios · **civitates pacare:** *svw.* mit Völkern (vertragliche) friedliche Beziehungen herstellen · **armātūra:** Waffengattung; **levis armaturae:** *das Genitivattribut läßt sich i. D. adjektivisch wiedergeben* · **proeliari:** kämpfen, fechten.
5 **adventu:** bei *oder* nach der Ankunft · **evocati:** Evokaten, *ausgediente Soldaten, die bei Gefahr wieder freiwillig Kriegsdienst leisteten* · **distribuere alicui:** austeilen an, verteilen unter.

66 Interea, dum haec geruntur, hostium copiae ex Arvernis equitesque, qui toti
2 Galliae erant imperati, conveniunt. magno horum coacto numero, cum
Caesar in Sequanos per extremos Lingonum fines iter faceret, quo facilius
subsidium provinciae ferre posset, circiter milia passuum X ab Romanis
3 trinis castris Vercingetorix consedit convocatisque ad concilium praefectis
equitum venisse tempus victoriae demonstrat; fugere in provinciam Roma-
4 nos Galliaque excedere. id sibi ad praesentem obtinendam libertatem satis
esse; ad reliqui temporis pacem atque otium parum profici; maioribus enim
coactis copiis reversuros neque finem bellandi facturos. proinde agmine
5 impeditos adoriantur. si pedites suis auxilium ferant atque in eo morentur,
iter confici non posse; si – id, quod magis futurum confidat – relictis impe-
dimentis suae saluti consulant, et usu rerum necessariarum et dignitate spo-
6 liatum iri. nam de equitibus hostium, quin nemo eorum progredi modo extra
agmen audeat, ne ipsos quidem debere dubitare. id quo maiore faciant ani-
mo, copias se omnes pro castris habiturum et terrori hostibus futurum.
7 conclamant equites sanctissimo iure iurando confirmari oportere, ne tecto
recipiatur, ne ad liberos, ad parentes, ad uxorem aditum habeat, qui non bis
per agmen hostium perequitarit.

---

66 **interea:** unterdessen, *bezeichnet hier im Unterschied zu* dum haec geruntur *weniger die Gleichzeitigkeit als den Wechsel der Erzählung zu einem anderen Schauplatz* · **tōti:** *Dativ.*
2 **Sēquani:** *großer keltischer Stamm, Karte H 3* · **Lingŏnes, um:** *vgl. 63,5* · **extremī fīnes** *meint wohl das südöstliche Grenzgebiet der Lingonen. Caesar hatte seine und die von Labienus geführten Truppen nördlich des Liger (Loire) vereinigt (vgl. S. 100)* · **quo** *als Einleitung von Finalsätzen mit Komparativen:* damit *oder* um umso... · **trīnis castris consīdere:** sich in drei Feldlagern postieren; **trinis:** *bei Pluralwörtern stehen i. L. die sog. Distributivzahlen („je drei"), ohne daß wir das genauer erklären können.*
3 **praefectus equitum:** Offizier der Reiterei.
4 **praesentem ... libertatem** *wird im folgenden durch* reliqui temporis pacem atque otium *gesteigert* · **pāx atque ōtium:** *‚doppelgliedriger Ausdruck', der zwei Komponenten der endgültigen Befreiung zeigt: a) die Verhältnisse nach außen sind völkerrechtlich geordnet, b) man ist frei von der Arbeit des Krieges und kann sich anderen Dingen widmen* · **parum** *(Adv.):* zu wenig · **proficere:** weiter kommen, etw. gewinnen · **reversurum esse:** *Infinitiv Futur zu* reverti: zurückkehren · **bellari:** Krieg führen · **proinde:** also, daher · **agmine:** *abl. instr. zu* impeditos; *die Römer sollen also angegriffen werden, während sie auf dem Marsch und nicht in Schlachtordnung (*acies*) sind.*
5 **sua** *meint hier wohl den Troß, die Habe der Soldaten; sie mußten sich also zwischen der Verteidigung des Trosses und der Fortsetzung des Marsches unter Verlust ihrer Habe entscheiden* · **dīgnitas:** Ansehen · **futurum** *sc.* esse: *Futur zu* fieri: geschehen · **spoliatum iri:** *Umschreibung des Infinitivs Futur Passiv von* spoliare (aliquem aliqua re): (j-m etw.) rauben.
6 **equites:** *Gegensatz zu* pedites *(§ 5), als neue Themaangabe an die Spitze des Satzes gestellt und durch* de *und Ablativ direkt von* dubitare *abhängig gemacht; im* quin-*Satz wird* equites *durch* eorum *wiederaufgenommen* · **modo** *(Adv.):* auch nur (wenigstens) · **extrā āgmen:** *die Reiter müssen beim Marsch ausschwärmen, um einen Angriff rechtzeitig zu erkennen und möglichst abzufangen* · **audeat:** *das Präsens statt des bei* quin *zu erwartenden Futurs zeigt, daß Vercingetorix hier eine grundsätzliche Eigenschaft römischer Reitertruppen bezeichnen will* · **quo:** *vgl. zu § 2.*
7 **conclamare:** Beifall brüllen · **sānctus:** heilig · **tēctum:** Dach, Haus · **parentes, um:** Eltern · **uxor, oris** *f.:* (Ehe)frau · **perequitare:** hindurchreiten · **qui ... perequitarit:** *expandiertes Subjekt der* ne-*Sätze* · **bīs:** zweimal.

67 Probata re atque omnibus iure iurando adactis postero die in tres partes distributo equitatu duae se acies ab duobus lateribus ostendunt, una a primo agmine iter impedire coepit. qua re nuntiata Caesar suum quoque equitatum tripertito divisum contra hostem ire iubet. pugnatur una omnibus in partibus. consistit agmen; impedimenta intra legiones recipiuntur. si qua in parte nostri laborare aut gravius premi videbantur, eo signa inferri Caesar aciemque converti iubebat; quae res et hostes ad insequendum tardabat et nostros spe auxilii confirmabat. tandem Germani ab dextro latere summum iugum nacti hostes loco depellunt, fugientes usque ad flumen, ubi Vercingetorix cum pedestribus copiis consederat, persequuntur compluresque interficiunt. qua re animadversa reliqui, ne circumvenirentur, veriti se fugae mandant. omnibus locis fit caedes. tres nobilissimi Haedui capti ad Caesarem perducuntur: Cotus, praefectus equitum, qui controversiam cum Convictoclavi proximis comitiis habuerat, et Cavarillus, qui post defectionem Litavicci pedestribus copiis praefuerat, et Eporedorix, quo duce ante adventum Caesaris Haedui cum Sequanis bello contenderant.

68 Fugato omni equitatu Vercingetorix copias suas, ut pro castris conlocaverat, reduxit protinusque Alesiam, quod est oppidum Mandubiorum, iter facere coepit celeriterque impedimenta ex castris educi et se subsequi iussit. Caesar impedimentis in proximum collem deductis duabus legionibus praesidio relictis secutus, quantum diei tempus est passum, circiter tribus milibus hostium ex novissimo agmine interfectis altero die ad Alesiam castra fecit. perspecto urbis situ perterritisque hostibus, quod equitatu, qua maxime parte exercitus confidebant, erant pulsi, adhortatus ad laborem milites circumvallare instituit.

---

67 **iūre iūrando adigere,** ēgi, āctum: eidlich verpflichten · **distribuere:** aufteilen · **ab lateribus:** auf den Flanken · **āgmen prīmum:** die Spitze des Heerzuges.

2 **tripertītō dīvīsum:** in drei Abteilungen · **ūnā** svw. gleichzeitig, auf einmal.

3 **inter legiōnes** svw. in die Mitte der Legionen.

4 **aciem convertere:** das Heer eine Schwenkung machen lassen · **insequi:** vordringen · **tardāre ad:** aufhalten bei.

5 **Germānī:** Germanen *als Hilfstruppen in Caesars Heer* · **summum iugum:** Gebirgskamm, Höhenrücken. *Um welchen es sich handelt, gibt Caesar ebensowenig an wie den Namen des im folgenden erwähnten Flusses; darauf kommt es ihm nicht an* · **dēpellere:** vertreiben · **ūsque ad:** bis zu · **pedestres cōpiae:** Fußvolk.

6 **nē circumvenīrentur:** *(expandiertes) Objekt zu* veriti · **locis** steht in Ortsangaben ohne Präposition.

7 **praefectus equitum:** Offizier der Reiterei · **contrōversia:** Auseinandersetzung · **Convictoclāvis:** vgl. S. 99 · **proximīs comitiīs:** bei den letzten Wahlen · **defectio:** Abfall, Treubruch · **Litaviccus:** vgl. S. 100 · **Eporedorīx, igis:** *von dem sonst in Buch VII genannten Haeduer gleichen Namens (vgl. S. 100) durch den Attributsatz unterschieden.*

68 **fugāre:** verjagen, in die Flucht treiben · **prōtinus** *(Adv.):* sofort · **Alēsia:** Karte G 3 · **quod** *ist im Genus auf* oppidum *bezogen (i. D. würden wir die Beziehung auf Alesia erwarten)* · **Mandubii:** keltischer Stamm · **subsequi:** nachfolgen.

2 **dedūcere:** wegführen.

3 **situs, us:** Lage · **qua parte exercitūs:** *umschreibt* equitatus · **circumvallāre** *(sc. urbem):* mit Wall und Graben einschließen; *dies ist also genauer mit* labor *gemeint* · **instituere:** beginnen.

69 Ipsum erat oppidum Alesia in colle summo, admodum edito loco, ut nisi obsidione expugnari non posse videretur.

Caesar schildert im folgenden die aufwendigen Belagerungsarbeiten. Sie werden von einem Reitergefecht begleitet, in dem die Gallier schwere Verluste erleiden. Vercingetorix gelingt es noch, seine Reiter durch eine Lücke des Belagerungsringes zu den verschiedenen gallischen Stämmen zu schicken. Sie sollen alle erdenkliche Verstärkung holen. Der Getreidevorrat in Alesia reicht nämlich nur für 30 Tage. Die gallischen Stämme stellen zwar nicht alle waffenfähigen Männer zur Verfügung – Caesar sagt, sie brauchten auch im eigenen Gebiet Soldaten, die für die Verpflegung sorgen und die eigenen Leute im Zaum halten sollten –, aber sie schicken doch ein gewaltiges Entsatzheer von 250 000 Fußsoldaten und 8 000 Reitern. In haeduischem Gebiet findet eine Zählung dieses Heeres und eine Aufteilung an verschiedene Führer statt. *(nach c. 69–76)*

77 At ii, qui Alesiae obsidebantur, praeterita die, qua auxilia suorum exspectaverant, consumpto omni frumento inscii, quid in Haeduis gereretur, con-
2 cilio coacto de exitu suarum fortunarum consultabant. ac variis dictis sententiis, quarum pars deditionem, pars, dum vires suppeterent, eruptionem censebat, non praetereunda videtur oratio Critognati propter eius singula-
3 rem ac nefariam crudelitatem. hic summo in Arvernis ortus loco et magnae habitus auctoritatis ‚nihil', inquit, ‚de eorum sententia dicturus sum, qui turpissimam servitutem deditionis nomine appellant, neque hos habendos civi-
4 um loco neque ad concilium adhibendos censeo. cum his mihi res sit, qui eruptionem probant. quorum in consilio omnium vestrum consensu pristinae
5 residere virtutis memoria videtur; animi est ista mollitia, non virtus, paulisper inopiam ferre non posse. qui se ultro morti offerant, facilius reperiuntur
6 quam, qui dolorem patienter ferant. atque ego hanc sententiam probarem – tantum apud me dignitas potest –, si nullam praeterquam vitae nostrae iac-
7 turam fieri viderem; sed in consilio capiendo omnem Galliam respiciamus,

---

69 **collis summus:** Gipfel eines Berges · **admodum:** ziemlich · **ēditus:** emporragend, hoch · **obsidio:** Belagerung · **nisi:** außer.

77 **Alesiae:** *Lokativ* · **praeterīre:** vorbeigehen; **praeterita die:** *Abl. + Präd.* · **inscius:** unwissend, „ohne zu wissen…" · **exitus, us:** Ausgang · **fortūnarum:** *Plural, weil das Schicksal jedes einzelnen bezeichnet werden soll* · **cōnsultare:** beratschlagen.
2 **deditio:** Kapitulation · **suppetere:** ausreichen · **cēnsēre:** etw. vorschlagen, eintreten für etw. · **praeterīre:** etw. übergehen · **Critognātus:** *Eigenname* · **singulāris, e:** einzigartig · **nefārius:** gottlos, frevelhaft · **crūdēlitas:** Grausamkeit.

3 **Arverni:** *vgl. 64,6* · **summo loco ortus:** von sehr hoher Abkunft · **turpis, e:** schimpflich · **aliquem alicūius loco habere:** j-n als etw. ansehen.
4 **quorum:** *nimmt his, qui wieder auf* · **cōnsēnsus, us:** übereinstimmende Meinung · **vestrum:** *Genitiv zu vos, von* omnium *abhängig* · **prīstinus:** alt, früher · **residēre:** zurückbleiben, *hier* noch vorhanden sein.
5 **mollitia:** Weichheit; **ista est mollitia:** das ist (eine) Schlappheit · **paulisper:** eine kurze Zeit (lang) · **ultro** *(Adv.):* freiwillig · **offerre:** anbieten, preisgeben · **patienter:** geduldig, mit Ausdauer.
6 **praeterquam:** außer · **iactūra:** Verlust.
7 **respicere:** achten auf etw., berücksichtigen ·

8 quam ad nostrum auxilium concitavimus: quid hominum milibus LXXX uno loco interfectis propinquis consanguineisque nostris animi fore existi-
9 matis, si paene in ipsis cadaveribus proelio decertare cogentur? nolite hos vestro auxilio exspoliare, qui vestrae salutis causa suum periculum neglexerunt, nec stultitia ac temeritate vestra aut animi imbecillitate omnem Gal-
10 liam prosternere et perpetuae servituti addicere. an, quod ad diem non venerunt, de eorum fide constantiaque dubitatis? quid ergo: Romanos in
11 illis ulterioribus munitionibus animine causa cotidie exerceri putatis? si illorum nuntiis confirmari non potestis omni aditu praesaepto, his utimini testibus adpropinquare eorum adventum, cuius rei timore exterriti diem
12 noctemque in opere versantur. quid ergo mei consilii est? facere, quod nostri maiores nequaquam pari bello Cimbrorum Teutonumque fecerunt: qui in oppida compulsi ac simili inopia subacti eorum corporibus, qui aetate ad bellum inutiles videbantur, vitam toleraverunt neque se hostibus tradiderunt.
13 cuius rei si exemplum non haberemus, tamen libertatis causa institui et
14 posteris prodi pulcherrimum iudicarem. nam quid illi simile bello fuit? depopulata Gallia Cimbri magnaque inlata calamitate finibus quidem nostris aliquando excesserunt atque alias terras petierunt; iura, leges, agros, liber-
15 tatem nobis reliquerunt. Romani vero, quid petunt aliud aut quid volunt, nisi invidia adducti, quos fama nobiles potentesque bello cognoverunt, horum in agris civitatibusque considere atque his aeternam iniungere servitu-

---

concitare: in Bewegung setzen, mobilisieren.
8 **quid tibi animi est:** wie ist dir zumute *(bei quid steht i. L. gern der Genitiv des Bereichs oder der Teilung)* · **fore:** *Infinitiv Futur zu* esse · **hominum mīlibus octaginta:** *so viele sollen in Alesia verschanzt gewesen sein* · **loco** *steht in Ortsangaben ohne Präposition* · **cōnsanguineus:** Blutsverwandter *(sanguis: Blut)* · **cadāver,** eris *n.:* Leiche · **decertare:** bis zur Entscheidung kämpfen.
9 **exspoliare aliquem aliqua re:** j-m etw. rauben; **nōlīte exspoliare:** „wollt nicht rauben"; *höfliche Form des Verbots* · **animi imbecillitas:** Schwäche von Geist und Mut, Feigheit · **prosternere:** zugrunderichten · **addīcere:** überlassen, preisgeben.
10 **ad diem:** bis heute, zum vereinbarten Tage · **cōnstantia:** Unbeugsamkeit, Beharrlichkeit · **quid ergo:** wie denn? was denn? *läßt eine verneinende Antwort erwarten* · **ulteriores mūnītiones:** *Caesar hatte neben den Belagerungsarbeiten auch noch Verteidigungswälle und -gräben gegen das erwartete gallische Entsatzheer bauen lassen* · **animi causa:** „zum Vergnügen" · **animine:** -ne (etwa? *bei erwarteter Verneinung) wird an das besonders betonte Wort angehängt, das hier nicht an den Satzanfang gestellt ist* ·
excercēri: *svw.* sich plagen.

11 **illorum** *meint die (entfernten) gallischen Stammesbrüder* · **praesaepire,** saepsi, saeptum: (vorn) versperren · **his** *meint die Römer, die vor der Stadt Wälle und Gräben bauen* · **aliquo tēstī ūti:** j-n zum Zeugen nehmen · **exterrēre,** terrui, territum: (j-n) sehr erschrecken, außer Fassung bringen · **in opere versari:** mit Schanzarbeit beschäftigt sein.
12 **quid mei consilii est:** *vgl. zu § 8 quid tibi…* · **maiores,** um: Vorfahren · **nēquāquam** (keineswegs) *gehört zu* pari · **Cimbri, Teútoni:** *vgl. S. 10!* · **compellere,** puli, pulsum: treiben, jagen · **subigere,** ēgi, āctum: zermürben · **aetas:** Alter · **inūtilis,** e: untauglich · **vītam tolerare:** sein Leben fristen.
13 **pulcherrimum:** *sc.* exemplum · **prōdere:** übergeben, überliefern · **iūdicare:** dafür sein, plädieren.
14 **depopulari:** verwüsten; *das Partizip Perfekt hat auch passivische Bedeutung* · **aliquando:** (endlich) einmal · **excesserunt:** *Gegensatz zu* … inlata … quidem *(i. D. erg. „doch")*.
15 **invidia:** Mißgunst, *egoistische Behauptung der eigenen Machtstellung* · **quos…cognoverunt:** *durch* horum *wiederaufgenommenes (Genitiv-)Attribut zu* in agris civitatibusque ·
aeternus: ewig · **iniungere,** iūnxi, iūnctum: auferlegen, aufbürden ·

16 tem? neque enim umquam alia condicione bella gesserunt. quodsi ea, quae in longinquis nationibus geruntur, ignoratis, respicite finitimam Galliam, quae in provinciam redacta iure et legibus commutatis securibus subiecta perpetua premitur servitute.'

78 Sententiis dictis constituunt, ut ii, qui valetudine aut aetate inutiles sint bello, oppido excedant atque omnia prius experiantur, quam ad Critognati sen-
2 tentiam descendant; illo tamen potius utendum consilio, si res cogat atque auxilia morentur, quam aut deditionis aut pacis subeundam condicionem.
3 Mandubii, qui eos oppido receperant, cum liberis atque uxoribus exire co-
4 guntur. hi, cum ad munitiones Romanorum accessissent, flentes omnibus
5 precibus orabant, ut se in servitutem receptos cibo iuvarent. at Caesar dispositis in vallo custodiis recipi prohibebat.

Caesar erwähnt im folgenden nicht, was das Schicksal der Mandubier gewesen ist – sie kamen wohl elend zwischen den Fronten um – und warum er sie nicht als Sklaven annahm – er hatte wohl selbst zu wenig Vorräte. Das gallische Entsatzheer rückt an, und Caesar hat einen Zweifrontenkrieg zu führen. Den Galliern gelingt es, eine Reihe römischer Schanzwerke zu zerstören, aber Caesar kann die Stellung halten. Freilich setzen die Gallier die Zerstörung der römischen Belagerungseinrichtungen fort, und die Lage ist wegen der doppelten Front gefährlich. *(nach 79–86)*

---

umquam: jemals · **alia condicione:** *svw.* mit anderem Ziel.
16 **longinquus:** weit entfernt · **īgnōrare:** nicht wissen · **respicere:** blicken auf · **in prōvinciam redigere,** ēgi, āctum: zur Provinz machen · **commūtare:** verändern; **commutatis** *auf iure et legibus bezogen* · **iūs:** Recht *und* **lēx:** Gesetz: *vgl. zu I 1,2* · **secūris,** is *f.*: Beil; *die Konsuln und Prokonsuln wurden in der Öffentlichkeit von „Liktoren" begleitet; diese trugen in Rutenbündel eingebundene Beile als Zeichen der Amtshoheit, die einst auch Gewalt über Leben und Tod bedeutet hatte* · **subicere,** icio, iēci, iectum: unterwerfen, preisgeben.

78 valetudo: Gesundheit(szustand) · **aetas:** Alter · **bello:** *finaler Dativ zu* inutiles; **inutilis:** untauglich · **prius** *(Adv.):* eher · **experiri:** versuchen · **descendere:** herabsteigen, sich einlassen; **descendant:** *der Konjunktiv zeigt, daß* ad ... desc. *eine bloße Erwägung ist.*
2 **potius** *(Adv.):* eher · **pāx:** Vertragsschluß · **subire:** auf sich nehmen.
3 **Mandubii:** *sie bewohnten Alesia; vgl. 68,1* · **uxor,** ōris *f.*: (Ehe-)Frau.
4 **flēre:** weinen · **preces,** um *f. pl.*: Bitten · **ōrare:** vorbringen, bitten · **cibus:** Nahrung, Essen · **iuvare aliquem:** j-m helfen · **dispōnere:** verteilen, überall aufstellen · **cūstōdia:** Wachtposten.

87 Mittit primum Brutum adulescentem cum cohortibus Caesar, post cum aliis C. Fabium legatum; postremo ipse, cum vehementius pugnaretur, inte-
2 gros subsidio adducit. restituto proelio ac repulsis hostibus eo, quo Labienum miserat, contendit; cohortes IIII ex proximo castello deducit, equitum partem se sequi, partem circumire exteriores munitiones et a tergo hostes
3 adoriri iubet. Labienus, postquam neque aggeres neque fossae vim hostium sustinere poterant, coactis undecim cohortibus, quas ex proximis praesidiis deductas fors obtulit, Caesarem per nuntios facit certiorem, quid faciendum existimet. accelerat Caesar, ut proelio intersit.

88 Eius adventu ex colore vestitus cognito, quo insigni in proeliis uti consuerat, turmisque equitum et cohortibus visis, quas se sequi iusserat – ut de locis superioribus haec declivia et devexa cernebantur –, hostes proelium com-
2 mittunt. utrimque clamore sublato excipit rursus ex vallo atque omnibus
3 munitionibus clamor. nostri omissis pilis gladiis rem gerunt. repente post tergum equitatus cernitur; cohortes aliae adpropinquant. hostes terga ver-
4 tunt; fugientibus equites occurrunt. fit magna caedes. Sedullus dux et princeps Lemovicum occiditur; Vercassivellaunus Arvernus vivus in fuga comprehenditur; signa militaria LXXIIII ad Caesarem referuntur; pauci ex
5 tanto numero incolumes se in castra recipiunt. conspicati ex oppido caedem
6 et fugam suorum desperata salute copias a munitionibus reducunt. fit protinus hac re audita ex castris Gallorum fuga. quodnisi crebris subsidiis ac totius diei labore milites essent defessi, omnes hostium copiae deleri po-

---

87 D(ecimus) Iūnius Brutus: *ein Legat (Offizier) Caesars; er gehörte später zu Caesars Mördern* · **post:** dann · **postrēmo:** zuletzt, schließlich · **vehemens:** heftig · **integri:** *svw.* frische Truppen.
2 **proelium restituere,** ui, utum: *um: (eine Schlacht wiederaufbauen, d. h.) das Gleichgewicht wiederherstellen* · **quo Labiēnum miserat:** *Labienus ist Caesars besonders befähigter ranghöchster Legat; Caesar hatte ihn an einen höher gelegenen, besonders umkämpften Punkt des Belagerungsringes geschickt* · **castellum:** befestigte Stellung, Kastell · **circumīre:** um etw. herumgehen *oder* reiten.
3 **praesidium:** *svw.* Stützpunkt · **fors:** Zufall · **offerre,** obtuli, oblatum: anbieten · **quid faciendum** (*sc.* esse) **exīstimet:** quid *ist der Akkusativ eines von* existimet *abhängigen a.c.i. und dient gleichzeitig dazu, den abh. Fragesatz mit dem übergeordneten Satz zu verbinden* · **accelerare:** sich eilen · **interesse alicui rei:** an etw. teilnehmen.

88 color, oris *m.*: Farbe · **vestītus,** us: Mantel *(hier ein purpurfarbener)* · **quō** bezieht sich auf vestitus · **insīgne,** is *n.*: Erkennungszeichen · **insīgni:** Prädikatsnomen · **turma:** Schwadron, Einheit · **ut ... cernebantur:** „so, wie ... gesehen wurden" *oder als Parenthese (Einschub)* „man konnte ja ... sehen" · **loca superiora:** Anhöhen, Kamm *(den das gallische Entsatzheer besetzt hält)* · **haec:** hic *bezeichnet etwas bei der sprechenden Person (hier Caesar) Befindliches, hier also svw.* „die von uns besetzten" · **declīvis,** e: abfallend · **devexus:** abschüssig · **declivia; devexa** *sc.* loca.
2 **utrimque:** auf beiden Seiten, *nämlich der gallischen und der römischen* · **clāmōrem tollere:** Geschrei erheben · **omittere,** omisi, omissum: weglegen, wegwerfen.
3 **cernere:** wahrnehmen · **aliae cohortes** *meint die unberittenen Kohorten* · **terga vertere** (tergum: Rücken): *svw.* fliehen.
4 **dūx et prīnceps:** militärischer und ziviler Führer · **Lemovīces,** um: keltischer Stamm um Limoges · **signum mīlitāre:** Feldzeichen.
5 **cōnspicari:** sehen, erblicken · **salūtem despērare:** die Hoffnung auf Rettung aufgeben.
6 **prōtinus:** sofort · **cōpias:** *die aus Alesia zum Vorstoß geschickten gallischen Truppen* · **hac re audita:** *die Nachrichtenübermittlung erfolgte wohl durch Trompetensignale* · **castris Gallorum** *meint das Lager des gallischen Entsatzheeres* · **quodnisi:** wenn (nur) nicht · **dēfessus:** erschöpft · **dēlēre:** vernichten.

7 tuissent. de media nocte missus equitatus novissimum agmen consequitur; magnus numerus capitur atque interficitur, reliqui ex fuga in civitates discedunt.

89 Postero die Vercingetorix concilio convocato id bellum suscepisse se non
2 suarum necessitatum, sed communis libertatis causa demonstrat, et quoniam sit fortunae cedendum, ad utramque rem se illis offerre, seu morte sua Romanis satisfacere seu vivum tradere velint. mittuntur de his rebus ad Cae-
3.4 sarem legati. iubet arma tradi, principes produci. ipse in munitione pro castris consedit; eo duces producuntur. Vercingetorix deditur, arma pro-
5 iciuntur. reservatis Haeduis atque Arvernis, si per eos civitates recuperare posset, ex reliquis captivis toti exercitui capita singula praedae nomine distribuit.

90 His rebus confectis in Haeduos proficiscitur; civitatem recipit. eo legati ab
2 Arvernis missi: quae imperaret, se facturos pollicentur. imperat magnum
3 numerum obsidum. legiones in hiberna mittit. captivorum circiter XX milia
4 Haeduis Arvernisque reddit. T. Labienum cum duabus legionibus et equi-
5 tatu in Sequanos proficisci iubet; huic M. Sempronium Rutilum attribuit. C. Fabium legatum et L. Minucium Basilum cum legionibus duabus in Remis
6 conlocat, ne quam a finitimis Bellovacis calamitatem accipiant. C. Antistium Reginum in Ambivaretos, T. Sextium in Bituriges, C. Caninium Rebilum in
7 Rutenos cum singulis legionibus mittit. Q. Tullium Ciceronem et P. Sulpicium Cavilloni et Matiscone in Haeduis ad Ararim rei frumentariae causa
8 conlocat. ipse Bibracte hiemare constituit. huius anni rebus cognitis Romae dierum viginti supplicatio redditur.

---

7 **de media nocte:** noch mitten in der Nacht · **ex fuga in cīvitātēs discēdunt:** fliehen und schlagen sich zu ihren Stämmen durch.

89 **necessitas:** Not(wendigkeit), *svw.* persönliches Interesse.
2 **ad utramque rem** *wird durch* seu...seu... *näher erläutert* · **illis** *meint die versammelten Gallier* · **offerre:** anbieten · **suā:** *des Vercingetorix* · **satisfacere:** Genugtuung leisten, gnädig stimmen · **de his rēbus:** in dieser Angelegenheit.
4 **prōicere:** zu Boden werfen.
5 **reservare:** zurückbehalten · **Haeduis atque Arvernis:** *natürlich nur die in Alesia befindlichen* · **si...recuperare posset:** *svw.* für den Versuch ... zurückzugewinnen · **recuperare** wiedergewinnen *(zu einem Bündnis)* · **capita singula:** an jeden Soldaten je eine Person · **praedae nōmine:** als Beute *(nämlich Sklave)* · **distribuere:** verteilen, austeilen.

90 in Haeduos: ins Gebiet der Haeduer · **recipere:** wieder in ein Bündnis aufnehmen.
3 **hiberna,** orum *(sc. castra):* befestigtes Winterlager · **captivorum:** *die nicht verteilten (89,3).*
4 **in Sequanos:** ins Gebiet der Sequaner · **attribuere:** zuteilen.
5 **Rēmi; Bellóvaci:** *belgische Stämme, Karte EFG 2.*
6 **Ambiváreti:** *keltischer Stamm unter dem Schutz der Haeduer* · **Bituriges,** um: *vgl. S. 85* · **Rutēni:** *vgl. 64,6* · **singuli,** ae, a: je ein(e) · **Cavillōnum; Matisco:** *haeduische Städte (heute: Châlons sur-Saône und Mâcon);* Cavilloni: *Lokativ;* Matiscone: *lokaler Ablativ* · **Arar,** is *m.:* die heutige Saône · **rēs frūmentāria:** Verpflegung, Proviant · **Bibracte,** is *n.:* Hauptstadt der Haeduer auf dem Mont Beuvray, Karte G 3; Bibractē: *lokaler Ablativ* · **hiemare:** überwintern.
8 **cōgnōsci** *(Passiv zu cognoscere):* bekannt werden, *durch Caesars jährlichen Bericht an den Senat)* · **Romae:** *Lokativ* · **supplicatio,** onis *f.:* Dankfest *(an die Götter)* · **reddere:** zurückgeben, als Gegenleistung veranstalten.

Bildverzeichnis

S. 4 Kopf des C. Iulius Caesar (aus Tusculum, jetzt: Turin, Castel di Aglie, Marmor, Höhe des Kopfes 21 cm); [Bayerischer Schulbuch-Verlag, München]
Unter zahlreichen erhaltenen Bildnissen Caesars ist dieses neben einigen Münzbildern (vgl. das Bild S. 11) das einzige noch zu seinen Lebzeiten entstandene Porträt und dürfte das tatsächliche Aussehen Caesars noch am genauesten wiedergeben.

S. 11 Münzbilder
C. Iulius Caesar (geprägt 44 v. Chr.); [Bayerischer Schulbuch-Verlag, München]
Diese Münze wurde kurz vor Caesars Ermordung geprägt und stellt ein vermutlich sehr treues Porträt dar. Übrigens ist dies die erste Darstellung eines Lebenden auf Münzen; bis dahin waren nur Götter oder Verstorbene in Münzbildern dargestellt worden.

Cn. Pompeius Magnus (geprägt ca. 36 v. Chr.); [Bayerischer Schulbuch-Verlag, München]
Auch dieses Münzbild (geprägt vom Sohn des Pompeius) hat Porträtcharakter, wie sich durch Vergleich mit zahlreichen anderen Bildnissen des Pompeius Magnus ergibt. Der abgebildete Delphin, der Dreizack (Neptun) sowie der Schriftzug NEPTUNI sollen an die glänzenden Erfolge des Pompeius im Krieg gegen die Seeräuber erinnern, die lange Zeit das Mittelmeer unsicher gemacht hatten.

Gallier (geprägt ab 58 v. Chr.); [Hirmer, München]
Das Bild des Galliers mit Bart und struppigem Haar, daneben ein Schild, taucht von Beginn des Gallischen Krieges an wiederholt auf Münzen auf. Der Dargestellte ist wahrscheinlich nicht Vercingetorix, sondern steht gleichsam für den Typ des besiegten Barbaren.

Elefant (geprägt ab ca. 54 v. Chr. von Caesar); [Hirmer, München]
Dieses Münzbild ist ein überaus deutliches Signal Caesars in den schärfer werdenden innenpolitischen Auseinandersetzungen während seines Prokonsulats: In dem Elefanten mußte jeder Zeitgenosse Caesar erkennen, in der Schlange dessen Gegner.

S. 34 Legionarii (Marmor, Breite des Ausschnitts ca. 2 m, vom Marsfeld in Rom, jetzt: Vatikan); [Photo Anderson, Rom]
Dieses Relief von einer Gedenksäule für den Kaiser Antoninus Pius (138–161) stellt eine Parade dar: Soldaten in voller Rüstung, *signiferi* an der Spitze, marschieren zusammen mit Reitereinheiten auf einem großen Platz (wahrscheinlich dem Marsfeld) auf.

S. 63 Caesars Rheinbrücke (Photographie eines Modells); [Klett-Archiv]
Dieses Modell ist einer von verschiedenen Rekonstruktionsversuchen der Brückenkonstruktion.

S. 70 Römisches Kriegsschiff (Marmor, 1. Jh. v. Chr., Rom Vatikan); [Vatikanisches Museum, Rom]

S. 82 Vercingetorix (geprägt ca. 52 v. Chr.); [Bibliothèque Nationale, Paris]

Verzeichnis sprachlicher und stilistischer Begriffe

(In den Vokabelangaben zu den angegebenen Textstellen aus Buch I werden die Begriffe jeweils genauer erläutert.)

ablativus qualitatis	12,1	*flumen ... incredibili lenitate*
Chiasmus	9,4	*impetrat, ut ... patiantur, obsidesque uti ... dent, perficit.*
constructio ad sensum	2,1	*nobilitas ... exirent*
doppelgliedriger Ausdruck	31,2	*id contendere et laborare*
effiziertes Objekt	8,2	*castella communire*
Euphemismus	13,4	*(incommodum)*
Expansion *(vgl. Reduktion)*	16,2	*ne pabuli quidem satis magna copia: ... eine Futtermenge, die ... war.*
faktisches quod	13,5	
	44,6	
Gewichtsverschiebung (syntaktische)	3,7	*non esse dubium, quin ... possent: ohne Zweifel könnten sie ...*
historischer Infinitiv	16,1	*(flagitare)*
Konnektoren	30,2	*tametsi ... tamen / non minus ..., quam*
Litotes	35,4	*non neglegere*
Polyptoton	32,2	*facere ... facerent*
Prolepsis	32,2	*eius rei quae causa esset, ...*
Reduktion *(vgl. Expansion)*	7,2	*pons, qui est ad Genavam: die Brücke bei Genf*
	31,2	*ea, quae dixissent: ihre Worte*
ut explicativum	5,1	*(id quod constituerant ...), ut exeant*
wachsende Glieder (Prinzip der ...)	36,7	*Germani / exercitatissimi in armis / qui ... non subissent*

Abkürzungen und Hinweise

Zwei wichtige Hinweise zu Caesars Sprache:
a) Caesar schreibt zusammengesetzte Verben und Nomina gern in der reinen, nicht „assimilierten" Form, also: conlocare statt collocare, conloquium statt colloquium. Gesprochen wurden diese Wörter jedoch assimiliert.
b) Caesar verwendet öfter Perfektformen, die um das Perfektzeichen -vi-/-ve- gekürzt sind, z. B.: curasset, enuntiarit, consuesse,
außerdem die 3. Person Pl. Ind. Perf. Akt. auf -ere statt -erunt.

Zur Zitierweise:
Zitate anderer Stellen des ‚bellum Gallicum' werden innerhalb desselben Buches mit Kapitel- und Paragraphenangabe angegeben, z. B.: c. 3 (= Kapitel 3), 7,4 (= Kapitel 7, Paragraph 4). Bei Zitaten aus einem anderen Buch wird zusätzlich die Buchzahl angegeben, z. B.: IV 16,3 (= Buch IV, Kapitel 16, Paragraph 3).

Siglen im Beiheft
    G: zusammenfassende Aufgabe zur Gesamtinterpretation
    R: für Schülerreferat geeignete Aufgabe
    *: weiterführende Aufgabe

Abkürzungen

abh.:	abhängig(er)	i. J.:	im Jahre
abl.:	ablativus	i. D.:	im Deutschen
abl. instr.:	ablativus instrumenti	i. L.:	im Lateinischen
Abl. + Präd.:	Ablativ mit Prädikativum	intrans.:	intransitiv
acc.:	accusativus	Jh.:	Jahrhundert
a. c. i.:	accusativus cum infinitivo	j-m:	jemandem
Adj.:	Adjektiv	j-n:	jemanden
Adv.:	Adverb	j-s:	jemandes
allg.:	allgemein	lat.:	lateinisch
bzw.:	beziehungsweise	m.:	masculinum
b. G.:	‚bellum Gallicum', ‚de b. G.'	n.:	neutrum
C.:	Caesar	o. ä.:	oder ähnlich(es)
d. h.:	das heißt	Part. Perf.:	Partizip Perfekt
d. i.:	das ist	pl.:	Plural
dat.:	dativus	sc.:	scilicet = nämlich / wie man weiß
eigtl.:	eigentlich	s. S.:	siehe Seite
erg.:	ergänze	sog.:	sogenannt
e-r Sache:	einer Sache	Subst.:	Substantiv
etw.:	etwas	svw.:	soviel wie
f.:	femininum	trans.:	transitiv
ff.:	und folgende	u. a.:	und anderes
gen. part.:	genitivus partitivus („der Teilung")	v. Chr./n. Chr.:	vor / nach Christus
ggf.:	gegebenenfalls	vgl.:	vergleiche

Namenverzeichnis

Alesia G 3 — Alesia
Allóbrogēs GH 4 — Allobroger
Alpēs HI 3/4 — Alpen
Ambarri G 3 — Ambarrer
Andēs D 3 — Ander
Aquae Sextiae G 5 — Aquae Sextiae
Aquitāni DE 4/5 — Aquitanier
Arar G 3 — Arar *(Saône)*
Arausio G 4 — Arausio *(Orange)*
Arverni F 4 — Arverner
Atuátuca G 1 — Atuatuca
Aulerci E 2 — Aulerker
Aváricum F 3 — Avaricum *(Bourges)*

Belgae E-H 1/2 — Belger
Bellóvaci EF 2 — Bellóvaker
Bibrácte G 3 — Bibrakte *(auf dem Mont* [*Beuvray)*
Biturīges DE 4 — Biturigen
Boi F 3 — Bojer
Britanni B-E 1 — Britannier

Cadurci EF 4 — Kadurker
Cárnutes E 2/3 — Karnuten
Caturīges H 4 — Katurigen
Cavillōnum G 3 — Cavillonum *(Châlon-sur-Saône)*
Cebenna mōns FG 4 — Cevennen
Celtae C-H 2–4 — Kelten
Cénabum E 3 — Cénabum *(Orléans)*
Ceútrŏnēs H 4 — Keutronen

Dānuvius I 2 — Donau
Dūbis GH 3 — Doubs

Eburōnes GH 1 — Eburonen

Gábali F 4 — Gábaler
Gallia cisalpina HI 4 — das diesseitige Gallien *(Oberitalien)*
Garunna DE 4/5 — Garonne
Génava H 3 — Genf
Gergovia F 4 — Gergovia *(Georgoie)*
Germāni I 1/2 — Germanen
Grāioceli GH 4 — Grajókeler

Haedui FG 3 — Haeduer
Helvētii HI 3 — Helvetier
Helvii G 4 — Helvier

Iūra mōns H 3 — Juragebirge

Lacus Lemannus H 3 — Genfer See
Latobrīgi I 2 — Latobriger
Lemovīces EF 4 — Lemoviken

Liger D-F 3 — Liger *(Loire)*
Língŏnēs G 3 — Lingonen
Lūtēcia F 2 — Lutecia *(Paris)*

Mandubii G 3 — Mandubier
Massilia G 5 — Marseille
Matisco G 3 — Matisco *(Mâcon)*
Mátrŏna FG 2 — Marne
Menapii FG 1 — Menapier
Mŏsa G 1/2 — Maas

Nervii FG 1 — Nervier
Nitióbroges E 4 — Nitiobroger
Noviodūnum F 3 — Noviodúnum *(Soissons)*

Océanus — Ozean
Ocelum H 4 — Ocelum *(Oulx)*

Parīsii F 2 — Parisier
Píctŏnes D 3 — Piktonen
Prōvincia Narbō-nēnsis E-H 4/5 — das Narbonensische Gallien *(‚Provence')*

Raúrăci HI 3 — Raúraker
Rēmi FG 2 — Remer
Rhēnus HI 1–3 — Rhein
Rhódanus G 4/5 — Rhone
Rutēni F 4/5 — Rutenen

Segusiāvi G 4 — Segusiaver
Sénŏnes F 2 — Senonen
Sēquana EF 2 — Seine
Sēquani GH 3 — Sequaner
Suēbi IJ 1 — Sueben
Sugambri HI 1 — Sugambrer

Téncthĕri H 1 — Tenktherer
Tigurīni H 3 — Tiguriner
Tolōsa E 5 — Toulouse
Tréveri GH 2 — Tréverer
Tulingi HI 3 — Tulinger
Túrŏni E 3 — Turoner

Ubii I 1 — Ubier
Usípetes GH 1 — Usípeter

Vellaunodūnum F 2 — Vellaunodunum *(Château-Landon)*
Véneti C 2/3 — Véneter
Vercellae I 4 — Vercellae *(Vercelli)*
Věsontio H 3 — Vesontio *(Besançon)*
Vocontii G 4 — Vokontier
Volcae Arecomici FG 5 — Volker-Arekomiker

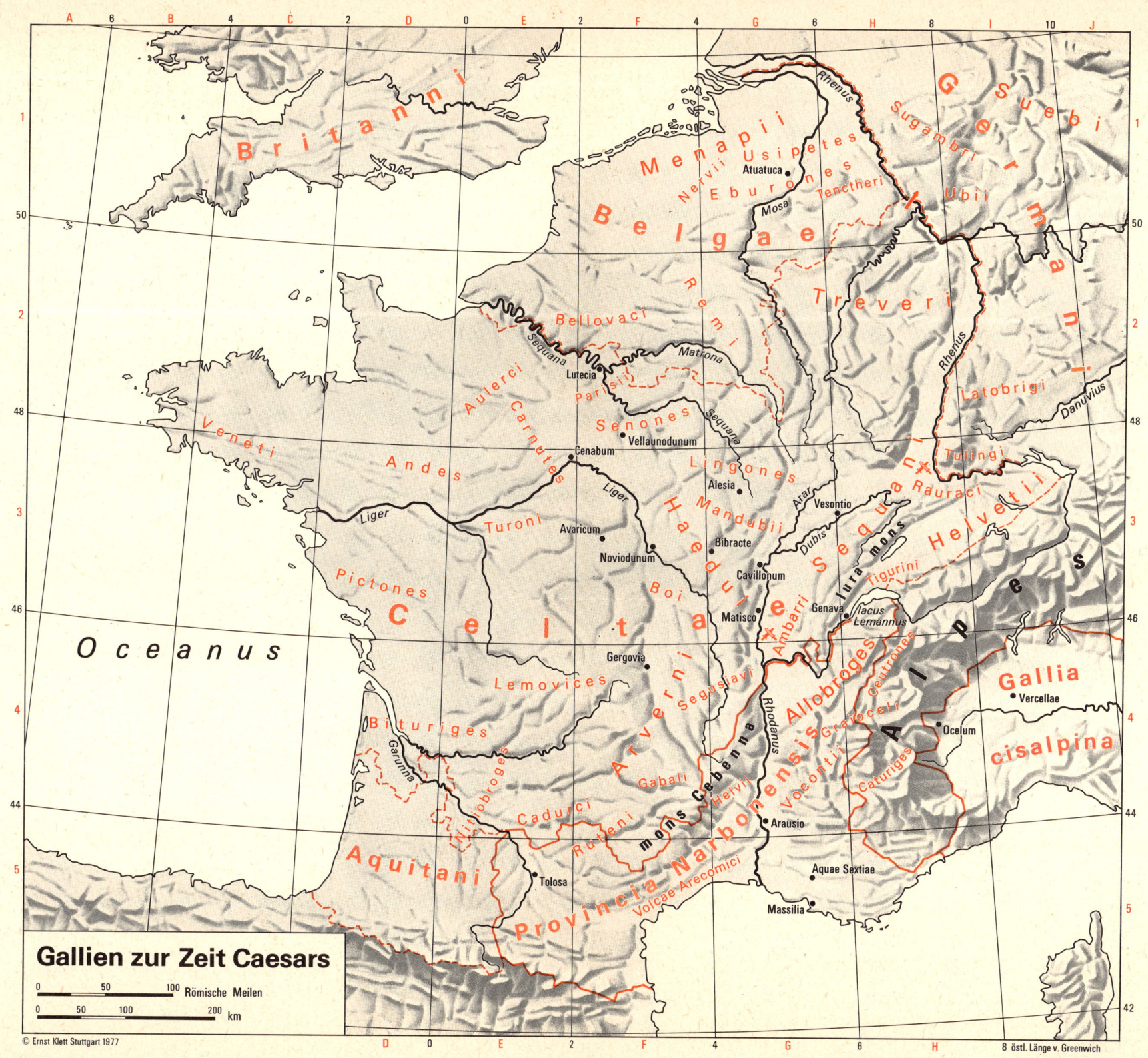